诚信为本

坚持准则

操守为重

不做假账

——与学习会计的同学共勉

坚持准则
诚信为本

不做假账
操守为重

——为上海国家会计学院题词

“十四五”职业教育国家规划教材

高等职业教育财会类专业 **经典传承 务本维新** 系列教材

行业会计比较

（第六版）

◆主　编　黄启国

◆副主编　樊艳妮　郑建伟

中国教育出版传媒集团

高等教育出版社·北京

内容提要

本书是“十四五”职业教育国家规划教材。

本书针对国民经济中主要行业的典型业务活动，阐述其特殊经济业务会计核算使用的基本知识、基本方法、基本理论。全书内容包括：行业会计比较导论、商业会计、建筑施工会计、房地产开发会计、石油天然气开采会计、对外贸易会计、对外经济合作与外商投资会计、旅游饮食服务业会计、交通运输会计、银行会计。全书内容安排既考虑了国民经济中主要行业特点的典型性，以及学习特色业务会计处理技能的循序渐进规律，还考虑了思维能力培养的基本规律。本书内容基本反映了有关行业特色业务的会计理论和会计实务最新成果，贯彻了国家颁布的会计规范的基本要求。其内容繁简适中，难度适当，具有突出应用性、实践性、针对性和培养创新意识的特点。各章均附有同步测试题，还配有相关教学资源。

本书可作为普通高等院校（高职高专、应用型本科、职业本科）、成人高校等大数据与会计专业、大数据与财务管理专业及其相关专业的教材，也可作为会计从业人员及相关从业人员的自学读物。

本书配套开发有PPT、参考答案等数字化教学资源，具体获取方式请见书后“郑重声明”页的资源服务提示。

图书在版编目(CIP)数据

行业会计比较／黄启国主编.--6版.--北京：高等教育出版社，2019.11(2024.1重印)
ISBN 978-7-04-053234-0

Ⅰ.①行… Ⅱ.①黄… Ⅲ.①部门经济-会计-对比研究-高等职业教育-教材 Ⅳ.①F235-03

中国版本图书馆CIP数据核字(2019)第275557号

行业会计比较
HANGYE KUAIJI BIJIAO

策划编辑 武君红　责任编辑 武君红　封面设计 李卫青　版式设计 杨 树
插图绘制 于 博　责任校对 马鑫蕊　责任印制 田 甜

出版发行 高等教育出版社
社　　址 北京市西城区德外大街4号
邮政编码 100120
印　　刷 北京市白帆印务有限公司
开　　本 787mm×1092mm 1/16
印　　张 17.5
字　　数 370千字
购书热线 010-58581118
咨询电话 400-810-0598

网　　址 http://www.hep.edu.cn
　　　　 http://www.hep.com.cn
网上订购 http://www.hepmall.com.cn
　　　　 http://www.hepmall.com
　　　　 http://www.hepmall.cn
版　　次 2000年5月第1版
　　　　 2019年11月第6版
印　　次 2024年1月第6次印刷
定　　价 42.50元

物 料 号 53234-B0

第六版前言

本书是“十四五”职业教育国家规划教材。

本书自出版至今已20余年，其间紧跟我国会计改革的步伐，经过多次修订再版，适应了会计教学改革的需要，满足了会计教学的急需，受到广大师生的好评。

本书编写围绕党的二十大提出的“全面贯彻党的教育方针，落实立德树人根本任务，培养德智体美劳全面发展的社会主义建设者和接班人”等精神，以立德树人为先导，反映我国国民经济中主要行业最新的会计与税收实践，倡导重视我国健全的国民经济体系建设和企业核心竞争力的提升，体现教材内容的育人性、系统性、科学性与时代性。本次修订基本保持原章节结构体系不变，在原章节体系基础上进行调整，将学习目标划分为知识目标、技能目标、素养目标，融知识传授、能力培养与价值塑造于一体，并反映最新财税法规变化。本次修订中继续遵循不同行业会计比较内容的针对性，教学内容的适用性，辅助内容（包括同步测试、教学资源等）的配套性、充分性等原则。本次修订中继续保持会计教育的前瞻性、科学性。

本书由黄启国任主编，樊艳妮、郑建伟任副主编，统一对全书进行修订。具体分工是：黄启国负责修订第一章、第二章、第八章、第九章、第十章；樊艳妮负责修订第三章、第四章、第六章；郑建伟负责修订第五章、第七章。本次教材修订稿由重庆大学刘斌教授审阅。修订过程中重庆科技学院工商管理学院的应晓跃教授、胡伟清教授提出了许多有益的宝贵意见。值此机会，向刘斌教授的指导和帮助致以谢意！向应晓跃教授、胡伟清教授的关心和帮助致以谢意！向高等教育出版社的大力支持表示衷心的感谢！

由于作者水平有限，书中难免有疏漏和不足之处，恳请读者批评指正。

编　者

二〇二三年七月

第一版前言

本书是根据教育部"三教"统筹的精神和教育部高职高专教育教材建设规划，根据《高职高专教育行业会计比较课程教学基本要求》而编写的规划教材，主要是供高职高专教育会计类专业的学生使用。

行业会计比较课程是高职高专教育会计类专业在"会计原理""财务会计""成本会计"等课程开设之后而开设的重要专业课程，在帮助学生分阶段、有序地掌握、拓展专业知识，建立合理知识结构，培养工作能力等方面具有重要的作用。

这本《行业会计比较》教材编写中除遵循教材编写一般原则外，还遵循针对性原则和适用性原则，力求满足实际岗位对知识的需要和面对单位具体情况运用知识能力的需要。编写中针对商业、旅游酒店业、建筑业、房地产开发业、交通运输业、事业单位及有外商投资的、进行对外贸易的、进行对外经济合作的企业的典型经济活动，安排专门的教学内容，以培养学生从事实际工作中认识、解决上述行业中有关会计问题的能力。

撰写本书的基本依据是《中华人民共和国会计法》《企业会计准则》《事业单位会计准则》和颁布的具体会计准则，吸收了统一"企业会计制度"的改革成果。在阐述有关会计核算知识时尽量做到与国际惯例相符合。为了针对实际工作中认识、解决行业中有关会计问题的能力的培养，强化分析和动手能力的训练，书中各章均附有较完整的复习题，包括思考题和分录题，供教学中进行练习和复习使用。

本书由黄启国担任主编，对全书初稿进行总纂，并执笔编写第一章、第二章、第三章、第十章；樊艳妮担任副主编，并执笔编写第四章、第五章、第八章；雷文辉担任副主编，并执笔编写第六章、第七章、第九章。由于作者水平有限，书中出现缺点、错误在所难免，恳请读者批评指正。

本书经刘斌教授审阅并提出宝贵修改意见，成稿过程中还得到陈琪琳同志和责任编辑张雪辉的支持和帮助。在此一并表示衷心的谢意！

编　者

二〇〇〇年九月

目录

第一章 行业会计比较导论 …… 1

第一节 行业及行业会计 …… 2
第二节 行业会计比较的意义 …… 3
第三节 行业会计比较的内容、任务、方法 …… 4
思维导图 …… 7
同步测试 …… 7

第二章 商业会计 …… 9

第一节 商业会计概述 …… 10
第二节 零售商业会计核算方法 …… 12
第三节 零售商业会计核算 …… 15
第四节 零售企业受托代销商品的核算 …… 23
思维导图 …… 26
同步测试 …… 26

第三章 建筑施工会计 …… 31

第一节 建筑施工经营概述 …… 32
第二节 建筑施工材料的核算 …… 34
第三节 建筑施工往来业务的核算 …… 43
第四节 工程成本的核算 …… 47
第五节 工程合同收入与合同费用的核算 …… 61
思维导图 …… 69
同步测试 …… 69

第四章 房地产开发会计 …… 75

第一节 房地产开发经营概述 …… 76
第二节 房地产开发经营中存货的核算 …… 80
第三节 房地产开发产品成本的核算 …… 85
第四节 房地产开发营业收入的核算 …… 97
思维导图 …… 100
同步测试 …… 100

第五章 石油天然气开采会计 …… 105

第一节 石油天然气开采经营概述 …… 106
第二节 矿区权益的核算 …… 108
第三节 井及相关设施的核算 …… 113
第四节 油气生产的核算 …… 118
思维导图 …… 121
同步测试 …… 121

第六章 对外贸易会计 …… 125

第一节 对外贸易经营概述 …… 126
第二节 外币业务的核算 …… 130
第三节 进口业务的核算 …… 135
第四节 出口业务的核算 …… 139
第五节 其他货物进出口业务的核算 …… 145

思维导图 …… 150
同步测试 …… 150

第七章 对外经济合作与外商投资会计 …… 157

第一节 对外经济合作会计核算 …… 158
第二节 外商投资会计核算 …… 172
思维导图 …… 185
同步测试 …… 185

第八章 旅游饮食服务业会计 …… 189

第一节 旅游饮食服务经营概述 …… 190
第二节 旅游饮食服务业收入的核算 …… 191
第三节 旅游饮食服务业成本的核算 …… 204
思维导图 …… 210
同步测试 …… 210

第九章 交通运输会计 …… 215

第一节 交通运输业存货的核算 …… 216
第二节 交通运输业营运成本的核算 …… 224
思维导图 …… 234
同步测试 …… 234

第十章 银行会计 …… 237

第一节 银行会计基础 …… 238
第二节 银行会计核算 …… 246
思维导图 …… 261
同步测试 …… 261

参考文献 …… 265

1

第一章 行业会计比较导论

知识目标

- 了解我国国民经济存在的主要行业基本情况，及主要行业的典型经济业务活动
- 了解各行业特殊经营活动需要使用特殊的会计方法

技能目标

- 掌握基础会计、财务会计、成本会计体现出的基本会计核算内容体系和会计技术
- 理解各行业特殊经济活动需要针对性管理和专门的会计技术

素养目标

- 理解我国发展成为产业及产业链最齐全国家所付出的艰辛和具有的优势
- 培养学生具备动脑和动手相协调的实践能力
- 培养学生在各行业会计核算工作中遵守会计职业道德
- 引导学生根据各行会计核算特点具体情况采用针对性方法，培养学生的思维能力

第一章

引言

我国唐代的行业被划分为“三十六行”。当时所指三十六行主要有:成衣行、针线行、顾绣行、丝绸行、花纱行、皮革行、玉石行、珠宝行、宫粉行、酒米行、肉肆行、鲜鱼行、海味行、酱料行、汤店行、花果行、药肆行、茶行、巫行、扎作行、仵作行、铁器行、竹木行、柴行、陶土行、网罟行、纸行、文房用具行、驿传行、故旧行、鼓乐行、杂耍行、麻行、首饰行、棺木行、彩兴行。

徐珂在《清稗类钞·农商类》中说:“三十六行者,种种职业也。就其分工而约计之,曰三十六行,倍之则为七十二行,十之则为三百六十行。”

目前,节能环保、新一代信息技术、生物、高端装备制造、新能源、新材料、新能源汽车、绿色环保以及航空航天、海洋装备等成为我国新兴产业。工业门类中仅机械工业就有:机床、环保机械、医疗仪器设备、半导体设备、发电与输变电设备、轻纺机械、工程机械、起重运输机械、汽车等。

在学习了基础会计、财务会计、成本会计等专业课程后,需要进一步拓展专业知识和技能。这一方面需要学习管理会计、财务管理、审计等专业知识和技能进行纵向拓展,另一方面需要学习各行业会计的知识和技能进行横向拓展,以便在一般地按工业企业情况进行财务会计学习的基础上进一步拓宽视野和技能,适应社会各行业分工发展和企业多元化发展。根据行业具体情况针对性地开展会计工作,进而整合企业财务会计工作,这在实际工作中具有十分重要的地位,因而学习行业会计比较知识也就具有特殊的意义。下面从经营活动的具体载体——企业所处的行业开始,认识行业会计比较的入门知识。

第一节 行业及行业会计

行业是指社会经济运行中的各行各业。一个国家社会经济运行中存在许多行业。例如,过去经济生活中所熟知的工业、商业、建筑业、农业、金融业等。这些大行业中还包括许多具体行业分支。如工业中又包括采掘业、制造业、电力等,而在采掘业中还包括煤炭开采、石油天然气开采等,制造业中还包含有农副食品加工业、食品制造业,及冶金、机械、电子、纺织、丝绸、印染、服装等。

一、行业划分是客观存在的反映

我国一般将各行各业划分为三大类,即第一产业、第二产业、第三产业。根据 2019 年

《国民经济行业分类》，第一产业包括农业、林业、畜牧业、渔业等。第二产业包括采矿业，制造业，电力、热力、燃气及水生产和供应业，建筑业等。第三产业包括除上述第一产业和第二产业以外的其他各业。第三产业包括两大领域，分别是流通领域、服务领域。

（1）流通领域。包括批发和零售业，交通运输、仓储和邮政业、住宿和餐饮业，信息传输、软件和信息技术服务业，房地产业等。

（2）服务领域。如金融业，商务服务业，科学研究和技术服务业，居民服务、修理和其他服务业等，以及为提高科学文化水平和为居民服务的领域。如教育业，卫生和社会工作，文化艺术业、体育和娱乐业等。还有为公共服务的领域，如水利管理业、生态保护和环境治理业、公共设施管理业，公共管理、社会保障和社会组织，国际组织等。

二、各行业会计工作具有特殊性

在我国，各行各业运用的会计可划分为两大类。一类是预算会计，即反映、控制预算资金运动的会计，也称非营利组织会计，它需要运用特定的原则、方法。预算会计主要包括事业单位会计、行政单位会计、政府财政会计等。另一类是企业会计，即反映、控制经营资本运动的会计。企业会计的方法技术更加复杂，工作难度更大，使用面更广泛。

企业会计因各行各业都具有特殊情况而需要使用专门的会计方法。运用于反映、控制不同行业生产经营活动的会计，形成了各种行业会计。这些各行各业中各个单位的会计都有其行业的特色，由此而呈现出各个行业的会计特色。实践中，行业特色突出的行业会计主要有：① 工业企业会计；② 商业企业会计；③ 旅游饮食服务企业会计；④ 交通运输企业会计；⑤ 铁路运输企业会计；⑥ 航空运输企业会计；⑦ 邮电通信企业会计；⑧ 建筑施工企业会计；⑨ 房地产开发企业会计；⑩ 金融企业会计等。

此外，大行业内的各具体行业分支的会计工作方法也具有特殊性。比如，2006 年颁布的《企业会计准则》中就专门增加了《企业会计准则第 27 号——石油天然气开采》。国际惯例也对具体行业中的会计制度设计和会计工作的开展给予了高度重视。

第二节　行业会计比较的意义

比较会计学是以世界各国会计理论和实务为对象，运用比较的方法研究两个或两个以上国家的会计之间的异同，促进会计发展的学科。将其原理运用于一个国家范围内不同行业之间会计的比较，就是行业会计比较。行业会计比较又可分为行业会计比较研究和行业会计比较教学两个层次。开展行业会计比较教学对于会计、财务管理等专业学生学习会计专业知识具有重要的意义。

一、能够提高学习效率

会计专业开展行业会计比较教学可以提高学习效率。首先，各行各业在会计工作中有普遍共性。如资产、负债等的核算，任何一个单位都有这些核算内容。如果在开设财务会计等课程之后，还分别开设“商业企业会计”“建筑施工企业会计”等课程，那么重复共性内容将占用大量时间，而避免重复就是提高效率。其次，各行业的会计工作各有特色。如商业经营有售价金额核算法，有代购代销业务的核算等；施工企业有周转材料的核算，临时设施的核算等。可见，进行不同行业之间会计的比较是十分有益的，既能帮助认识有关行业的特色经济业务的处理方法、程序、原则，又能提高学生的学习效率。

二、能够培养实践能力

培养实践能力是行业会计比较教学的目标。诸如什么情况下使用权责发生制原则，什么情况下使用收付实现制原则等，不仅是个知识问题，而且是个针对实际状况进行经济管理的问题，也是学生必须具备的动脑与动手相协调的实践能力的问题。又如施工企业的材料供应和保管业务，因为比工业、商业企业特殊，所以才有采购保管费专门核算的需要。理解了这样的针对性核算工作能够提高会计管理水平，必然会启发针对新情况进行解决问题的思考。通过一些典型性业务处理的对比，能够实现培养学生实践能力的目标。

三、能够提高会计工作水平

行业会计比较教学引导学生根据具体情况采用针对性方法，能够培养学生的思维能力，促进其提高会计工作水平。随着企业生产经营内容的日益多样化，企业联合经营形式的不断扩展，以及企业集团的发展，在一个经济主体内往往需要同时运用若干种行业会计；随着经济体制改革的深入，许多事业单位既要对预算资金运动进行会计核算，又要对经营业务进行会计核算。这些情况要求会计工作者具备更为广泛的针对行业方面的会计知识。所以，开设行业会计比较课程，能够提高学生今后整合会计工作的能力。

综上所述，行业会计比较是掌握更多会计知识、针对典型经济业务进行特殊技术处理、整合设计未来会计工作的有效方法。行业会计比较教学是在读会计专业、财务管理等专业学生学习必备基本知识、基本理论、基本技能的有效途径。掌握行业会计比较知识和技能是毕业生扩大就业途径，适应市场经济发展的迫切需要。

第三节 行业会计比较的内容、任务、方法

一、行业会计比较的内容

进行行业会计的比较，应主要从哪些方面入手进行对比？主要的比较集中在哪些方面？现在从理论上对行业会计比较的内容给予介绍，以便针对行业的典型业务活动，学习使用特

殊业务处理技能。

（一）会计对象有别

会计对象是指会计反映、控制的内容。因为行业不同，会计对象必然存在一定的差异。各行各业业务活动有较大区别，如在许多行业，会计对象是经营活动或其资本运动；而有的行业的会计对象则是非营利性的业务活动或其预算资金的运动。各行各业业务活动范围有区别，如工业企业有生产环节，而商业企业则没有生产环节。这些不同的情况会引起会计机构设置、会计账户使用、会计方法应用等方面的差异。会计对象的不同是产生行业会计特殊内容的一个重要原因。

（二）会计要素有别

各行各业各单位的会计要素的基本分类是相同的，总的都分为资产、负债、所有者权益、收入、费用、利润六大会计要素。但是，非营利性组织的会计要素则有所不同，分为资产、负债、净资产、收入、支出五大会计要素。这样的区别需要基金核算技术等专门方法。所以，会计要素的具体区别是导致行业会计特殊内容的又一个原因。

（三）会计要素的具体分类不同

对会计要素进行具体分类，才能划分出进行会计核算的会计科目。因为会计科目是账户的名称，涉及会计指标的归集、加工、汇总，所以这是会计工作安排中最重要的部分。

各行各业因为经营活动不同，应设置和使用的会计科目存在差异。这些差异主要包括：首先，总分类科目不同。如工业企业会使用“生产成本”科目，而商业企业一般没有这个必要。其次，明细分类科目不同。如建筑施工企业的库存材料中存在周转材料，则必然要设置相应的明细科目。针对不同情况，设置、使用相应的会计科目是行业会计比较学习的核心之一。

（四）运用会计方法程序不同

不同行业的业务事项不尽相同，经济业务就有自己的特色，在具体会计方法的应用上，需要采用一些特定的核算方法与程序。如零售商业存货，要实现管理上责任到人的要求，就要使用售价金额法等特殊的核算方法。又如，建筑安装业的一般材料物资的保管比较特殊，材料的核算方法也与其他行业有所不同。学习特殊的会计方法、程序的应用，是行业会计比较学习的又一核心。

二、行业会计比较的任务

通过对有关行业典型业务条件下使用特殊会计科目、方法、程序的比较，主要应完成如下任务：

（一）帮助掌握各种行业会计知识

通过比较，指出各行业典型业务之间的相异处及其存在的道理，可以揭示不同行业会计的固有特点，使人们通过认识不同行业会计的特点，有针对性地掌握各种行业会计的特殊知识。这是学习行业会计比较的基本任务。

（二）帮助培养从事各种行业会计工作的技能

明确各行业会计之间的相同、相似之处，能够消除会计信息中不必要的行业差别，提高行业间会计信息的可比性。这既有助于增强各行各业会计的统一性，也有利于学习、掌握各种行业会计知识和从事会计工作，适应单位事业的发展。

（三）能够求同存异，提高会计工作水平

通过比较，对于不同行业会计存在的非本质的、非主要的差异，可考虑采用统一的方法及程序，增强行业间会计的统一性，缩小行业间会计处理差别；对于不同行业会计固有的、本质的、主要的特点，则需要分别采用特定的原则和方法及程序，以更好地适应各行业经济活动的特点和管理的要求。在有关单位多元化地开展业务活动中，能够做到高度的统一性与有效地反映各类特殊业务的结合。

三、行业会计比较的方法

进行行业会计的比较，一般可以采用以下具体比较方法：

（一）以两种行业会计为对象进行比较

这种比较方法是指对两种行业会计各项内容的异同进行全面的比较。这种比较方法可以同时系统地揭示两种行业会计的全貌及其异同。

（二）以个别行业会计的特点与相关、相似的行业会计进行比较

这种比较方法可以重点突出地揭示相对比的行业会计之间的差异。

（三）以各项比较内容为对象对各种行业会计的异同进行全面的比较

这种比较方法可以全面地揭示各种行业会计的异同。

进行行业会计比较的教学，对各行业会计中具有共性的东西可略去，而对于会计工作中各具特色的地方，应该从其开展经营活动、开展业务活动的典型情况入手，认识、掌握、归纳其专门知识、方法、程序，达到高效率地学习特殊业务会计知识、方法、程序的目的。

本教材采用上述第二种方法，即以个别行业会计的特点与相关、相似的行业会计进行比较。因为本教材侧重培养学生针对经济业务情况和管理要求开展会计工作的能力，故比较不是逐一进行的，而是选取最具典型性的行业，力图阐明针对特色经济业务实施科学合理的会计工作的思路，融创新意识于学习过程中。

本教材将重点阐述商业、建筑施工、房地产开发、对外贸易、旅游饮食服务、交通运输、银行等行业典型业务中特殊的会计核算方法，还将根据所学内容的逻辑展开序列对石油天然气会计、对外经济合作与外商投资会计进行阐述，以期培养学生针对性地开展会计工作的能力。

思维导图

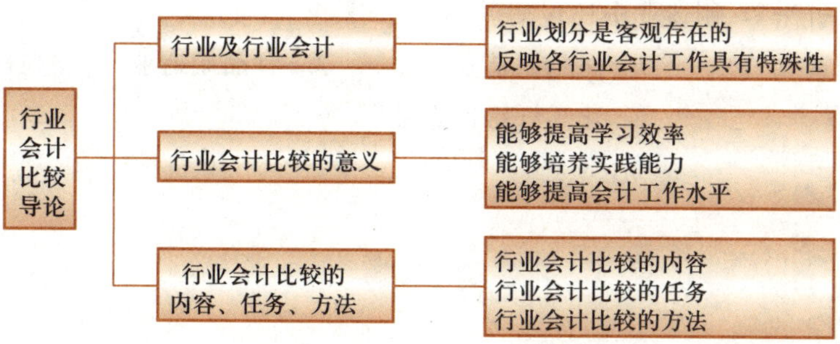

同步测试

一、单选题

1. 社会经济运行中的各行各业可以简称为（　　）。

A. 企业　　B. 行业　　C. 机构　　D. 政府部门　　E. 行政部门

2. 不同行业的划分没有严格的划分标准，主要是在（　　）中逐步分工形成。

A. 行政命令　　B. 自我表现　　C. 实践　　D. 理论探讨　　E. 政策导向

3. 在我国，各行各业运用的会计可划分为两大类。一类是预算会计，另一类是（　　）。

A. 行业会计　　B. 非营利组织会计　　C. 企业会计　　D. 比较会计　　E. 审计

4. 大行业内的各具体行业分支的特殊会计工作方法也具有特殊性。国际惯例也对具体行业中（　　）的开展给予了高度重视。

A. 会计制度设计和会计工作　　B. 管理制度设计和管理工作
C. 内部控制制度与管理规章　　D. 行政法律和行政法规
E. 法律和政策

二、多选题

1. 行业会计比较应该是在学习了（　　　）等专业课程的基础上，进一步拓展专业知识和技能的一门课程。

A. 审计　　B. 基础会计　　C. 管理会计　　D. 财务会计　　E. 成本会计

2. 行业会计比较课程是从一般的按工业企业情况进行财务会计工作的学习的基础上，拓展视野和思路，适应（　　　）等情况的课程。

A. 学习财务管理　　B. 社会各行业分工　　C. 企业多元化发展　　D. 学习管理会计　　E. 学习审计

3. 第二产业中的工业又包括采掘业、制造业等。进一步细分,采掘业中还包括煤炭开采、石油天然气开采等,制造业中还包括(　　　　)。

A. 家具制造业　　B. 医药制造业　　C. 食品制造业

D. 纺织业　　E. 化学纤维制造业

2

第二章 商业会计

知识目标

- 了解商业经营活动的类别
- 理解我国商业企业资产、负债、所有者权益的会计核算内容
- 理解商业门面、商业柜台进行会计核算需要加强控制的问题

技能目标

- 掌握商业会计的售价金额核算法
- 掌握商业会计的数量售价金额核算法
- 掌握商业会计的进价金额核算法
- 根据零售商业活动开展针对性会计核算
- 根据商业代销活动开展针对性会计核算

素养目标

- 培养学生在商业活动中的会计职业道德意识
- 培养学生在代销商品业务活动中平等、守信的契约精神

第二章

引言

商业是指以货币为媒介进行交换从而实现商品流通的经济活动。广义的商业指所有以盈利为目的的活动。狭义的商业指专门从事商品交换活动的盈利活动。

根据《零售业态分类规范意见》,零售业态指零售企业为满足不同消费需求而形成的不同的经营形态。这些零售业态根据其零售店铺的选址、规模、目标顾客、商品结构、店堂设施、经营方式、服务功能的不同,主要分为百货店、超级市场、大型综合超市、仓储式商场、专业店、专卖店、购物中心、便利店等。

第一节 商业会计概述

一、商业经营

商业企业是指以从事商品流通活动为主营业务的企业,如王府井百货公司、上海第一百货公司、重庆百货公司等。

商业经营活动是组织各类商品源源不断地从生产领域转移到消费领域,满足各方的需要,实现商品的价值,从而获取盈利的经济活动。商业经营活动完成商品买卖过程,既可以是商业企业,也可以是非商业企业各自的商务部门。

商业企业的商业经营是一个不断地组织购进适销对路的商品,合理地储存商品,并迅速地销售商品的过程。在商品的购进、储存、销售活动中,一般不存在产品生产过程。当购进尚需进一步加工的商品时,可能存在少量加工活动,或者直接委托工业企业进一步加工,以对企业最为有利的价格进行销售。

二、商品交接方式

商业经营中的商品交接方式是由商品性质、购销地点及运输条件不同决定的,与产品生产经营或是商品经营没有直接联系。但是商业经营中应当特别注意承担运输费用的条款对本企业是否有利,重视有效组织商品经营获取较大盈利。因此必须认识下述商品交接方式。

(一)发货制

发货制在零售企业又称第三方负责配送。这种货物交接方式是由购货方和供应商达成协议,指定第三方专门在供应商处提取货物,运送到购货方指定地点。这种交货方式一般适用于购货方和供应商都无力开展专业运输配送的情况。零售企业购货中常用此方式。工业企业销货中常用发货制，商品货物的运杂费通常由供应商垫付，将运单寄给购货单位，由购货单位承担。批发商品的进货、销货大都采用这种大量手续在销货企业的交接货方式。

（二）送货制

送货制即供应商送货上门，指由供应商将商品送到购买方指定地点（仓库或卖场）的一种交接方式。这种交接方式目前被普遍使用。在送货制下，送货发生的运输费用和商品货物损耗一般由供应商承担。零售经营和批发经营进货时大量用到送货制。购买方使用送货制的业务手续是：① 与供应商签订合同购货，定时将发票与货物送到本单位。② 实物负责人根据“发票”和收到的货物，核对商品品名、规格、数量、单价、金额，逐一点验无误后填制“商品验收单”，组织商品入库等。

（三）提货制

提货制也称取货制、上门提货，是指购货单位指定负责人到供应商品所在地提取商品货物的一种交接货方式。这种交接方式一般适用于供应商无能力提供配送，或者商品比较畅销等情况。在提货制下，提货过程中发生的运输费用和商品货物损耗等，一般由购货单位承担。零售经营进货和批发经营进货都可采用这种交接货方式。

三、商业会计核算的特殊内容

商业既包括一般的商业，如百货商场、各种商品卖场，也包括粮食、外贸、物资、医药、石油、烟草、图书等商品经营，还涉及各行业企业各自进行的商业经营。所以，商业会计核算不仅仅存在于一般商业企业，也普遍存在于各大集团公司。总之，广义的商业是将生产的商品产品提供到消费者手中的活动。一般商业活动要经历购、运、存、销四个环节。商品流通需要通过若干次买卖活动才能实现。每实现一次买卖活动，就是经历一个商业经营过程。在这个链条中，存在着基本的经营环节——批发商业和零售商业。

零售商业是指把商品最终出售给消费者，以满足各类消费者个人的物质需要和文化生活需要等的经济活动。批发商业是指进行大宗商品买卖，购进货物供进一步转售或生产加工的一种商业经营活动。

零售商业企业指经营零售业务的商业企业。经营批发业务的商业企业称为批发企业。商业会计核算的主要特点表现在商业零售中采用售价金额核算法等专门方法，以适应较为特殊的商业零售业态的经营责任制，从而加强商业经营管理。

这些零售商业企业的经营类型：

（1）百货店。百货店指在一个大的建筑物内根据不同商品部门设置销售区，开展进货、管理、运营，满足顾客对时尚商品多样化选择需求的零售业态。

（2）超级市场。超级市场指采取自选销售方式，以销售食品、生鲜食品、副食品、生活用品为主，满足顾客每日生活需求的零售业态，如社区超市等。

（3）大型综合超市。大型综合超市指采取自选销售方式，以销售大众化消费品为主，满足顾客一次性购物需求的零售业态，如家乐福等。

(4) 仓储式商场。仓储式商场指以经营生活资料为主的储销一体、低价销售、提供有限服务的零售业态,如中百仓储等。

(5) 专业店。专业店指以经营某一大类商品为主,并且有丰富专业知识的销售人员和适当的售后服务,满足消费者对某大类商品的选择需求的零售业态,如图书店、服装店、食品店等。

(6) 专卖店。专卖店指专门经营或授权经营制造商品牌,适应消费者对品牌选择需求和中间商品牌的零售业态,如格力专卖店、李宁专卖店、国美电器等。

(7) 购物中心。购物中心指企业有计划地开发、拥有、管理运营的各类零售业态、服务设施的集合体,如中关村购物中心、时代天街等。

零售商业企业和批发商业企业都有许多会计工作与工业企业基本一致或类似。例如,商业会计工作在资产、负债、所有者权益等会计要素的核算上,与中级财务会计等课程中的工业企业会计核算基本相同。所以,在筹集资金的核算、货币资金的核算、往来结算业务的核算,以及固定资产折旧、费用的跨期摊配处理、存货跌价准备等方面的会计核算不必在这里专门学习。需要在这里专门学习的是零售商业企业的特殊会计核算内容,包括一般零售企业使用的售价金额核算法;销售贵重商品的零售企业,或零售与批发兼营的商业企业使用的数量售价金额核算法;经营菜、果、鱼、肉等鲜活商品的零售商业企业使用的进价金额核算法等。

第二节 零售商业会计核算方法

商业经营活动是十分普遍的经济活动。由于商业经营活动不限于商业企业,所以针对商业活动进行会计核算的技能对争取未来做一位好的会计、财务管理等工作者的学生具有十分重要的意义。

一、零售商业经营的特点

零售商业经营是指把商品最终出售给消费者的商业经营活动。零售商业经营活动是十分普遍的商业经营活动。商业会计核算中最具有特殊性的技术集中在零售商业经营方面。

零售商业企业从批发企业或生产单位购进商品,再按零售价格出售给消费者,其经营活动及其管理活动主要有以下特点:

(1) 业务复杂。柜台、柜组、销售区设置多,品种规格复杂,进货频繁。

(2) 销售工作量大。售货交易频繁,数量零星,交易额小、服务时间较长。

(3) 销售手续适应性强。对机关团体销售必须开具销售发票,贵重商品销售必须开具销售发票。至于一般小额商品销售,个人消费者没有索要销售发票时,销售手续可以适当简化。

(4) 收款制度针对性强。有的采取一手交钱、一手交货的收款方式,有的采取多个收银台收款方式,有的采取集中收款方式。

(5) 经营服务一体化。有的一业为主,并提供售后服务;有的实行多种经营、兼营批发、以卖带修、以卖带租。

(6) 加强业务管理。业务经营上使用柜组责任制,加强管理。商品库存量灵活,柜台与在库商品一般由同一实物负责人经营,有的营业员还兼采购员、上货员。对贵重物品、鲜活商品还须针对性加强管理。

(7) 及时进行针对性会计核算。会计必须及时收取各柜台、柜组、销售区每天的进销存日报,及时审核进销存日报,及时将进销存日报数据与内部缴款单数据等核对,全面核对无误后进行销售账务处理等会计核算工作。

二、零售商业经营使用的会计核算方法

针对零售商品流转中加强柜组责任管理,加强鲜活商品管理,加强贵重物品管理的具体需要,零售商业会计核算一般采用以下专门的方法。

(一) 售价金额核算法

零售商业的售价金额核算法也称"售价记账、实物负责制"。它不仅是零售商品流转核算的基本方法,而且是零售企业的一种商品管理制度,对加强柜组责任管理具有重要意义。基本内容如下:

1. 建立实物负责制

按商品大类或地点(柜台、柜组)分设实物负责人,将商品拨付实物负责人经营,并由各实物负责人对经营的商品按售价承担全部经济责任。

2. 售价记账、金额控制

售价记账、金额控制即企业库存商品的进销存变化,都按照零售价格予以登记,对库存商品总账及其明细账均只记售价金额不记实物数。通过库存商品售价金额来控制库存商品数量和实物负责人的经济责任。

3. 设置"商品进销差价"账户

在按售价登记库存商品账的情况下,需要增加设置一个"商品进销差价"账户来反映商品进价和售价的差额。通过这一账户,不仅可以备抵"库存商品"账户,了解商品资金实际占用额,而且可以归集全部商品的进销差价,便于按商品存销比例,定期集中计算已销商品应分摊的进销差价,计算商品销售成果。

4. 加强盘点和物价管理

库存商品按售价记账,商品增减变化不记数量,必须加强商品盘点及物价管理,才能确定存货数量,核实商品库存金额,以考核实绩,分清责任。

(1) 零售商品必须明码实价,按规定的零售牌价销售。

(2) 每月必须对实物负责人所经营的商品进行一次全面盘点。盘点结果发生差异时,

应及时查明原因，进行适当处理，保证账实相符。商品价格变化和实物负责人调动后，也应及时进行盘点。

售价金额核算法适用于大部分零售经营活动，如百货店、专业店、专卖店、购物中心等的各类商品的零售。

（二）数量售价金额核算法

数量售价金额核算法是按商品的品名分设明细分类账户，同时用数量和售价金额两种计量单位进行库存商品的明细分类核算的方法。这种核算方法是针对特殊情况而对售价金额核算法的发展与完善。

数量售价金额核算法的核算工作量与售价金额核算法的核算工作量相比将大大增加，因此这种核算方法适用于零售业务上需要掌握数量的贵重商品的零售明细核算。同时，这种核算方法也适用于仓库和业务、财务部门在同一地点办公，销售商品的开单、收款、提货等手续可以在同一天办完的前店后仓式的基层批发企业。

采用这种核算方法可同时在“库存商品”总分类账与明细分类账之间再按商品类别（或同时结合实物负责人）设置按进价金额进行购、存、销核算的类目账。这样，可通过类目账来核算销售商品的进价成本，从而加强核算效果。

（三）进价金额核算法

零售商业进价金额核算法是一种使用实地盘存制的进价记账、盘存记销的，适应鲜活商品经营管理需要的简化核算方法。零售商业进价金额核算法的主要特点是按经营商品的实物负责人开设库存商品的明细分类账户，并只用进价金额进行核算，平时不进行销售成本转账的核算，销售成本依据盘存余额推算确定。其商品存货保管中使用实地盘存制，而不能使用永续盘存制。

零售商业进价金额核算法的具体做法是：① 购进商品时以进价金额记入按实物负责人分户的库存商品明细分类账；② 商品销售后，只记销售收入，平时不结转销售商品的进价成本，已销商品也不从“库存商品”账户转出；③ 月末通过盘点查明期末实存数量，用最后一次进价计算库存商品结存金额；④ 月末在确定了期末存货数量、金额后，倒挤出本期销售商品的进价成本。因此，零售商业的进价金额核算法被称为“进价记账，盘存记销”。

进价金额核算法的优缺点明显。其优点是：实物保管责任制结合实际，会计核算配合业务管理，核算工作相对简化；有利于针对性考核内部基层单位经营成果。同时，其缺陷也是明显的，主要包括：平时不能反映商品的进销存情况；采用盘存计销的方式，把商品损耗、可能的差错挤入销售成本，核算较为粗放。

进价金额核算法适合零售经营蔬菜、水果、鱼类、肉类等鲜活商品的核算。适用进价金额核算法时有几种情况值得注意，一是经营中鲜活商品的损耗量大，数量上不易掌握，不宜进行数量核算；二是经营中售价要跟随着商品的新鲜程度及时进行调整，才能更好地进行商品经营，高质量地服务社会，在价格上不易控制，因而也不可能采用售价核算；三是对鲜活商品保管现场加强监控后，倒推出的销售数量中包含的差错因素较少，与损耗因素一样，值得计入销售量中加大销售成本，作为责任成本管控的内容。此外，倒推计算确定销售数量，任何商品损失都会被计算到销售成本中（不论是损耗还是差错），能降低多少收入损失都是经济效益，这有助于推动鲜活商品及时销售，对推动经营管理有利。因而零售经营蔬菜、水果、鱼类、肉类等使用进价金额核算法较为合适。

第三节 零售商业会计核算

下面以售价金额核算法为主线，学习针对零售商业经营活动的特点，开展零售商品的购进、销售环节的会计核算。

一、零售商品购进的核算

零售商品进货业务是零售商业经营中最重要的业务。一是因为买价、各种应计入采购成本的税金、运杂费用等决定了进货成本的高低。二是在市场条件一定、销售价格一定的情况下，进货成本的高低决定了经营效益的高低。三是存货进货成本的高低还是决定是否计提存货跌价准备的重要依据。关于存货跌价准备的核算，与中级财务会计中学习的工业企业处理方式无异，兹不赘述。

（一）零售商品购进业务

零售商品购进业务包括零售企业从本地的批发企业进货，直接从本地生产企业进货，或根据需要从外地批发企业、生产企业进货。

零售商品从本地购进多采取送货上门交货方式。购货单位采取送货制的业务手续主要是：

（1）在销货单位的业务部门根据经济合同或购货通知，填制“销货单”“发票”，业务员持以向其仓库提货并按合同规定的要求，送到购货单位后，购货单位业务人员将送到的商品交库房等地验收。

（2）实物负责人据“发票”和收到的货物，对商品编号、品名、规格、数量、单价、金额，逐一点验、核价。查核无误后，填制“商品验收单”（表2-1）一式数联，组织商品入库。

表2-1 商品验收单

收货单位： 收货部门（实物负责人）： 字第 号

商品编号	品名及规格	原进价				零售价				商品进销差价	备注
		单位	数量	单价	金额	单位	数量	单价	金额		

商品管理部门（签章）： 实物负责人（签章）：

(3) 业务人员持发票和“商品验收单”到财务部门付款结算。

(4) 财务部门根据“发票”等记账。

(二) 零售商品购进的账务处理

1. 零售商品购进使用的账户

零售商品核算与管理使用售价金额核算法。由于售价金额核算法中“库存商品”也按售价核算,所以要使用“商品进销差价”账户进行核算。

“商品进销差价”账户用于核算零售商业企业采用售价核算的商品售价与进价的差额。该账户贷方记录入库商品的进销差额(这些入库商品包括购入、加工收回等情况);借方记录出库分摊的进销差额(这些出库商品包括销售、进货退出、出租等情况);余额在贷方,反映库存商品的进销差额。

该账户是“库存商品”账户的备抵调整账户。月末,“库存商品”账户余额减去“商品进销差价”账户余额,就是月末库存商品的进价成本。

2. 零售商品购进基本业务的核算

零售企业现购业务也分为支付货款采购与验收入库两方面内容。由于零售商品的进货渠道、结算方式等不同,所以其核算也相应地分为“单先到货后到”“货先到单后到”和“单货同到”三种情况。现列举其核算方法要点。

(1) 单先到货后到的核算。

[例 2-1] 某零售企业以托收承付方式从外地采购一批商品,增值税专用发票上载明其买价为 4 424.78 元,进项税额为 575.22 元,货税款合计 5 000 元,进货运杂费为 200 元,商品含税零售价为 6 000 元,增值税税率为 13%。

① 企业接到银行转来的托收承付结算凭证支付货款时:

借:在途物资——××单位	4 424.78	
应交税费——应交增值税(进项税额)	575.22	
销售费用——运杂费	200	
贷:银行存款		5 200

② 商品到达企业验收入库时,应按含税零售价:

借:库存商品——×组	6 000	
贷:在途物资——××单位		4 424.78
商品进销差价——×组		1 575.22

(2) 货先到单后到的核算。按前例,如果上批商品先到企业,企业可先不入账,待单到后同时做采购、入库的会计分录。若到月末时结算凭证还未到达企业,财会部门按应付给供应单位的货款,先估价入账:

借:库存商品——×组	6 000	
贷:应付账款——××单位		4 424.78

商品进销差价——×组 1 575.22

再于下月初用红字冲回：

借：库存商品——×组 [6 000]

贷：应付账款——××单位 [4 424.78]

商品进销差价——×组 [1 575.22]

以后企业接到结算凭证后，再作正常采购、入库的会计分录。

（3）单货同到的核算，则同时做支付货款采购、商品入库两笔会计分录。

3. 零售商品赊购的核算

零售业务中为了既减少资金占用，又充实柜台商品，可以与供应商签订赊购合同，适当地开展赊购业务。赊购就会出现应付而未付的款项或签发有关的商业汇票，因而要用到“应付账款”“应付票据”账户。

［例 2-2］ 某零售企业与万达公司签订了一项一个月后付款的赊购合同。该批商品已送达企业。增值税专用发票上载明其买价为 44 247.79 元，进项税额为 5 752.21 元，货税款合计 50 000 元，进货运杂费为 500 元，商品含税零售价为 60 000 元，增值税税率为 13%，验收货物时款项暂欠，一个月后支付。

① 企业据合同收到赊购商品时，按合同价做采购分录：

借：在途物资——××单位 44 247.79

应交税费——应交增值税（进项税额） 5 752.21

销售费用——运杂费 500

贷：应付账款——万达公司 50 500

② 同时按含税零售价做商品验收入库的分录：

借：库存商品——××组 60 000

贷：在途物资——××单位 44 247.79

商品进销差价——××组 15 752.21

③ 一个月后用银行存款支付货款时：

借：应付账款——万达公司 50 500

贷：银行存款 50 500

4. 零售商品预购的核算

零售企业为了及时采购紧俏商品，更好地满足用户需要，以便取得更多的利润，可与供应商签订预购合同，开展预购业务。预购业务要通过“预付账款”账户核算。预付款项支付或汇出时：

借：预付账款

贷：银行存款

预购商品的发票到达企业时：

借：在途物资

　　应交税费——应交增值税（进项税额）

　　销售费用

　　贷：预付账款

预购商品到达企业时：

借：库存商品

　　贷：在途物资

　　　　商品进销差价

（三）零售商品购进的明细分类核算

零售商品以售价记账，因此它的明细分类核算应该包括“库存商品明细账”和“商品进销差价明细账”。它们均可按实物负责人分户，在账户中只记商品售价金额不记数量，账户可用增、减、存三栏式，分别记载库存商品进价与商品进销差价的增减存情况。

有些零售企业是把库存商品和商品进销差价明细账分开核算，在这种情况下，为了减轻工作量，简化核算手续，可以用实物负责人报来的“库存商品进销存报告”代替“库存商品明细账”。

由于“商品进销差价”账户的增减变动与“库存商品”账户的增减变动同时发生，因此，可以把这两个账户的明细账合并为一个账户，即在同一个账户上既登记库存商品变动，也登记商品进销差价变动，从而简化核算手续，提高核算质量。多数零售企业采用这种两个明细账合一的联合式账页。其格式见表 2-2。

表 2-2　库存商品和商品进销差价明细账

实物负责人：　　　　　　　　　　　　　　　　第　　号

年		凭证		摘要	库存商品			商品进销差价		
月	日	字	号		增加	减少	余额	增加	减少	余额

零售企业可以按简便实用原则，选用以上不同方式进行库存商品的明细分类核算。

二、零售商品销售的核算

（一）零售商品销售业务

1. 现货交易

零售商品销售一般采用现货交易，即当时交货、当时收款的交易。零售企业现货交易时，收取货款的方式主要有直接收款和集中收款两种。

直接收款是营业员在销货时直接收款,一般不填制销货凭证。

集中收款是营业员只管卖货不管收款,即顾客选好商品后,营业员填制销货凭证,由收款员收款后,营业员凭收款单付货的一种销货方式。

零售企业每日营业终了,营业员、收款员或实物负责人都要交账,实物负责人根据当日商品的收、付、存情况,填制“内部缴款单”(见表2-3)和“商品进销存报告单”(见表2-4),连同销货款或进账单一并交给财会部门记账。

表2-3 内部缴款单

交款部门　　　　年　月　日　　　　字第　　号

款项内容			款项来源
现金		元	
转账支票	张	元	
电子货币:			
支付宝		元	
微信		元	
合计		元	

收款人:　　　　交款人:

表2-4 商品进销存报告单

增加部分			减少部分		
项目	本期数	累计数	项目	本期数	累计数
上期结存			本期销售		
本期购进			内部调出		
内部调入			调价减值		
调价增值			盘点短缺		
盘点盈余			本期结存		
合计			合计		

审核:　　　　制单:

财会部门在收到“内部缴款单”和“商品进销存报告单”后,要审核实际缴款数与“内部缴款单”上的缴款总金额是否相等;“商品进销存报告单”中的本日销货金额与“内部缴款单”上的缴款总额是否相等;“商品进销存报告单”中其他各项本日发生数是否与所附的有关单证数额相等。经审核后,据以编制记账凭证。

2. 用送货制销售商品

零售商品销售也采用送货上门交货方式。零售商品用送货制销售的业务手续为:

(1) 职能部门根据经济合同或购货通知,填制“销货单”交专职营业员。

(2) 专职营业员凭“销货单”向仓库提货并按合同规定的要求,送达客户。

（3）专职购货客户对送到的商品进行验收后付款。

（4）营业员将有关单证和款项及时交到财会部门办理结算手续。

（二）零售商品销售的核算

零售商品销售业务主要有门市销售业务、预销和赊销业务等。这些一般类型的销售业务，均通过“主营业务收入”和“主营业务成本”等账户核算。

当零售商品销售后，一方面做销售实现的账务处理，按销售额，借记“库存现金”或“银行存款”账户，按实现的销售收入，贷记“主营业务收入”账户，按销项税额，贷记“应交税费”账户。

另一方面要按销售价结转已销商品的销售成本，按销售额，借记“主营业务成本”账户，贷记“库存商品”账户，以便及时地反映实物负责人所经营商品的结存额。

由于零售企业采用售价核算，所以在零售商品销售后，还要按已销商品实现的进销差价，将主营业务成本调整为进货原价，即结转已销商品实现的商品进销差价。按计算的商品进销差价，借记“商品进销差价”账户，贷记“主营业务成本”账户。

在实际工作中，为了简化核算工作量，财会部门在商品销售后，首先按售价虚转销售成本，而把结转商品进销差价的工作集中到月底进行。

1. 一般门市销售的核算

门市销售是指在门市部、商店等零售部门进行商品销售的业务，这种业务在零售企业销售业务中占的比例最大。

［例 2-3］ 某零售企业下设小百货、针织、鞋帽三个营业组。某日终了，各营业组实物负责人送来“内部缴款单”和“商品进销存报告单”，其中：小百货组当日销售额为 1 000 元，针织组当日销售额为 3 000 元，鞋帽组当日销售额为 2 000 元，全部款项已送存银行。财会部门根据“银行进账单回单”等凭证：

分录	借方	贷方
① 借：银行存款	6 000	
贷：主营业务收入——小百货组		884.96
——针织组		2 654.87
——鞋帽组		1 769.91
应交税费——应交增值税（销项税额）		690.26
② 借：主营业务成本——小百货组	1 000	
——针织组	3 000	
——鞋帽组	2 000	
贷：库存商品——小百货组		1 000
——针织组		3 000
——鞋帽组		2 000

为简化核算，零售企业在商品销售后，也可先按含税售价记入“主营业务收入”账户，月末，再统一计算本月已销商品的销项税，借记“主营业务收入”账户，贷记“应交税费——应

交增值税(销项税额)”账户,将含税销售价调整为不含税的销售价。

2. 已销零售商品进销差价的计算与结转

如例 2-3 中②所述,零售经营的商品在销售后,随时按销售价虚转销售成本。为了正确反映商品的实际销售成本和销售利润,在月末必须选择一定的方法,计算出已销商品应分摊的商品进销差价,并予以结转。

(1) 商品进销差价的计算方法。

① 综合进销差价率。先计算出全部商品的综合平均差价率,然后再按已销商品数额计算出已销商品的进销差价。其计算公式如下:

$$综合平均差价率=\frac{月末调整前“商品进销差价”余额}{月末库存商品余额+本月商品销售额}\times 100\% \qquad (公式 2.1)$$

注意:月末库存商品余额还包括采用不收取手续费方式代销商品时“受托代销商品”账户的月末余额。

$$已销商品进销差价=本月商品销售额\times 综合平均差价率 \qquad (公式 2.2)$$

[例 2-4] 某零售企业月末调整前“商品进销差价”账户余额为 10 000 元,本月商品销售总额为 70 000 元,月末库存商品余额总计为 30 000 元,计算已销商品进销差价如下:

综合平均差价率 = 10 000/[70 000+30 000]×100% = 10%

本月已销商品进销差价 = 70 000×10% = 7 000(元)

采用综合进销差价率简便易行,但缺乏真实性。它主要适用于各类商品进销差价率相似的企业。

② 分类(或柜组)差价率。它是按各类商品存销比例进行分摊,其计算公式为:

$$该类商品平均差价率=\frac{某类商品调整前“商品进销差价”余额}{月末该类商品库存余额+本月该类商品销售额}\times 100\% \qquad (公式 2.3)$$

库存商品余额仍然包括不收取手续费方式代销商品时“受托代销商品”账户的月末余额。

$$某类商品实现的进销差价=该类商品本月销售额\times 该类商品平均差价率 \qquad (公式 2.4)$$

[例 2-5] 某零售企业下设小百货、针织和鞋帽三个营业组,月末“商品进销差价”“库存商品”和“主营业务收入”明细账余额见表 2-5。

表 2-5 库存商品余额表

实物负责人	库存商品余额	主营业务收入余额	商品进销差价余额
小百货组	3 000	7 000	1 000
针织组	2 000	8 000	1 100
鞋帽组	1 900	8 100	1 200
合 计	6 900	23 100	3 300

根据表 2-5 所列明细账资料，编制本月已销商品进销差价计算表（见表 2-6）。

表 2-6 已销商品进销差价计算表

实物负责人	库存商品月末余额	主营业务收入余额	商品进销差价余额	分类差价率	商品进销差价	
					已销商品	库存商品
(1)	(2)	(3)	(4)	(5) = (4) ÷ [(2) +(3)]× 100%	(6) = (3) × (5)	(7) = (4) − (6)
小百货	3 000	7 000	1 000	10%	700	300
针织组	2 000	8 000	1 100	11%	880	220
鞋帽组	1 900	8 100	1 200	12%	972	228
合计	6 900	23 100	3 300		2 552	748

（2）已销商品进销差价的结转方法。

［例 2-6］ 某零售企业采用分类差价率法，本月计算出小百货组、针织组和鞋帽组的进销差价分别为 700 元、880 元和 972 元，现分别结转。

借：商品进销差价——小百货组　　700
　　　　　　　　——针织组　　880
　　　　　　　　——鞋帽组　　972
　贷：主营业务成本——小百货组　　700
　　　　　　　　——针织组　　880
　　　　　　　　——鞋帽组　　972

3. 零售赊销业务的核算

赊销业务是指销货企业将商品发给购买单位，而在未来某一时间收取货款的销售业务。我们可以在合同中规定货款在某一时间一次收回，也可以规定货款分期收回。采用赊销方式销售商品，特别是分次收款赊销方式，销货单位可以扩大销售量。采用分期收款方式销售商品时，应在发出商品后按合同约定的收款日期作为收入实现的日期。核算时也要使用“分期收款发出商品”和“应收账款”等账户。但它还有一些自身的特点。

［例 2-7］ 某零售企业采用赊销方式出售数字式彩电一台，含税售价为 30 000 元，不含税进价为 27 000 元，合约规定分两次收取货款。该彩电上月的进销差价率为 10%。针对这样的情况应作的会计分录为：

① 零售企业发出这台彩电时：

借：分期收款发出商品——×顾客　　30 000
　贷：库存商品——彩电柜组　　30 000

② 收到顾客支付的第一部分商品款时：

借：银行存款　15 000
　贷：主营业务收入——彩电柜组　13 274.34
　　应交税费——应交增值税（销项税额）　1 725.66
借：主营业务成本——彩电柜组　13 500
　商品进销差价——彩电柜组　1 500
　贷：分期收款发出商品——×顾客　15 000

③ 收到顾客第二次付款时：

借：银行存款　15 000
　贷：主营业务收入——彩电柜组　13 274.34
　　应交税费——应交增值税（销项税额）　1 725.66
借：主营业务成本——彩电柜组　13 500
　商品进销差价——彩电柜组　1 500
　贷：分期收款发出商品——×顾客　15 000

第四节　零售企业受托代销商品的核算

零售企业经营方式灵活，经常实行多种经营，包括接受工业企业、批发商业企业等的委托，受托代销商品。

零售经营中如果使用售价金额核算法，在受托代销业务中也依然有商品进销差价的核算问题，下面针对具体情况介绍。

一、零售企业的受托代销商品业务

受托代销业务是指企业接受其他单位的委托，代其他单位销售商品的业务。企业销售受托代销的货物，视同销售。按“增值税暂行条例实施细则”也应交纳增值税。收取手续费的，税务机关对手续费收入也针对性收取特定的增值税。

受托代销商品与委托代销商品是同一个事物的两个方面。比如，乙企业委托甲企业代销 A 商品，那么 A 商品对乙企业来说就是委托代销商品，为此开展的业务属委托代销业务；而 A 商品对甲企业来说是受托代销商品，为此开展的业务属受托代销业务。对同一个企业来说，受托代销业务与委托代销业务是两种不同的业务，各有不同的业务程序与核算办法。委托代销已经在中级财务会计中针对一般的工业企业进行了介绍，兹不赘述。

二、受托代销商品业务使用的主要账户

企业接受的代销商品不是本企业的商品，因此不能通过“库存商品”账户核算，应通过

“受托代销商品”和“代销商品款”两个账户核算。

“受托代销商品”是用来核算企业接受其他单位委托代销或寄销商品的资产类账户。当企业收到受托代销商品时，按其接收价记入该账户借方，受托代销商品销售后转销其接收成本时，记入该账户贷方；借方余额为尚未销售的受托代销商品的总额。

“代销商品款”是企业用来核算受托代销商品的价款的负债类账户。它也是受托代销商品的备抵账户。其贷方登记企业接受的代销商品的价款，借方登记已经销售的代销商品应转为“应付账款”的价款；贷方余额反映尚未销售的代销商品的价款。

企业开展的受托代销业务有两种方式，一种是实物代销方式，另一种是收取手续费的代销方式。

三、以实物代销方式代销商品的核算

采用实物代销方式代销的商品可以看成是企业的自购自销的商品，即低价购进，高价销出，本质上是本企业的销售业务。因此它要通过“主营业务收入”“主营业务成本”“应交税费”等账户来核算。

［例 2-8］ 甲零售企业以实物代销方式，代乙企业销售一批商品，含进项税的接收价为 7 000 元，含销项税的零售价为 10 000 元，9 月 1 日收到受托代销的商品。10 月 18 日将商品全部销售完毕。10 月 22 日收到委托方乙企业发来的专用发票。10 月 23 日甲零售企业将代销商品款汇往乙企业。10 月末分配商品进销差价时，计算的受托代销商品应负担的商品进销差价为 2 950 元。整个核算过程中应作的会计分录是：

① 9 月 1 日收到受托代销商品时：

借：受托代销商品——乙企业	10 000	
贷：代销商品款——乙企业		7 000
商品进销差价——××组		3 000

② 10 月 18 日受托代销商品销售后：

借：银行存款	10 000	
贷：主营业务收入——××组		8 849.56
应交税费——应交增值税（销项税额）		1 150.44

③ 10 月 18 日同时结转销售成本：

借：主营业务成本——××组	10 000	
贷：受托代销商品——乙企业		10 000

④ 10 月 18 日按含税接收价结转代销商品款为应付委托方的货款：

借：代销商品款	7 000	
贷：应付账款——乙企业		7 000

⑤ 10 月 22 日收到委托方乙企业开具的专用发票：

借：应交税费——应交增值税（进项税额）　　805.31

　　贷：主营业务成本　　805.31

⑥ 10月23日支付应付款项：

借：应付账款——乙企业　　7 000

　　贷：银行存款　　7 000

⑦ 月末结转商品进销差价，调整受托代销商品的销售成本：

借：商品进销差价　　2 950

　　贷：主营业务成本　　2 950

四、以收取手续费方式代销商品的核算

（一）收取手续费代销商品业务的特点

（1）代销商品的接收价是该商品的含销项税的销售价。这个销售价由委托方确定。

（2）采用收取手续费方式代销商品的销售，不属于本企业商品销售的范畴，纯属代销，故不使用"主营业务收入"账户。出售商品后，其出售收入记入"应付账款"账户，等待支付给委托方。支付的增值税，也是受托企业为委托企业支付销项税。

（3）委托方用整个收入的一定比例，作为支付给受托方代其销售的手续费开支。受托方因此取得手续费收入。

（4）受托代销企业根据"应付账款"中全部收入的一定比例收取手续费后，将手续费部分转入"其他业务收入"账户的贷方，把扣除手续费以后的净额归还委托代销单位。

（5）代购代销的收入应按6%的比例交纳增值税金，所交税金直接记入"其他业务收入"账户的借方，作为收入的抵减数记账。

（二）收取手续费代销商品的核算

［例2-9］　甲企业受长江工厂委托，采用收取手续费的方式代其销售一批商品，双方协商含税接收价为68 000元，甲企业本月1日收到代销商品。20日代销商品已全部销售。甲企业23日收到委托方长江工厂送来的专用发票，其中货款60 176.99元，增值税7 823.01元。23日甲企业按总销售收入的5%收取手续费。24日甲企业将代销商品款归还长江工厂。

① 甲企业1日收到代销商品时：

借：受托代销商品——××类　　68 000

　　贷：代销商品款——长江工厂　　68 000

② 甲企业20日代销的商品被销售后：

借：银行存款　　68 000

　　贷：应付账款——长江工厂　　60 176.99

应交税费——应交增值税(销项税额)　　7 823.01

③ 同时注销已出售的受托代销商品和代销商品款:

借:代销商品款——长江工厂　　68 000

　贷:受托代销商品——××类　　68 000

④ 23 日甲企业收到委托方长江工厂送来的进项税金额为 7 823.01 元的增值税专用发票时:

借:应交税费——应交增值税(进项税额)　　7 823.01

　贷:应付账款——长江工厂　　7 823.01

⑤ 甲企业按 5% 收取手续费 3 400 元,余款通过银行汇给长江工厂:

借:应付账款——长江工厂　　68 000

　贷:其他业务收入　　3 400

　　银行存款　　64 600

⑥ 甲企业交纳手续费收入的 6% 的增值税:

借:其他业务收入　　204

　贷:银行存款　　204

以收取手续费方式代销的受托代销商品,不属于本企业的销售,月末不存在结转销售成本问题,因而不存在参加商品进销差价的分配问题。所以收取手续费方式代销商品,不论是零售企业还是批发企业,其账务处理相同。

思维导图

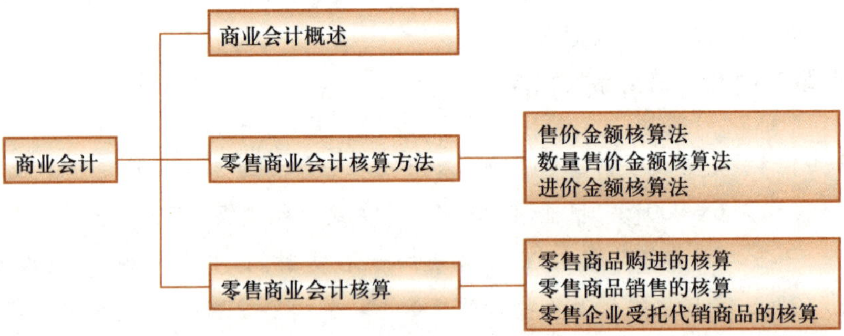

同步测试

一、单选题

1. 零售商品从本地购进多接受送货上门交货方式。购货单位接受送货制的业务手续不包括(　　)。

A. 购货单位的有关职能部门与供货单位签订购货合同或协议

B. 购货单位库房的实物负责人根据“发票”和收到的货物,对商品编号、品名、规格、数量、单价、金额逐一点验核实,无误后填制“商品验收单”一式数联,并组织商品入库

C. 业务人员持“发票”和“商品验收单”到财务结算

D. 财务部门根据“发票”等记账

E. 购货后再签订本次购货的购货合同

2. 使用售价核算方式的应该是(　　)。

A. 工业企业　　B. 商业企业　　C. 批发商业企业

D. 零售商业企业　　E. 施工企业

3. 零售商品销售也可以采用送货上门交货方式。下列不属于零售商品使用送货制销售商品的业务手续的是(　　)。

A. 销售职能部门根据经济合同或购货通知,填制“销货单”交送货员

B. 送货员凭“销货单”向仓库提货并按合同规定的要求送达客户

C. 送货员在送达的商品验收入库后收款

D. 送货员将有关单证和款项及时交到财会部门办理结算、记账

E. 制定商业信用政策

二、多选题

1. 商业企业的经营活动可以分为(　　　)和(　　　)活动。

A. 负债经营　　B. 批发经营

C. 计划经营　　D. 零售经营

2. 零售商业使用的核算方法主要包括(　　　)。

A. 进价金额核算法　　B. 数量售价金额核算法　　C. 售价金额核算法

D. 成本核算法　　E. 数量进价金额核算法

3. 进货过程中,由于商品货物性质、购销地点及运输条件等不同,商品货物的交接方式也不同,可以选择的货物交接方式有(　　　)。

A. 提货制　　B. 购货制　　C. 送货制

D. 发货制　　E. 权责发生制

4. 零售商业企业经营的特点主要在于(　　　)。

A. 商品品种繁多,规格复杂,进货频繁,实行综合经营

B. 销售对象主要是个人消费者,交易频繁,数量零星,交易额小

C. 经营灵活,购销关系不稳定

D. 实行进价金额核算

E. 业务管理上实行责任制

5. 零售商业经营购进商品再按零售价格出售,是商品流转的最终环节。针对零售商品经营的具体情况,零售商业一般采用的核算方法是(　　　)。

A. 进价金额核算法　　B. 售价金额核算法　　C. 作业成本法

D. 数量售价金额核算法　E. 逐步结转分步法

6. 售价金额核算法也称“售价记账,实物负责制”。它是零售商品流转核算与零售商品责任管理相结合的方法。其基本内容包括(　　)。

A. 建立实物负责制　B. 售价记账,金额控制　C. 使用“商品进销差价”账户

D. 实行零库存管理　E. 加强盘点和物价管理

7. 数量售价金额核算法是对售价金额核算法的完善,它可以在(　　)类型的商业企业使用。

A. 工业企业

B. 建筑施工企业

C. 需要掌握数量的贵重商品的零售企业

D. 业务和仓库、财务部门在同一地点办公,销售商品的开票、收款、提货等手续可以在同一天办完的前店后仓式的商品批发兼零售的企业

E. 商业批发企业

三、判断题

1. 商品流通是指商品从生产领域到消费领域所经过的许多商品交换过程的集合。(　　)

2. 数量售价金额核算法是零售商业会计核算使用的基本方法。(　　)

3. 作为购货方,不同的商品货物交接方式会影响取得商品所有权的地点和时间以及是否承担运输费用,经营中应注意合同中的条款对本企业是否有利。(　　)

4. 商业经营中交换货物方式不但要用到提货制,而且还会使用送货制或发货制。(　　)

5. 在实行售价金额核算方式时,为了加强商品盘点和物价管理,可采用的具体措施包括:零售商品必须明码标价,按规定的零售牌价销售;每月不必对实物负责人所经营的商品进行一次全面清点。(　　)

6. 进价金额核算法,是按经营商品的实物负责人开设库存商品明细账,并使用进价金额对鲜活商品进行核算的方法。(　　)

四、计算题

某零售企业月末调整前“商品进销差价”账户余额为 20 000 元,本月商品销售总额为 70 000 元,月末库存商品余额总计为 30 000 元。请计算该商品的进销差价率,已经销售商品应负担的商品进销差价以及本月末商品进销差价余额。

五、会计分录题

1. 某零售企业从外地采购一批商品,增值税专用发票上载明其买价为 7 000 元,进项税为 910 元,货税款合计 7 910 元,进货运杂费为 130 元,商品含税零售价为 11 000 元,增值税税率为 13%。

要求:作出该零售企业采购业务相关的会计分录。

2. 某零售企业下设小百货、针织两个营业组。某日终了,各营业组实物负责人送来“内部缴款单”和“商品进销存报告单”。其含税价总收入中:小百货组当日销售额为 2 000 元,针织组当日销售额为 3 100 元。全部款项已经送存银行。

要求:根据“银行进账单回单”等凭证作取得销售收入的会计分录,并结转销售成本,结转小百货 1 000 元、针织品 1 500 元的商品进销差价。

3. 某零售企业月末调整前“商品进销差价”账户下电器明细账余额为 44 000 元,本月电器商品销售总额为 56 000 元,月末电器库存商品余额为 32 000 元。请计算已销售商品的商品进销差价应为多少? 并据以做结转已销售商品的进销差价的会计分录。

4. 大江商贸公司受乙企业委托,采用实物代销方式代其销售一批商品,该商品(含税)接收价为 300 000 元。嗣后,大江商贸公司以 400 000 元(不含税)的价格将代销商品全部销售,并收取销项税 52 000 元,大江商贸公司收到委托方开来专用发票上进项税额 34 513.27 元,按接收价将代销商品款归还乙企业,计算受托代销商品应负担的商品进销差价为100 000 元。

要求:作出大江商贸公司该部分商业经营活动的会计分录。

5. 某零售企业与万达公司签订了一项一个月后付款的赊购合同。该批商品已送达企业。增值税专用发票上载明其买价为 44 247.79 元,进项税额为 5 752.21 元,款项合计 50 000 元,进货运杂费为500 元,商品含税零售价为60 000 元,增值税税率为13%,验收货物时款项暂欠,一个月后支付。

要求:作出该零售企业赊购业务的会计分录。

3

第三章 建筑施工会计

知识目标

- 了解建筑施工活动中往来业务的核算
- 了解建筑施工活动中临时设施、周转材料的特殊地位
- 理解建筑施工企业的成本核算难度和使用的方法

技能目标

- 能进行建筑施工企业的周转材料等材料的专门核算
- 能进行建筑施工企业的临时设施价值形成的专门核算
- 能运用分批法核算建筑施工企业的工程成本
- 能进行建筑施工企业的合同收入的专门核算
- 能运用建筑施工企业特有的会计科目开展会计核算

素养目标

- 树立环保意识，节约工程成本，为环保贡献力量
- 在建造合同履约过程中，培养学生的契约精神

引言

建筑施工是指房屋、公路、桥梁等工程建设实施阶段的生产活动，是把设计图纸上的各种线条，在指定的地点变成实物的过程。以房屋建造为例，它包括基础工程施工、主体结构施工、屋面工程施工、装饰工程施工等。

建筑施工生产经营活动具有一些工业企业生产经营活动的特点。如工业企业需要工人对产品进行加工，需要现场管理人员对生产现场（车间）进行组织、指挥、协调，全公司需要高层管理当局进行预测、决策、控制、考核等；建筑施工企业也需要工人对建筑产品（工程）进行施工，需要现场管理人员对生产现场（施工现场）进行组织、指挥、协调，全公司也需要高层管理当局针对建筑施工活动进行预测、决策、控制、考核等。

建筑施工生产经营活动另有一些特殊的情况。如严格执行合同就有别于一般企业。我们知道，工业企业一般情况下产品生产在前，销售在后。而建筑施工企业则不同，不是完工后再销售，而是先签订工程合同或协议，然后严格按合同或协议进行建筑施工，工程完工后按合同或协议交付验收、交付使用。此外，建筑施工中大量使用周转材料、临时设施，还大量发生往来业务，这些会计核算也与其成本核算一样值得注意。

第一节 建筑施工经营概述

一、建筑施工经营业务

进行建筑施工经营主要从事三大类业务。它们包括：

（一）土木工程建筑业务

土木工程建筑业务指铁路、公路、桥梁、隧道、堤坝、电站、机场、码头、运动场、矿山、房屋等建筑业务。

（二）线路、管道和设备安装业务

线路、管道和设备安装业务指电力、通信线路、燃气、给水、排水、供热等管道系统和各类机械设备、装置的安装等业务。

（三）装饰装修业务

装饰装修业务指对建筑物的内、外装修、装饰和安装业务，包括对车、船和飞机等的装饰、装潢等。

二、建筑施工经营的特点

与其他行业相比，建筑施工生产经营的主要特点是：

（一）流动性

由于建筑产品从建设到使用，直至报废都固定在同一地点，这就决定了施工生产的流动性，主要表现在三个方面：

（1）不同工种的工人在同一建筑物的不同岗位上流动施工；

（2）生产工人在同一工地不同单位工程之间流动施工；

（3）企业施工队伍在不同工地、不同地区承包工程，进行区域性流动作业。

（二）单件性

建筑产品地点的固定性、类型的多样性决定了施工生产的单件性。一般的建筑产品应在国家或地区的统一规划内，根据其使用功能、社会经济条件，单独设计、单独施工。

（三）地区性

建筑产品的固定性决定了同一功能的建筑产品即使是采用同一标准设计、通用构件，也会因为建筑产品所在地区的自然、技术、经济和社会条件的不同，使建筑产品的结构或构造、艺术形式、室内设施、建筑材料、施工技术、施工组织等需要因地制宜地加以修改，从而使建筑产品的施工生产具有地区性。

（四）长期性

建筑产品的固定性和体形庞大的特点决定了施工生产的长期性。因为建筑产品体形庞大，需耗费大量的人力、物力和财力。同时，建筑产品的施工生产过程还要受到工艺流程的制约，使施工活动的空间具有局限性，从而导致建筑产品生产周期长并占用大量的流动资金。

（五）受自然条件影响大

体形庞大的建筑产品不可能在工厂内直接进行施工，特别是随着城市现代化的发展，高层建筑物越来越多，施工生产露天、高空作业的特点日益明显，使施工生产受自然条件的影响大。

（六）按工程承包合同进行施工生产

建筑产品一般都是按工程承包合同进行施工生产，工程产品不必推向市场，完工后可直接交付发包单位。

三、建筑产品价格的确定

由于建筑产品具有单件性，不能大批量重复生产，期货交易较多，承包生产是施工企业的主要经营方式，因此，建筑产品价格不可能像工业产品价格一样，按产品种类确定一个统一价格，而必须通过逐个编制施工图预算来确定其造价。建造工程造价可以按成本加成或固定造价确定。建筑安装工程预算造价就是建筑安装产品的价格。

下面我们从建筑施工经营使用材料的核算开始介绍。

第二节 建筑施工材料的核算

建筑施工的材料按其在施工生产中所起的作用不同，可分为以下几类：

（1）主要材料，主要指用于施工生产并构成工程实体的各种材料，包括有色金属材料、黑色金属材料、硅酸盐材料、木材、小五金材料、电器材料和化工材料等。

（2）结构件，指经过吊装、拼砌、安装就能构成建筑物实体的各种金属的、钢筋混凝土的、混凝土的和木质的构配件，包括钢筋混凝土预制件、钢窗、木门等。

（3）机械配件，指施工机械、运输设备、生产设备、试验设备等机械设备替换、维修使用的各种零件、备品和配件，如齿轮、曲轴、活塞、轴承、阀门等。

（4）其他材料，指在施工生产中消耗但并不构成工程或产品实体的各种材料，如各种燃料、油料、催化剂、草袋子等。

（5）周转材料，指企业在施工生产中多次使用并基本保持其实物形态的工具性材料，如模板、挡板、架料等。

（6）低值易耗品，指价值较低、使用年限较短的不作固定资产管理的各种用具，如灰桶、铁锹、手推车、安全带、安全帽、玻璃器皿等。

上述几类材料中，主要材料、结构件、机械配件及其他材料是施工生产中耗用的一般性材料，在使用中其价值一次性转移到工程成本中。而周转材料与低值易耗品则不同，它们可多次参加施工生产而不改变实物形态，其价值分次（或分期）转入工程成本中。

一、一般材料的核算

在施工企业，材料的收发业务在存货核算中占较大比重。与工业企业相比，施工企业的材料采购成本、为核算材料所设置的会计账户以及材料的核算方法等均有差别。

（一）材料采购成本构成

施工企业外购材料物资的采购成本与工业企业原材料的采购成本组成内容不完全一样。施工企业国内购进材料物资的采购成本由以下内容组成：

1. 买价

买价指增值税专用发票上“金额”一栏载明的购进材料的原价。

2. 运杂费

运杂费指材料物资在运输途中发生的包装费、装卸费、运输费、保险费及仓储费等。

3. 采购保管费

采购保管费指企业的材料物资供应部门和仓库在组织材料物资采购、验收、保管和供应过程中发生的各项费用。一般包括采购保管人员的工资、工资附加费、福利费、劳动保护费、办公费、差旅交通费、材料物资消耗、工具用具使用费、固定资产使用费、检验试验费、材料整理费、零星运费、材料物资盘亏及毁损(减盘盈)等。

营改增后采购中的增值税与其他企业的核算基本一致,兹不赘述。

(二)材料按计划成本计价核算

1. 设置使用的会计账户

施工企业材料物资核算需特别设置使用"物资采购""采购保管费"账户。

(1)"物资采购"账户。本账户核算企业购入各种材料物资的采购成本和发包单位拨入、抵作备料款的材料价值。其借方登记企业外购材料物资支付的价款,发生的运杂费,分配计入材料物资采购成本的采购保管费,以及发包单位拨入、抵作备料款的材料价款;贷方登记已经付款或已开出商业承兑汇票并验收入库材料的计划成本,以及应向供应单位、运输单位等收回的材料短缺或其他应冲减采购成本的赔偿款。月末,验收入库材料物资实际成本与计划成本的差异,由本账户转入"材料成本差异"账户。本账户期末借方余额反映已付款或已开出商业承兑汇票,但未到达或未验收入库的在途材料成本。本账户应按材料类别设置明细账户。

(2)"采购保管费"账户。本账户核算企业材料物资供应部门和仓库在组织材料物资采购、验收、保管和供应过程中发生的各项费用。其借方登记企业发生的各项采购保管费,贷方登记已分配计入材料物资采购成本的采购保管费。企业每月按实际发生数分配采购保管费后,本账户应无余额。本账户应按采购保管费费用项目设置明细账户。

2. 采购保管费的分配

采购保管费的分配方法有按实际分配率分配和按计划分配率分配两种。

(1)按实际分配率分配,即以当月购入材料物资的直接采购成本(买价、运杂费合计)为分配标准,把当月实际发生的采购保管费全部分配计入当月购入的各种材料物资的采购成本中。其计算公式如下:

$$\text{采购保管费实际分配率}=\frac{\text{本月发生的采购保管费总额}}{\text{本月购入材料的买价、运杂费合计}}\times 100\% \qquad \text{(公式 3.1)}$$

$$\text{本月购入某材料应分配的采购保管费}=\text{本月购入该类材料的买价、运杂费合计}\times\text{采购保管费实际分配率} \qquad \text{(公式 3.2)}$$

[例 3-1] 某施工企业本月购入各类材料的价款和运杂费之和为 350 000 元,其中购入黑色金属材料的价款和运杂费之和为 250 000 元,发生采购保管费 7 000 元。则:

$$\text{本月采购保管费的实际分配率}=\frac{7\ 000}{350\ 000}\times 100\%=2\%$$

$$\text{黑色金属材料应分配的采购保管费}=250\ 000\times 2\%=5\ 000(\text{元})$$

(2)按计划分配率分配,即为均衡年度内各月材料物资的采购成本负担,采购保管费可按预先确定的买价、运杂费之和的计划分配率进行分配。其计算公式如下:

$$\text{采购保管费计划分配率}=\frac{\text{全年计划采购保管费总额}}{\text{全年计划采购材料物资的计划成本}}\times 100\% \qquad \text{(公式 3.3)}$$

第三章

$$\frac{\text{本月购入某材料应}}{\text{分配的采购保管费}}=\frac{\text{本月购入该类}}{\text{材料的计划成本}}\times\frac{\text{采购保管费}}{\text{计划分配率}}\quad\text{(公式 3.4)}$$

［例 3-2］ 某施工企业全年计划购入各类材料 250 000 元，全年计划采购保管费 4 000 元，本月采购木材的计划成本为 30 000 元。则：

$$\text{采购保管费计划分配率}=\frac{4\ 000}{250\ 000}\times 100\%=1.6\%$$

$$\text{木材应分配的采购保管费}=30\ 000\times 1.6\%=480\text{(元)}$$

按这种方法分配采购保管费，“采购保管费”账户月末可能有余额，余额为按计划分配率分配的采购保管费与实际发生的采购保管费的差额，平时可保留在“采购保管费”账户内不予结转。在编制月份资产负债表时，如为借方余额可列在“待摊费用”项目中，如为贷方余额则作抵减“待摊费用”处理。年度终了时，“采购保管费”账户的余额应全部分配计入材料物资的采购成本，不留余额。

3. 材料收入的核算

施工企业材料物资收入的核算与工业企业原材料收入的核算主要区别在于采购保管费的分配上。现举例加以说明。

［例 3-3］ 某施工企业本月只购入两种材料。其中螺纹钢 100 吨，单价 3 200 元；水泥 900 吨，单价 150 元。两种材料共支付运杂费 15 000 元，按重量比例分配。本月发生的采购保管费合计为 9 400 元，按实际分配率分配。月末两种材料都验收入库。螺纹钢的计划单价是 3 200 元，水泥的计划单价是 150 元。据此应作主要业务处理如下：

① 先计算螺纹钢和水泥的直接采购成本并作分录：

$$\text{螺纹钢直接采购成本}=100\times 3\ 200+\frac{15\ 000}{100+900}\times 100=321\ 500\text{(元)}$$

$$\text{水泥直接采购成本}=900\times 150+\frac{15\ 000}{100+900}\times 900=148\ 500\text{(元)}$$

借：物资采购——螺纹钢　　321 500

　　　　　　——水泥　　148 500

　贷：银行存款　　470 000

② 月末分配采购保管费时：

$$\text{采购保管费分配率}=\frac{9\ 400}{321\ 500+148\ 500}\times 100\%=2\%$$

$$\text{螺纹钢应分配采购保管费}=321\ 500\times 2\%=6\ 430\text{(元)}$$

$$\text{水泥应分配采购保管费}=148\ 500\times 2\%=2\ 970\text{(元)}$$

借：物资采购——螺纹钢　　6 430

　　　　　　——水泥　　2 970

贷：采购保管费 9 400

③ 根据有关凭证将螺纹钢、水泥结转入库：

借：库存材料——螺纹钢 320 000

——水泥 135 000

贷：物资采购——螺纹钢 320 000

——水泥 135 000

④ 结转材料实际成本大于计划成本的差异：

借：材料成本差异——螺纹钢 7 930

——水泥 16 470

贷：物资采购——螺纹钢 7 930

——水泥 16 470

4. 材料发出的核算

（1）材料发出的凭证。施工企业对施工生产领用的材料，要求根据不同的情况分别填制领料凭证。施工企业常用的领料凭证有领料单、定额领料单、领料登记簿、大堆材料耗用计算单、集中配料耗用计算单等。

大堆材料耗用计算单是一种特殊形式的耗料计算凭证，一般用于领料时不易清点数量的砖、石、砂、灰等大堆材料。由于这类材料耗用量大，领用次数较多，每次领用的数量难以确定，而且同一大堆材料往往由几项工程共同使用。因此，一般在月终通过实地盘点，根据盘点实存量和进场量来计算实际耗用量，并按各项工程材料定额用量的比例分配实际用量，填制大堆材料耗用计算单，作为领料凭证。各工程实际耗用量的计算公式为：

$$\text{本期实际耗用量}=\text{期初结存数}+\text{本期收入数}-\text{本期调出数}-\text{期末结存数} \quad （公式 3.5）$$

$$\frac{\text{某成本核算对象}}{\text{本期实际耗用量}}=\frac{\text{该成本核算对象}}{\text{定额耗用量}}\times\frac{\text{实际耗用总量}}{\text{定额耗用总量}} \quad （公式 3.6）$$

大堆材料耗用计算单一般一式两联，一联交仓库据以办理材料物资出库手续，一联交财会部门作为核算工程成本的依据。大堆材料耗用计算单的格式如表 3-1 所示。

表 3-1 大堆材料耗用计算单

材料名称及规格	黄砂	碎石	白灰
单价		16 元/吨	
月初结存 加：本月进场量 减：本月调出量 月末结存		20 200 — 30	
本月耗用量		190	

续表

耗用材料在各工程之间分配									
成本核算对象	黄砂			碎石			白灰		
	定额用量	实际用量	金额	定额用量	实际用量	金额	定额用量	实际用量	金额
甲工程				110	104.5	1 672			
乙工程				90	85.5	1 368			
合计				200	190	3 040			

集中配料耗用计算单是指用料时虽能点清数量，但由于集中配料或统一下料（如玻璃、木材、钢筋、油漆等）而使用的一种耗料计算凭证。凡由几种材料配制成一种新的材料，耗用时不能直接根据“领料单”记入有关用料对象，而必须按配制后综合料的耗用量计入。为了在领用时就能分清用途，应在领料单上填明“工程集中配料”字样。月终时，将配制后的综合料以实际耗用的比重或定额耗用量为基础，分配于有关用料对象。其计算公式为：

按实际耗用的比重分配：

$$\text{某用料对象的实际耗量}=\text{实际耗用总量}\times\text{该用料对象实际耗用的比重} \qquad \text{（公式 3.7）}$$

按定额耗用量分配：

$$\text{某用料对象的实际耗量}=\text{该用料对象的定额用量}\times\frac{\text{实际耗用总量}}{\text{定额耗用总量}} \qquad \text{（公式 3.8）}$$

集中配料材料的计算和分配，应通过编制“集中配料耗用计算单”进行，其格式见表3-2。

表 3-2 集中配料耗用计算单

年 月 日

名称规格	调和漆		松香水		清漆		配制后综合料	
单价	18.50 元/kg		8.40 元/kg		19.40 元/kg		18.00 元/kg	
	数量	金额	数量	金额	数量	金额	数量	金额
月初结存	100		40		120			
加：本月新领或配成	300		50				350	6 300
减：本月调出	50				20			
月末结存	50		70		70		50	
本月耗用	300	5 550	20	168	30	582	300	5 400

综合料耗用量分配于下列各对象		
成本核算对象	用量（或百分比）	金额
甲工程	100	1 800
乙工程	200	3 600
合计	300	5 400

表 3-2 中，本月各项材料耗用量之和应等于“配制后综合料”的“本月新领或配成”数。每一成本核算对象耗用的数量及单价，应按配制后综合料计算。

（2）材料发出的核算。按计划成本计价时，材料发出核算包括两个方面的内容：一是核算发出材料的计划成本；二是核算发出材料应负担的成本差异。一般于月终时，财会人员根据当月的各种发料凭证，按材料类别和用途进行归类汇总，编制“发出材料汇总表”，据以填制记账凭证。

结转各成本计算对象耗用材料的计划成本时应作会计分录可举例如下：

借：工程施工——甲工程
　　　　　　——乙工程
　机械作业
　辅助生产
　贷：库存材料——黑色金属
　　　　　　　——硅酸盐
　　　　　　　——其他主要材料
　　　　　　　——结构件
　　　　　　　——机械配件
　　　　　　　——其他材料

借：工程施工——甲工程
　　　　　　——乙工程
　机械作业
　辅助生产
　贷：材料成本差异——黑色金属
　　　　　　　　　——硅酸盐
　　　　　　　　　——其他主要材料
　　　　　　　　　——结构件
　　　　　　　　　——机械配件
　　　　　　　　　——其他材料

二、周转材料的核算

（一）周转材料的分类及摊销方法

1. 周转材料的分类

周转材料按其用途不同可分为以下四类：

（1）模板，指浇灌混凝土用的木模、组合钢模以及配合模板使用的支撑材料和滑模材料等。

（2）架料，指搭设脚手架用的竹竿、木杆、竹木跳板以及列作流动资产的钢管脚手架及其附件等。

(3) 挡板,指土方工程施工用木挡板以及支撑材料等。

(4) 其他,指塔吊使用的轻轨、枕木等。

周转材料按其使用状况不同,可分为在库周转材料和在用周转材料。

2. 周转材料的摊销方法

在用周转材料应采用一定的摊销方法,计算确定当期应计提的摊销额。由于各类周转材料的特点不同,其计算周转材料摊销额的方法也不一样。常用的方法有以下几种:

(1) 分次摊销法。分次摊销法是根据周转材料的预计使用次数,将其成本分次摊入工程成本费用的一种方法。主要适用于模板、挡板等周转材料。其计算公式为:

$$\text{周转材料每次使用摊销额}=\frac{\text{周转材料原价}\times(1-\text{残值率})}{\text{预计使用次数}} \quad \text{(公式 3.9)}$$

$$\text{本期使用摊销额}=\text{本期使用次数}\times\text{每次使用摊销额} \quad \text{(公式 3.10)}$$

[例 3-4] 某工程使用的定型钢模板原值为 50 000 元,预计使用 60 次,残值率为 10%,本期共使用 4 次,则本期定型钢模板摊销额为:

$$\text{周转材料每次使用摊销额}=\frac{50\,000\times(1-10\%)}{60}=750(\text{元})$$

$$\text{本期使用摊销额}=750\times4=3\,000(\text{元})$$

(2) 分期摊销法。分期摊销法是根据一种周转材料的预计使用期限,将其成本分期摊入工程成本费用的一种方法。主要适用于架料、轻轨、枕木等周转材料。其计算公式如下:

$$\text{周转材料每月摊销额}=\frac{\text{周转材料原价}\times(1-\text{残值率})}{\text{预计使用月数}} \quad \text{(公式 3.11)}$$

[例 3-5] 某工程本月领用跳板一批,计划成本 12 000 元,预计使用 15 个月,报废时预计残值率为计划成本的 10%,则该跳板每月摊销额为:

$$\text{每月摊销额}=\frac{12\,000\times(1-10\%)}{15}=720(\text{元})$$

(3) 定额摊销法。定额摊销法是根据实际完成的实物工程量和预算定额规定的周转材料消耗定额,计算周转材料摊销额,计入工程成本费用的一种方法。主要适用于模板的摊销。其计算公式为:

$$\text{周转材料本期摊销额}=\text{本期完成的实物工程量}\times\text{单位工程周转材料消耗定额} \quad \text{(公式 3.12)}$$

[例 3-6] 预算定额规定,每完成 $1m^3$ 的混凝土消耗模板价值为 18 元,本期完成工程量 $400m^3$,则本期摊销的模板价值应为:

$$\text{本月摊销额}=400\times18=7\,200(\text{元})$$

(4) 一次摊销法。一次摊销法指领用时将周转材料价值一次计入工程成本的方法。主要适用于易腐、易糟周转材料的摊销。

对各种周转材料的具体摊销方法，由企业根据具体情况确定，一经确定，一般不随意改变。如果改变，需在财务报表附注中加以说明。

由于施工企业的周转材料大都在露天使用、堆放，受自然影响损耗较大，而且施工过程中安装拆卸周转材料的技术水平和施工生产工艺的高低对周转材料的使用寿命也有着直接影响。因此，在实际工作中，周转材料无论采用哪一种摊销方法，平时计算的摊销额，一般都不可能与实际价值损耗完全一致。所以，需在年终或工程竣工时，对周转材料进行盘点，根据实际损耗调整已提摊销额，以保证工程成本和有关费用的正确性。

企业清查盘点中若发现短缺、报废周转材料，应及时办理报废手续，并办理补提摊销。

$$\text{报废、短缺周转材料应补提摊销额}=\text{应提摊销额}-\text{已提摊销额} \quad （公式 3.13）$$

$$\text{应提摊销额}=\text{报废、短缺周转材料的原价}-\text{残料价值（短缺的周转材料无残值）} \quad （公式 3.14）$$

$$\text{已提摊销额}=\text{报废、短缺周转材料的原价}\times\frac{\text{该类在用周转材料账面已提摊销额}}{\text{该类在用周转材料账面原价}} \quad （公式 3.15）$$

$$\text{退回周转材料应补提摊销额}=\text{应提摊销额}-\text{已提摊销额} \quad （公式 3.16）$$

$$\text{应提摊销额}=\text{退回周转材料的原价}\times(1-\text{退回时确定的成色}) \quad （公式 3.17）$$

$$\text{已提摊销额}=\text{退回周转材料的原价}\times\frac{\text{该类在用周转材料账面已提摊销额}}{\text{该类在用周转材料账面原价}} \quad （公式 3.18）$$

对于转移到其他工程的周转材料，也应及时办理转移手续，并比照上述方法，确定转移的成色，补提摊销额。

对于盘点确定降低成色的周转材料，也应比照上述方法，确定成色，补提摊销额。

（二）周转材料的核算方法

1. 应设置的会计账户

为核算周转材料购入、领用、摊销、退库及结存情况，施工企业应设置“周转材料”总分类账户。本账户核算在库和在用的各种周转材料的计划成本或实际成本。在此账户下应设置“在库周转材料”“在用周转材料”和“周转材料摊销”等明细账户。“在库周转材料”明细账户借方登记购入、自制、委托外单位加工完成并已验收入库周转材料的计划成本或实际成本，贷方登记发出周转材料的计划成本或实际成本。“在用周转材料”明细账户借方登记发出在用周转材料的计划成本或实际成本，以及施工单位领用主要材料转作周转材料的计划成本或实际成本，贷方登记报废在用周转材料的计划成本或实际成本。“周转材料摊销”明细账户借方登记报废、短缺周转材料的净值（原值-残值）或应提摊销额，贷方登记按规定方法计提或补提的周转材料摊销额。

2. 周转材料外购、领用及摊销的核算

周转材料的购入核算可比照一般材料的购进核算方法，当周转材料验收入库时，借记“周转材料——在库周转材料”账户，贷记“物资采购”账户。

领用周转材料时，应借记“周转材料——在用周转材料”账户，贷记“周转材料——在库周转材料”或“库存材料”账户。

周转材料应在领用以后按月进行摊销，采用一次摊销法的，应将其原价全部计入工程（或产品）成本，借记“工程施工”等账户，贷记“周转材料——在库周转材料”账户；采用其他摊销方法的，根据摊销方法计算出的摊销额，借记“工程施工”等账户，贷记“周转材料——周转材料摊销”账户。

［例 3-7］ 某施工企业外购一批模板，实际成本 6 500 元，计划成本 6 400 元，货款已付，模板已验收入库。

① 根据资料作采购、入库分录如下：

借：物资采购——周转材料	6 500	
贷：银行存款		6 500
借：周转材料——在库周转材料	6 400	
贷：物资采购——周转材料		6 400

② 月末结转购入周转材料成本差异：

借：材料成本差异——周转材料	100	
贷：物资采购——周转材料		100

［例 3-8］ 甲工程领用一次摊销的安全网一批，计划成本 2 000 元，材料成本差异率 1.5%。作分录：

借：工程施工——甲工程	2 030	
贷：周转材料——在库周转材料		2 000
材料成本差异——周转材料		30

［例 3-9］ 乙工程领用一批红松板做跳板，其实际成本为 1 500 元。本月该跳板应计提摊销额为 150 元。

① 领用红松板时：

借：周转材料——在用周转材料	1 500	
贷：库存材料——木材		1 500

② 计提摊销额时：

借：工程施工——乙工程	150	
贷：周转材料——周转材料摊销		150

3. 周转材料退库与转移的核算

退库指周转材料从施工现场退回仓库；转移指周转材料从一项工程转移到另一项工程，且两个工程分别是两个不同的成本核算对象。周转材料在退库或转移时，首先要核定其成色，若成色降低，应补提摊销额，然后进行核算。

[例 3-10] 乙工程将一批挡板转给甲工程，该挡板账面原价为 2 000 元，确定成色为 50%。月末该类挡板账面原价为 25 000 元，账面已提摊销为 10 000 元。根据资料作分录如下：

① 计算并补提摊销额时：

$$应提摊销额=2\ 000\times(1-50\%)=1\ 000(元)$$

$$已提摊销额=2\ 000\times\frac{10\ 000}{25\ 000}=800(元)$$

$$补提摊销额=1\ 000-800=200(元)$$

借：工程施工——乙工程　　200

　贷：周转材料——周转材料摊销　　200

② 挡板由乙工程转给甲工程时：

借：周转材料——在用周转材料（甲工程）　　2 000

　贷：周转材料——在用周转材料（乙工程）　　2 000

[例 3-11] 甲工程退库一批模板，账面原价为 1 500 元，估计成色为 40%。该类模板账面原价为 3 000 元，已提摊销额为 1 500 元。根据资料作分录如下：

① 计算应补提摊销额：

$$应提摊销额=1\ 500\times(1-40\%)=900(元)$$

$$已提摊销额=1\ 500\times\frac{1\ 500}{3\ 000}=750(元)$$

$$补提摊销额=900-750=150(元)$$

借：工程施工——甲工程　　150

　贷：周转材料——周转材料摊销　　150

② 退回模板验收入库时：

借：周转材料——在库周转材料　　1 500

　贷：周转材料——在用周转材料　　1 500

第三节 建筑施工往来业务的核算

施工企业在进行建筑安装等施工活动中，要与发包单位、分包单位发生往来业务，还有许多企业内部的一般往来业务。

一、向发包方预收备料款、预收工程款的核算

为了保证施工企业在工程价款结算以前所需的流动资金的需要，施工企业可以按照规定向发包单位预收备料款和工程款。

（一）预收备料款的核算

1. 应设置的会计账户

为了核算施工企业预收备料款的预收和抵扣等情况，应设置“预收账款——预收备料款”账户。本账户的贷方登记收到的备料款或发包单位拨入抵作备料款的材料价款，借方登记抵扣或归还的预收备料款，期末贷方余额反映尚未抵扣或归还的预收备料款。本账户按发包单位名称设置明细账户进行明细核算。

2. 预收备料款的预收和抵扣（或归还）的核算

凡工程合同规定由承包单位包工包料或采购建筑材料的，施工企业可在工程合同签订后按年度承包合同造价的一定比例向发包单位预收备料款，以满足企业主要材料、结构件储备所需资金。备料款的预收额度，建筑工程一般不得超过当年建筑工程（含水暖电卫等安装工程）合同造价的30%，大量采用预制构件及工期在6个月以内的工程，可适当增加；机电设备安装工程一般不超过当年合同造价的10%，安装材料用量较大的，则可适当增加。其收取数额按下式计算：

$$预收备料款数额=年度承包合同造价\times预收备料款额度 \quad （公式 3.19）$$

［例3-12］ 某项工程年度承包合同造价为1 800 000元，预收备料款额度为30%，企业于2022年1月15日收到备料款数额540 000元，存入银行，应作分录：

借：银行存款　　540 000

　　贷：预收账款——预收备料款　　540 000

企业收到的备料款，应在未完工程所需材料、结构件储备刚好等于备料款数额起，以抵充工程价款的形式陆续归还，到工程完工时全部归还。其计算公式为：

$$预收备料款起扣点=当年承包工程合同造价-\frac{预收备料款数额}{主要材料比重} \quad （公式 3.20）$$

$$第一次抵扣额=（累计已完工程价值-预收备料款起扣点）\times主要材料比重 \quad （公式 3.21）$$

$$以后每次抵扣额=当期完成工程价值\times主要材料比重 \quad （公式 3.22）$$

［例3-13］ 假设例3-12的主要材料比重为60%，2022年7月底累计完成工程价值85万元，8月底累计完成工程价值120万元。则：

$$预收备料款起扣点=180-54\div60\%=90（万元）$$

7月底累计完成工程价值不足90万元，不必抵扣备料款。

8月底累计完成工程价值120万元，已超过90万元，应于8月底结算已完工程价款时，抵扣备料款数额为：(120-90)×60%=18(万元)。根据计算结果，作分录如下：

借：预收账款——预收备料款　　180 000

　　贷：应收账款——应收工程款　　180 000

（二）预收工程款的核算

1. 应设置的会计账户

为了核算施工企业预收工程款的预支和归还情况，应设置"预收账款——预收工程款"账户。本账户的贷方登记收到的预收工程款，借方登记抵扣的预收工程款，期末贷方余额反映尚未抵扣的预收工程款。本账户按发包单位名称设置明细账户。

2. 预收工程款预收和抵扣的核算

按照现行工程价款结算办法的规定，采用按月结算工程价款的施工企业，可以在月中或旬末预收上半月或本旬工程款。采用分段结算工程价款或竣工后一次结算工程价款的施工企业，可以按月预收当月工程款。施工企业在预收工程价款时，应根据实际工程进度填制"工程价款预收账单"，分送发包单位和经办银行办理预收手续。"工程价款预收账单"的格式见表3-3。

表3-3　工程价款预收账单

建设单位名称：　　　　2022年8月16日　　　　单位：万元

单项工程项目名称	合同预算价值	截至上月末累计完成数	本旬(或半月)预计完成数	本旬(或半月)预支工程款	本次(或分月)预支工程款	应扣预收款项	实支款项	说明
C工程	250	180	20	20	(分段、竣工结算，按月预支时填列)		20	
合计	250	180	20	20			20	

施工企业：　　　　财务负责人：

施工企业根据有关凭证手续预收工程款时，借记"银行存款"账户，贷记"预收账款——预收工程款"账户。向发包单位预收的工程款，在工程结算时抵扣应收工程款，即借记"预收账款——预收工程款"账户，贷记"应收账款——应收工程款"账户。

二、预付分包单位款的核算

施工企业承包的工程，除了自行施工外，通常还会将承包的建安工程的一部分分包给其他单位施工。分包工程的工程价款的拨付与结算办法，与承包工程的工程价款的结算办法基本相同。即在施工前拨付分包单位一定数额的备料款，在施工中按工程进度分次或分期预支工程款，月终或合同完成后或施工段落完成后结算已完工程价款。

（一）应设置的会计账户

1.“预付账款——预付分包单位款”账户

本账户核算按分包工程合同预付给分包单位的工程款、备料款以及拨给分包单位抵作备料款的材料价值。其借方登记预付给分包单位的工程款、备料款以及拨给分包单位抵作备料款的材料价值；贷方登记与分包单位结算已完工程价款时，从分包单位已完工程价款中扣回的预付分包单位工程款、备料款以及分包单位退回的材料价值；借方余额反映尚未扣回的预付分包单位工程款、备料款。本账户按分包单位名称和分包合同设置明细账户。

2.“应付账款——应付分包工程款”账户

本账户核算与分包单位办理工程价款结算时应付分包单位的已完工程价款。本账户贷方登记分包工程结算时应付分包单位工程价款，借方登记扣回的预付分包单位工程款、备料款以及实际支付的分包单位工程价款，贷方余额反映尚未支付的应付分包单位工程款。本账户按分包单位名称和分包合同设置明细账户。

（二）预付分包单位备料款和工程款的核算

现举例说明预付分包单位备料款和工程款的核算。

［例3-14］ 珠海建筑工程公司2022年二季度以来发生如下经济业务：

① 根据分包合同规定，于2022年4月5日向分包单位预付备料款10 000元。作如下分录：

借：预付账款——预付分包单位款　　10 000
　　贷：银行存款　　10 000

② 按工程分包合同规定，于9月15日根据工程进度预付给分包单位工程款12 000元。作如下分录：

借：预付账款——预付分包单位款　　12 000
　　贷：银行存款　　12 000

③ 9月末，根据经审核的分包单位提出的“工程价款结算账单”结算应付已完工程价款40 000元。

- 如分包工程不作为企业自行完成的工作量，作如下分录：

借：主营业务成本　　40 000
　　贷：应付账款——应付分包单位款　　40 000

- 如作为企业自行完成的工作量，则作如下分录：

借：工程施工　　40 000
　　贷：应付账款——应付分包单位款　　40 000

④ 9月末，根据合同规定，从应付分包工程款中扣除预付的工程款12 000元和预付备料款2 500元。作如下分录：

借:应付账款——应付分包单位款 14 500

贷:预付账款——预付分包单位款 14 500

⑤ 10 月 3 日,以银行存款支付分包单位工程款 25 500 元。作如下分录:

借:应付账款——应付分包单位款 25 500

贷:银行存款 25 500

第四节 工程成本的核算

工程成本是指施工企业为某项工程施工生产而发生的各种生产耗费的总和。施工企业为加强施工生产的管理,降低施工生产成本,提高经济效益,必须按期计算施工工程的实际成本、预算成本,找出差距,及时解决施工生产中存在的问题。在实际工作中,计算已完工程成本和未完工程成本是一项复杂的工作,涉及的成本账户较多,费用的归集及分配的方式、方法也较多。这里我们对工程成本核算做一个基本的介绍。

一、工程成本核算对象与成本项目组成

(一) 工程成本核算对象

工程成本核算对象是指施工费用的负担者,即归集和分配施工耗费的具体对象。合理确定工程成本核算对象是组织工程成本核算的前提。从理论上讲,工程成本应以建造合同作为工程成本核算对象。这是因为建筑施工企业承包建造的工程项目都必须签订建造合同,建造合同甲方(建设单位或业主)通常按合同编制工程预算,建造合同乙方(建筑企业或建筑承包商)也总是按合同规定的工程价款、结算方式等与甲方结算工程价款,所以把每一建造合同作为工程成本核算对象,可以对比实际工程成本与预算成本的差异,为建筑施工企业组织工程施工和管理提供依据。但是,在实际的施工生产活动中,一个建造合同可能只建造一个单位工程,也可能要建造一个单项工程,还可能要建造在设计、技术、功能、最终用途等方面密切相关的数个单项工程构成的建设项目,每项工程的投资额、开工面积、施工方式、工期长短等都有差别,所以工程成本核算对象的确定不能一概而论,应视施工、管理、建造合同等情况而定。具体地说:

1. 以单项建造合同为工程成本核算对象

一般情况下,建筑施工企业应以所签订的单项建造合同为工程成本核算对象,分别计量和确认各单项合同的成本,以利于分析工程预算和施工合同的完成情况,并为核算损益提供依据。

2. 以合同分立后的单项资产为工程成本核算对象

如果一项建造合同包括数项资产,在同时具备下列条件时,每项资产应分立为单项合同处理:

(1) 每项资产均有独立的建造计划,包括有独立的施工图预算。

(2) 建筑施工企业与业主就每项资产单独进行谈判,双方能够接受或拒绝与每项资产有关的合同条款。

(3) 每项资产的收入与成本均可单独辨认,如每项资产均有单独的造价和预算成本。

对该项建造合同进行分立后,应将分立的单项资产作为一个成本核算对象,单独核算其成本,以利于正确计算建造每项资产的损益。

3. 以合同合并后的一组合同为工程成本核算对象

一组建造合同,无论对应单个业主或几个业主,在同时具备下列条件的情况下,应合并为单项合同处理:

(1) 该组合同按一揽子交易签订。

(2) 该组合同密切相关,每项合同实际上已构成一项综合利润率工程的组成部分。

(3) 该组合同同时或依次履行。由于在同一地点同时或依次施工,建筑施工企业对施工队伍、工程计量、施工质量与进度等实行统一管理,将符合合并条件的一组合同作为工程成本核算对象,有利于工程管理和简化核算。

工程成本核算对象一经确定,不得任意变更。

(二) 工程成本项目的设置

在核算施工的工程成本时,一般设置五个成本项目:

1. 人工费用

人工费用包括施工生产工人的工资、社会保险等。

2. 材料费用

材料费用包括施工过程中耗用的构成工程实体的主要材料、结构件的费用和有助于工程形成的其他材料的费用,以及周转材料的摊销和租赁费。

3. 机械使用费用

机械使用费用包括施工过程中使用自有施工机械所发生的机械使用费和租用外单位施工机械的租赁费以及施工机械安装、拆卸和进出场费等。

4. 其他直接费用

其他直接费用是指在施工过程中发生的除上述三项直接费用以外的其他可直接计入各成本核算对象的费用,包括施工生产中发生的流动施工津贴、生产工具用具使用费、材料二次搬运费、检验试验费、工程定位复测费、工程点交和场地清理费用等。

5. 施工间接费用

施工间接费用是指施工企业下属各施工单位或生产单位为组织和管理施工生产活动所发生的费用。如在分公司(或工程处)、项目部(或施工队)等处发生的施工管理人员工资、社会保险等以及固定资产折旧费及修理费、临时设施摊销费、物料消耗、低值易耗品摊销、水电费、差旅费、办公费、财产保险费、工程保修费等。其构成与工业企业的“制造费用”相似。

企业在施工生产过程中发生的人工费用、材料费用、机械使用费用和其他直接费用构成工程的直接成本,可直接记入有关工程成本核算对象;施工间接费用可先通过"施工间接费用"或"工程施工——间接费用"账户进行汇集,月份终了,再按一定的分配标准,分摊记入有关工程成本核算对象。

二、工程成本核算的账户设置

为了归集施工生产费用,计算工程成本,在工程成本的核算中,主要应设置和运用以下会计账户:

(一)"工程施工"账户

本账户核算企业进行建筑安装工程施工所发生的各项费用。施工过程中发生的各项费用,应按成本核算对象和成本项目进行归集。本账户的借方登记实际发生的各项施工耗费,贷方登记施工企业根据工程合同确定的工程价款结算办法,按月或按期结转已完工程的成本。本账户月末借方余额为未完工程的实际成本。

(二)"机械作业"账户

本账户核算企业及其内部独立核算单位使用自有施工机械进行机械作业(包括机械化施工和运输作业等)所发生的各项费用。使用自有施工机械进行机械作业应按成本核算对象和成本项目进行归集。机械作业成本核算对象一般以施工机械或运输设备的种类确定。其成本项目一般分为:① 人工费;② 燃料及动力费;③ 折旧与修理费;④ 其他直接费;⑤ 间接费用。

本账户借方登记实际发生的各项机械作业费用,贷方登记分配计入受益对象成本的机械作业成本。本账户月末应无余额。

(三)"辅助生产"账户

本账户核算内部非独立核算的辅助生产部门为工程施工等生产材料和提供劳务所发生的各项费用。辅助生产费用也应按成本核算对象和成本项目进行归集。辅助生产成本核算对象一般可按生产的材料和提供劳务的类别确定。其成本项目一般可分为:① 人工费;② 材料费;③ 其他直接费;④ 间接费用。

"辅助生产"账户借方登记实际发生的各项辅助生产费用,贷方登记分配计入各受益对象成本的辅助生产费用,期末借方余额反映辅助生产部门在产品的生产成本。

(四)"施工间接费用"账户

本账户核算施工单位为组织和管理施工活动而发生的费用支出。借方登记实际发生的各项施工管理费等,贷方登记分配计入各工程成本核算对象的施工管理费。月份终了时,本账户无余额。本账户也可设置为二级账户。

三、工程成本的核算程序

工程成本的核算程序是指施工企业核算工程成本时应遵循的步骤和顺序。施工企业工程成本的核算程序是:

（一）归集施工生产费用

（1）为工程施工直接发生的施工费用，作为工程施工的直接成本，直接记入各成本核算对象，即记入“工程施工”总分类账户和明细分类账户。

（2）为工程施工服务所发生的各项间接费用，可先按发生地点和用途进行归集，即记入“辅助生产”“机械作业”“施工间接费用”等账户。

（3）月末，将“辅助生产”账户归集的费用按用途和一定标准分配记入“工程施工”“机械作业”“施工间接费用”等账户。

（4）将“机械作业”账户归集的费用按用途和一定标准分配记入“工程施工”“施工间接费用”等账户。

（5）将“施工间接费用”账户归集的费用按一定的方法分配记入各工程成本核算对象，即记入“工程施工”账户。

通过上述程序，应计入各成本核算对象的施工费用，都已归集在“工程施工”总分类账户和所属明细分类账户之中。

（二）已完工程成本的结算

在成本计算期期末，如果某成本核算对象有未完工程时，要对未完工程进行盘点，盘点后按一定的方法计算出期末未完工程成本。

进一步计算本期已完工程成本，编制本期“已完工程成本表”，与预算成本对比，考核工程成本节约或超支的情况。

（三）计算并结转竣工工程成本

工程竣工后，将“工程施工”账户与“工程结算”账户对冲。施工企业在核算工程成本时的程序可用流程图表示（见图 3-1）。

四、工程成本费用的归集与分配

（一）人工费的归集与分配

施工生产中直接从事工程施工的建筑安装工人以及在施工现场直接为工程制作构件和运料、配料等辅助工人的工资、社会保险等都属人工费，应记入“工程施工”账户人工费项目。人工费归集、分配记入成本核算对象时，应按照费用的性质、内容分别对待，现分别介绍：

1. 建筑安装工人计时工资

建筑安装工人的计时工资根据用工记录能确定由一个成本核算对象负担的，可以直接记入该成本核算对象；应由几个成本核算对象共同负担的，则按各工程实际用工（或定额用工）进行分配，分配记入各有关成本核算对象的人工费项目。计时工资分配的计算公式为：

$$\text{某成本核算对象应分配计时工资} = \text{该成本核算对象实际用工数} \times \text{日平均计时工资} \quad \text{（公式 3.23）}$$

$$\text{日平均计时工资} = \frac{\text{计时标准工资} + \text{加班工资}}{\text{出勤工日数}} \quad \text{（公式 3.24）}$$

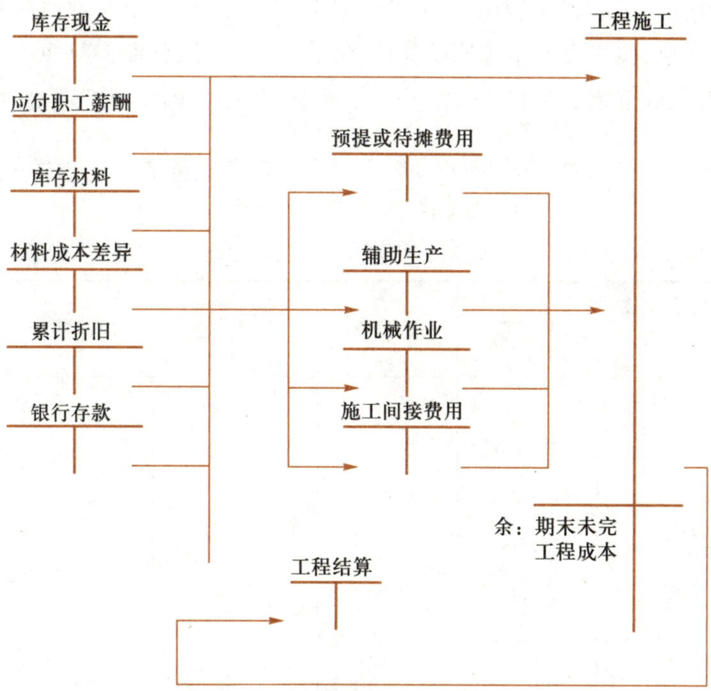

图 3-1 工程成本核算流程图

[例 3-15] 甲分公司 2022 年 8 月核定建筑安装工人计时工资为 40 000 元，该分公司本月有 A 和 B 两项工程，A 工程本月用工时 1 500 工日，B 工程本月用工时 2 500 工日，A、B 两工程本月分配的工资费用计算过程如下：

日平均计时工资＝40 000÷(1 500+2 500)＝10(元/工日)

A 工程应分配计时工资＝10×1 500＝15 000(元)

B 工程应分配计时工资＝10×2 500＝25 000(元)

根据上面计算结果，作会计分录如下：

借：工程施工——A 工程(人工费)　　15 000

　　　　　　——B 工程(人工费)　　25 000

　贷：应付职工薪酬　　40 000

2. 建筑安装工人计件工资

将支付的标准计件工资，直接记入各成本核算对象的人工费项目。

3. 建筑安装工人的社会保险等

建筑安装工人的社会保险等费用按记入各成本核算对象的工资额和规定的计提标准计算，记入各成本核算对象的人工费项目。

(二) 材料费的归集与分配

企业在施工生产中耗用的主要材料、结构件、其他材料费用，以及周转材料摊销和租赁费等都属于材料费,应记入"工程施工"账户材料费项目。月末,财会部门应根据审核后的各种领料凭证、退料单、残料交库单等原始凭证,编制"材料费用分配表"(见表 3-4)等,据以确定各成本核算对象应分摊的材料费,并记入"工程施工"账户的材料费项目内。

[例 3-16]　甲分公司 2022 年 8 月耗用材料分配情况如表 3-4 所示。

表 3-4　材料费用分配表

编制单位:甲分公司　　　　2022 年 8 月　　　　单位:元

受益对象 材料类别	A 工程	B 工程	机械作业	辅助生产	合计
一、主要材料					
1. 黑色金属	54 000	27 000			81 000
2. 硅酸盐	41 000	23 000			64 000
3. 其他主要材料	1 500	2 000			3 500
主要材料合计	96 500	52 000			148 500
材料成本差异	986	530			1 516
二、结构件					
金额	15 000	25 000			40 000
材料成本差异	225	375			600
三、机械配件					
金额			600		600
材料成本差异			12		12
四、其他材料					
金额	800	1 000	1 000	800	3 600
材料成本差异	8	10	10	8	36
五、周转材料摊销	600	750			1 350
总计	114 119	79 665	1 622	808	196 214

根据表 3-4 中资料,应作会计分录如下:

借:工程施工——A 工程(材料费)　　114 119
　　　　　——B 工程(材料费)　　79 665
　机械作业　　1 622
　辅助生产　　808
　贷:库存材料——黑色金属　　81 000
　　　　　　——硅酸盐　　64 000

——其他主要材料 3 500
——结构件 40 000
——机械配件 600
——其他材料 3 600
周转材料——周转材料摊销 1 350
材料成本差异——主要材料 1 516
——结构件 600
——机械配件 12
——其他材料 36

（三）机械使用费的归集与分配

施工生产中使用施工机械所发生的各项费用，包括使用自有机械发生的台班费、使用租入施工机械发生的租赁费以及按规定支付的施工机械安装、拆卸和进出场费等都属于机械使用费，应在“工程施工——机械使用费”账户核算。机械使用费的核算分为如下几种情况。

1. 租赁机械使用费的核算

租用外单位（或企业内部独立核算单位）施工机械和运输设备进行机械作业所发生的各项费用，一般可根据机械租赁费结算凭证所列金额编制“租赁机械使用费汇总表”核算，能确定受益对象的，直接记入有关成本核算对象的机械使用费项目；由几个成本核算对象共同负担的，应以定额用量（或实际使用台班）为标准，分配记入有关成本核算对象的机械使用费项目。

［例 3-17］ 甲分公司 2022 年 8 月“租赁机械使用费汇总表”见表 3-5。机械租赁费已用银行存款结算。

表 3-5 租赁机械使用费汇总表

2022 年 8 月 单位：元

机械名称 / 受益对象	挖土机		塔吊		汽车		合计金额
	单价：300		单价：600		单价：200		
	台班	金额	台班	金额	台班	金额	
A 工程	16	4 800			40	8 000	12 800
B 工程			18	10 800	5	1 000	11 800
合计	16	4 800	18	10 800	45	9 000	24 600

根据“租赁机械使用费汇总表”编制以下分录：
借：工程施工——A 工程（机械使用费） 12 800
——B 工程（机械使用费） 11 800
贷：银行存款 24 600

2. 自有机械使用费的核算

企业使用自有施工机械和运输设备进行机械作业所发生的各项费用，首先通过“机械作业”账户，按机械类别或每台机械分别归集，即借记“机械作业”账户，贷记“库存材料”“应付职工薪酬”“累计折旧”等账户；月末再根据各个成本核算对象实际使用施工机械的台班数，分配记入有关成本核算对象的机械使用费项目，即借记“工程施工”等账户，贷记“机械作业”账户。

［例 3-18］ 甲分公司自有推土机一台、搅拌机两台，2022 年 8 月自有机械发生的各项费用如表 3-6 所示。根据表 3-6 及甲分公司“机械运转记录”上登记的各成本核算对象使用机械的台班数记录，可编制表 3-7。

表 3-6 自有机械使用费明细表

编制单位：甲分公司　　2022 年 8 月 31 日　　单位：元

机械名称 / 费用项目	推土机	搅拌机	金额合计
	运转台班：50	运转台班：90	
工资	750	1 400	2 150
折旧费	950	800	1 750
修理费	300	200	500
燃料费	3 000		3 000
动力费		4 500	4 500
其他直接费	600	300	900
合计	5 600	7 200	12 800

表 3-7 自有机械使用费分配表

编制单位：甲分公司　　2022 年 8 月 31 日　　单位：元

机械名称 / 受益对象	推土机		搅拌机		金额合计
	台班成本：112		台班成本：80		
	台班数量	金额	台班数量	金额	
A 工程	50	5 600	30	2 400	8 000
B 工程			60	4 800	4 800
合计	50	5 600	90	7 200	12 800

根据表 3-7，应作会计分录如下：

借：工程施工——A 工程　　8 000

　　　　　——B 工程　　4 800

　贷：机械作业　　12 800

（四）其他直接费用的归集与分配

企业在施工生产中耗用的水电费、材料二次搬运费、检验试验费等都属于其他直接费，应在“工程施工——其他直接费”中核算。其他直接费用在发生时，一般都能分清成本核算对象，可直接将费用记入有关成本核算对象的其他直接费项目，即借记“工程施工——×工程（其他直接费）”账户，贷记“银行存款”等账户。有些费用在发生时，无法分清成本核算对象的，可先通过“辅助生产”或“工程施工——其他直接费用”等账户归集，即借记“辅助生产”或“工程施工——其他直接费用”账户，贷记“应付职工薪酬”“库存材料”“累计折旧”“银行存款”等账户。月末再按一定方法分配计入各成本核算对象的其他直接费用项目，即借记“工程施工——×工程（其他直接费用）”账户，贷记“辅助生产”“工程施工——其他直接费用”账户。

[例 3-19] 甲分公司设有非独立核算的供水站，2022 年 8 月供水站共发生费用 15 000 元。其中 A 工程应负担 4 000 元，B 工程应负担 11 000 元。根据上面资料，应作会计分录如下：

借：工程施工——A 工程（其他直接费用）	4 000	
——B 工程（其他直接费用）	11 000	
贷：辅助生产		15 000

（五）施工间接费用的归集与分配

施工间接费用是指建筑施工企业的项目部、分公司等施工单位为施工准备、组织和管理施工现场的生产所发生的各项资金耗费。现行财务制度规定施工间接费用由临时设施费和现场管理费组成。

企业发生的各项施工间接费用应先通过“施工间接费用”账户归集，月份终了再将其在各成本核算对象之间分配。

1. 临时设施费的核算

临时设施费是指施工单位为进行工程施工所必需的生活和生产用临时设施的购建、维修、拆除和摊销费用。

临时设施是施工企业为保证施工生产顺利进行而建造的各种简易设施，包括现场临时办公室，作业棚，机具棚，化灰池，储水池，材料库，临时供热、供电、给水、排水设施，临时道路、围墙，临时宿舍、食堂、休息室等。临时设施属于施工企业的其他资产。

为核算临时设施的购建、使用和报废，一般应设置“临时设施”和“临时设施摊销”两个账户。“临时设施”账户核算企业各种简易设施的实际成本，其借方登记购置或搭建的各种临时设施的实际成本；贷方登记销售、报废和拆除的临时设施的成本转出数；月末借方余额反映企业现有临时设施的实际成本。本账户按临时设施种类和使用部门设置明细账户。“临时设施摊销”账户核算各种临时设施的摊销情况，其贷方登记企业按月计提的临时设施摊销额；借方登记销售、拆除、报废、毁损和盘亏临时设施的已提摊销额；月末贷方余额反映企业在用临时设施的已提摊销额。

（1）临时设施的购建。临时设施可以从外部直接购入，也可以由企业自行建造。从外部直接购入时，根据购入临时设施所支付的全部款项，借记“临时设施”账户，贷记“银行存款”账户。企业自行建造时，在临时设施未完工前，搭建的各项支出可先通过“在建工程”账户归集，即发生的费用，借记“在建工程”账户，贷记“应付职工薪酬”“库存材料”等账户，待完工交付使用时，再按搭建的全部支出，借记“临时设施”账户，贷记“在建工程”账户。

［例 3-20］ 施工企业以银行存款 80 000 元购入旧房屋一幢，作为施工管理临时办公室。作如下分录：

借：临时设施	80 000	
贷：银行存款		80 000

［例 3-21］ 甲工程为施工现场搭建临时材料库，领用各种材料的计划成本为 5 000 元，材料成本差异率为 2%，支付工资 1 000 元，以银行存款支付其他费用 700 元，临时设施现已完工并投入使用。

① 搭建临时设施，支付各项费用时：

借：在建工程——临时设施工程	6 800	
贷：库存材料		5 000
材料成本差异		100
应付职工薪酬		1 000
银行存款		700

② 临时设施交付使用时：

借：临时设施	6 800	
贷：在建工程——临时设施工程		6 800

（2）临时设施的摊销。临时设施为整个施工期间提供各种服务，直到工程结束并将其拆除或作其他处置为止。临时设施的成本应在施工期内由所有受益工程共同分担。按服务年限和服务对象将其价值分期摊销计入工程成本。企业按月计算临时设施的摊销额，借记“工程施工”等账户，贷记“临时设施摊销”账户。

［例 3-22］ 依上两例，若上项临时设施根据工程需要应在 16 个月内摊销完。则企业每月应作会计分录如下：

每月摊销额 = 86 800÷16 = 5 425（元）

借：施工间接费用——临时设施费	5 425	
贷：临时设施摊销		5 425

2. 现场管理费的归集

现场管理费是指施工单位现场组织施工过程所发生的各项耗费,包括管理人员工资、固定资产使用费、物料消耗、低值易耗品使用费、办公费、水电费、差旅交通费、保险费、工程保修费、其他费用等。

施工单位发生的各项现场管理费,应按其用途和发生的地点进行归集。现场管理费的归集按其记账依据不同,可采用两种方法:

(1) 一般费用发生时,可直接根据开支凭证或据以编制的其他费用分配表,记入"施工间接费用——现场管理费"账户及其明细账中去,如办公费、差旅交通费、保险费等。

(2) 工资、材料、折旧等费用,应在月终时根据汇总编制的各种费用分配表,记入"施工间接费用——现场管理费"账户及其明细账中去。

[例 3-23] 施工单位 2022 年 6 月发生的各项现场管理费明细表见表 3-8。

表 3-8 现场管理费明细表

编制单位:甲分公司　　2022 年 8 月　　单位:元

费用项目	工资及社保费等	折旧及修理费	办公费	水电费	差旅费	财产保险费	低值易耗品	合计
金额	2 500	1 100	300.68	225	500	240	283	5 148.68

3. 施工间接费用的分配

为了便于实际成本与计划成本相比较,施工间接费用在各成本核算对象之间进行分配的方法,一般应与预算取费标准一致。如土建工程、金属及钢筋混凝土构件吊装工程、机械施工的大型土石方工程,以直接成本为基础进行分配,一般机械及电气设备安装工程、人工施工的大型土石方工程,以人工费为标准进行分配。

[例 3-24] 某施工单位 A、B 两工程均为土建工程,应以实际成本为标准来分配施工间接费用。以例 3-15、例 3-16、例 3-17、例 3-18、例 3-19 的数据为直接成本,例 3-22、例 3-23 的数据为施工间接费用,则可编制"施工间接费用分配表",见表 3-9。

表 3-9 施工间接费用分配表

编制单位:甲分公司　　2022 年 8 月　　单位:元

分配对象	分配标准	分配率	分配额
A 工程	153 919	(10 573.68÷286 184)	5 686.87
B 工程	132 265		4 886.81
合计	286 184	0.0 369	10 573.68

根据表 3-9,应作分录为:

借:工程施工——A 工程(间接费用)　　5 686.87

　　——B 工程(间接费用)　　4 886.81

　贷:施工间接费用——现场管理费　　5 148.68

　　——临时设施费　　5 425

五、已完工程实际成本的结算

计算工程成本是施工企业会计核算的重要内容。企业应按月或按期计算未完工程和已完工程的实际成本,工程竣工时还应计算竣工工程的实际成本,并按施工合同的规定及时结算已完工程价款,为考核降低工程成本任务的完成情况提供依据。“未完工程”又称“未完施工”,是指已投料施工,但在月末或期末尚未完成预算定额规定的工序与内容的分部分项工程;“已完工程”是在月末或期末已经完成了预算定额规定的全部工序和内容,不需要继续施工的分部分项工程,亦称“已完施工”;“竣工工程”是指按施工图规定全部完工、经验收合格,可以移交发包单位使用的工程项目。

(一)未完工程成本的计算

未完工程实际成本可按预算单价进行计算,也可按实际成本进行计算,现分述如下:

1. 按预算单价计算

月末未完工程在全月工程量中所占的比重较小,而且月初与月末未完工程的数额都没有太大变化时,为简化核算手续,企业可把月末未完工程的预算成本作为它的实际成本。月末未完工程预算成本的确定方法主要有估量法和估价法两种。

(1) 估量法,又称“约当产量法”。其基本做法是:将月末未完工程的实物量,按其已完工序和已做工作占分部分项工程的百分比,折合成相当于已完工程的实物量,再乘以该分部分项工程的预算单价,即可求出月末未完工程的预算成本。相关的计算公式如下:

$$\text{未完工程预算成本}=\frac{\text{未完工程}}{\text{工程量}}\times\frac{\text{估计完成}}{\text{程度}}\times\frac{\text{相关分部分项}}{\text{工程预算单价}}\times(1+\text{其他直接费费率})$$

(公式 3.25)

因为月末未完工程的数额较小,所以未完工程不必分担施工间接费用。

[例 3-25] 甲分公司 2022 年 8 月末对 B 工程的未完工程进行盘点。该工程本月有 $400m^2$ 砖墙抹灰工程,按预算定额规定应该抹两遍,月末盘点时只抹了一遍。该砖墙抹灰工程的预算单价为 8.10 元,其他直接费费率为 8%。根据资料可计算出本月未完工程的预算成本为:

$$400\times50\%\times8.10\times(1+8\%)=1\ 749.6(\text{元})$$

(2) 估价法,是先确定分部分项工程中各工序的单价,再乘以未完工序的实物量,即可求出未完施工的预算成本。相关计算公式如下：

工序单价=分部分项工程预算单价×工序占分部分项工程的比重 （公式 3.26）

未完工程预算成本=未完工序实物量×工序单价 （公式 3.27）

［例 3-26］ 假设甲分公司 A 工程 2022 年 8 月施工的分部分项工程由 a、b 两道工序组成，a 工序、b 工序占该分部分项工程的比重分别为 60%、40%，该分部分项工程的预算单价为 22 元。月末盘点，未完成 a 工序 200m^2，未完成 b 工序 50m^2。则月末未完工程预算成本为：

a 工序单价=22×60%=13.2(元)

b 工序单价=22×40%=8.8(元)

未完工程预算成本=200×13.2+50×8.8=3 080(元)

2. 按实际成本计算

若月末未完施工的数额较大，而且月初月末未完工程数量又相差悬殊时，未完工程成本应该采用实际成本进行计算，这样才能保证未完工程、已完工程实际成本的正确性。其计算公式为：

$$\text{未完工程实际成本}=\text{期末未完工程折合量}\times\frac{\text{本期实际发生的工程成本}+\text{期初未完工程成本}}{\text{本期已完工程数量}+\text{期末未完工程折合量}}$$ （公式 3.28）

［例 3-27］ 假设某分部分项工程由甲、乙、丙三道工序组成，各工序占该分部分项工程的比重分别为 40%、30%、30%；月末进行盘点，已完工程数量为 500m，未完工程数量分别是：甲工序 100m，乙工序 50m，丙工序 10m；月初未完工程成本为 1 240 元；本月实际发生的工程成本为 4 340 元。

期末未完工程折合量=100×40%+50×30%+10×30%=58(m)

$$\text{未完工程实际成本}=58\times\frac{1\ 240+4\ 340}{500+58}=580(\text{元})$$

未完工程成本的计算方法一经确定，就不能随意改变，以保证各期成本计算口径的统一，便于进行成本比较、分析。

（二）已完工程实际成本的计算

期末未完工程实际成本确定以后，就可以在此基础上根据公式计算本期已完工程实际成本：

$$\text{已完工程实际成本}=\text{期初未完工程实际成本}+\text{本期发生的工程成本}-\text{期末未完工程实际成本}$$ （公式 3.29）

在实际工作中，已完工程实际成本的计算，一般通过编制“已完工程成本计算表”进行，其格式见表 3-10。

第三章

［例 3-28］　仍以例 3-15、例 3-16、例 3-17、例 3-18、例 3-19、例 3-24、例 3-25、例 3-26 的数据为例。假定 A 工程、B 工程 8 月初未完工程预算成本分别为 2 500 元、2 000 元，则甲分公司 2022 年 8 月编制的“已完工程成本计算表”见表 3-10。

表 3-10　已完工程成本计算表

编制单位：甲分公司　　2022 年 8 月

工程名称	期初未完工程成本	本期发生的工程成本	期末未完工程成本	本期已完工程实际成本
A 工程	2 500	159 605.87	3 080	159 025.87
B 工程	2 000	137 151.81	1 749.6	137 402.21
合计	4 500	296 757.68	4 829.6	296 428.08

（三）竣工工程成本的计算与冲转

合同项目竣工后，应根据施工图预算和工程设计变更、材料代用等有关凭证，及时编制工程结算书，据以确定竣工的合同项目预算成本并作为向发包方办理工程价款结算的依据；应归集该工程自开工至竣工期间所发生的累计实际成本，与预算成本相比较，计算成本降低额，并编制“合同项目竣工成本决算”。同时将“工程施工”账户与“工程结算”账户对冲。两账户的对冲处理在后面介绍。

［例 3-29］　假设某施工单位承包的 102 合同项目办公楼工程已竣工结算，根据有关资料编制的“竣工成本决算”见表 3-11，工、料、机械用量比较略。

表 3-11　竣工成本决算

发包单位：某建设单位　　工程名称：办公楼

建筑面积：5 000m^2　　开工日期：1 月 25 日

工程结构：砖混　　竣工日期：12 月 5 日

层数：5　　合同造价：4 520 000 元

成本项目	预算成本	实际成本	降低额	降低率（%）	简要分析与说明
人工费	538 200	497 211	40 989	7.6	单方成本：
材料费	2 375 256	1 907 666	467 590	19.7	预算 717.60
机械使用费	215 280	173 108	42 172	19.6	实际 607.2
其他直接费	28 704	21 890	6 814	23.7	单方用工：
间接费用	430 560	436 154	-5 594	-1.3	预算 10.5
					实际 10.2
合计	3 588 000	3 036 029	551 971	15.4	

第五节　工程合同收入与合同费用的核算

一、建造合同概述

（一）建造合同的定义和特征

建造合同，是指为建造一项资产或者在设计、技术、功能、最终用途等方面密切相关的数项资产而订立的合同。其中，所指资产主要包括房屋、道路、桥梁、水坝等建筑物以及船舶、飞机、大型机械设备等。

建造合同的主要特征在于：

（1）先有业主（即客户），后有标底（即资产），建造资产的造价在合同签订时就已经确定；

（2）资产的建设周期长，一般都要跨越一个会计年度，有的长达数年；

（3）所建造资产的体积大，造价高；

（4）建造合同一般为不可撤销合同。

（二）建造合同的类型

建造合同分为两类：一类是固定造价合同；另一类是成本加成合同。

1. 固定造价合同

固定造价合同指按照固定的合同价或固定单价确定工程价款的建造合同。比如，某建造承包商与一客户签订一项建造合同，为客户建造一栋办公大楼，合同规定建造大楼的总造价为 6 000 万元。该合同即为固定造价合同。

2. 成本加成合同

成本加成合同是指以合同允许或其他方式议定的成本为基础，加上该成本的一定比例或定额费用确定工程价款的建造合同。比如，建造承包商与一客户签订一项建造合同，为客户建造一段地铁，双方约定以建造实际成本为基础，价款以实际成本加上实际成本的 2% 计算确定。该合同就属于成本加成合同。

固定造价合同与成本加成合同的主要区别就在于风险的承担者不同。前者的风险主要由建造承包方承担，后者则主要由发包方承担。

二、合同收入与合同费用

建筑施工收入实现的确认与工商企业有所不同。根据会计规范，收入确认必须充分考虑建筑施工收入的特点，根据完工百分比法确认合同收入与合同费用。

（一）合同收入

合同收入是建筑施工企业在承包工程、提供劳务等日常活动中所形成的经济利益总流入，是建筑施工企业的主营业务收入。

1. 合同收入的内容

（1）合同的初始收入，即建造承包商与客户在双方签订的合同中最初商定的合同总金额，它构成合同收入的基本内容。

（2）因合同变更、索赔、奖励等形成的收入。这部分收入并不构成合同双方在签订合同时已在合同中商定的合同总金额，而是在执行合同过程中由于合同变更、索赔、奖励等原因而形成的收入。这部分收入需要严格履行手续，才能构成合同总收入。

2. 合同变更收入的确认

合同变更是指客户为改变合同规定的作业内容而提出的调整。例如，某建造承包商与某建设单位签订合同建造一栋住宅楼，合同执行到1/3时，建设单位提出改变住宅的部分户型设计，这就属于合同变更。为实施这一变更，建设单位同意增加100万元，这100万元就是建造承包商的合同变更收入。

因合同变更而增加的收入，应在同时符合以下条件时加以确认：

（1）客户能够认可因变更而增加的收入；

（2）收入能够可靠地计量。

如果不同时具备以上两个条件，则不能确认合同变更收入。注意这里所说的合同变更收入确认，仅指合同变更收入可以计入合同总收入，而不是说将其在当期损益中确认。以下提到的索赔款、奖励款收入确认也有类似的含义。它们何时计入损益，将在合同收入和合同费用的确认部分介绍。

3. 索赔款收入的确认

索赔款是指因客户或第三方的原因造成的、由建造承包商向客户或第三方收取的、用于补偿不包括在合同造价中的成本的款项。比如，某建造承包商与某客户签订了一份金额为1 000万元的建造合同，建造一座电站。合同规定的建设期为2020年12月1日至2022年12月1日。同时，合同还规定，发电机由客户采购，于2022年9月1日前交付建造承包商安装。该合同执行过程中，客户并未在合同规定的时间范围内将发电机交付承包商。为此，建造承包商要求客户支付延误工期款80万元。这就是发生索赔款的例子。

因发生索赔而形成的收入即为索赔款收入，其应在同时符合以下条件时才能加以确认：

（1）通过谈判，对方同意这项索赔；

（2）对方同意接受的金额能够可靠地计量。

如果不能同时符合以上条件，则不能确认索赔款收入。

在上例中，建造承包商的初始收入为1 000万元。根据双方谈判的情况，客户同意向建造承包商支付延误工期款80万元。根据以上确认条件，建造承包商可以在2022年将因索赔而增加的收入80万元确认为合同收入的组成部分，即2022年该项建造合同的总收入应为1 080万元。假如客户不同意支付延误工期款，则不能将80万元计入合同总收入；假如客户只同意支付延误工期款40万元，则只能将40万元计入该项合同总收入，即2022年该项建造合同总收入为1 040万元。

4. 奖励款收入的确认

奖励款是指工程达到或超过规定的标准时，客户同意支付给建造承包商的额外款项。比如，某建造承包商与某客户签订了一项合同金额为9 000万元的建造合同，建造一座大桥，合同规定的建设期为 2020 年 12 月 20 日至 2022 年 12 月 20 日。该合同在执行中于 2022 年 9 月主体工程已基本完工,工程质量符合设计标准,并有望提前 3 个月完工。客户同意向建造承包商支付提前竣工奖 100 万元。这就是发生奖励款的例子。

因奖励而形成的收入应在同时符合以下条件时加以确认:

(1) 根据目前合同的完成情况,足以判断工程进度和工程质量能够达到或超过既定的标准;

(2) 奖励金额能够可靠地计量。

如果不能同时符合以上条件,则不能确认奖励款收入。

(二) 合同费用

合同费用是建筑施工企业已经发生的与已确认的合同收入相配比的工程或劳务的成本,它是建筑施工企业的主营业务成本。

三、合同收入与合同费用的确认与核算

(一) 合同收入与合同费用的确认

合同收入与合同费用如何确认要看建造合同的结果是否能可靠地控制。

1. 建造合同的结果能够可靠控制时的处理

建造合同的结果能够可靠控制的,应采用完工百分比法确认合同收入和合同费用。对于不同类型的建造合同,判断其结果能否可靠控制的条件也不完全相同。

(1) 判断固定造价合同的结果能够可靠控制的条件。① 合同总收入能够可靠地计量;② 与合同相关的经济利益能够流入企业;③ 在资产负债表日合同完工进度和为完成合同尚需发生的成本能够可靠地确定;④ 为完成合同已经发生的合同成本能够清楚地区分和可靠地计量,以便实际合同成本能够与以前的预计成本相比较。

(2) 判断成本加成合同的结果能够可靠控制的条件。① 与合同相关的经济利益能够流入企业;② 为完成合同已经发生的合同成本能够清楚地区分和可靠地计量。

(3) 合同收入与合同费用确认的方法。当建造合同结果能够可靠地控制时,应根据完工百分比法在资产负债表日确认合同收入与合同费用。

完工百分比法就是根据合同的完工进度来确认合同收入与合同费用的方法。其运用程序是:首先确定建造合同的完工进度,计算完工百分比,然后根据完工百分比计量和确认当期的合同收入和合同费用。

确定合同完工进度有以下三种方法:

① 根据累计实际发生的合同成本占合同预计总成本的比例确定。计算公式为:

$$\text{合同完工进度}=\frac{\text{累计实际发生的合同成本}}{\text{合同预计总成本}}\times 100\% \qquad \text{(公式 3.30)}$$

② 根据已经完成的合同工作量占合同预计总工作量的比例确定。计算公式为:

$$\text{合同完工进度}=\frac{\text{已经完成的合同工作量}}{\text{合同预计总工作量}}\times 100\% \qquad \text{(公式 3.31)}$$

③ 已完合同工作的测量。这是无法用上述两种方法确定完工进度时所采用的一种特殊技术方法,适用于一些特殊的建造合同,如水下工程等。

根据完工百分比计量和确认当期合同收入和合同费用的公式为：

$$\frac{\text{当期确认的}}{\text{合同收入}}=\frac{\text{合同}}{\text{总收入}}\times\frac{\text{完工}}{\text{进度}}-\frac{\text{以前会计年度累计}}{\text{已确认的合同收入}} \quad (\text{公式 3.32})$$

$$\frac{\text{当期确认的}}{\text{合同毛利}}=\left(\frac{\text{合同}}{\text{总收入}}-\frac{\text{合同预计}}{\text{总成本}}\right)\times\frac{\text{完工}}{\text{进度}}-\frac{\text{以前会计年度累计}}{\text{已确认的毛利}} \quad (\text{公式 3.33})$$

$$\frac{\text{当期确认的}}{\text{合同费用}}=\frac{\text{当期确认的}}{\text{合同收入}}-\frac{\text{当期确认的}}{\text{合同毛利}}-\frac{\text{以前会计年度}}{\text{预计损失准备}} \quad (\text{公式 3.34})$$

需要说明的是，以上完工进度是指累计完工进度。因此，企业在运用上述公式确认和计量当期合同收入和合同费用时，应分别建造合同的实施情况处理：

① 当年开工当年未完工的建造合同。在这种情况下，企业在运用上述公式确认和计量当期合同收入和合同费用时，以前会计年度累计已确认的合同收入和合同毛利均为零。

② 以前年度开工至本年仍未完工的建造合同。在这种情况下，企业可以直接运用上述公式确认和计量当期合同收入和合同费用。在工程未竣工的年度内，确认当期合同费用时，不考虑以前会计年度预计损失准备。

③ 以前年度开工本年度完工的建造合同。在这种情况下，当期确认和计量的合同收入，等于合同总收入扣除以前会计年度累计已确认的收入后的余额；当期确认和计量的合同毛利等于合同总收入扣除实际合同总成本减以前会计年度累计已确认的毛利后的余额。

2. 建造合同的结果不能可靠控制时的处理

如果建造合同的结果不能可靠地控制，则不能采用完工百分比法确认合同收入和合同费用，而应分别以下情况进行会计处理：

(1) 合同成本能够收回的，合同收入根据能够收回的实际合同成本加以确认，合同成本在其发生的当期确认为费用；

(2) 合同成本不能收回的，应在发生时立即确认为费用，不确认收入。

如果预计总成本将超过合同预计总收入，应将预计损失立即确认为当期费用。

（二）核算账户

1. “工程施工——毛利”账户

该账户核算确认的合同毛利。确认的合同毛利记入本账户的借方，确认的合同亏损记入本账户的贷方。合同完成后，本账户与“工程结算”账户对冲后结平。

2. “工程结算”账户

该账户核算根据合同完工进度已向发包方开出工程价款结算账单办理结算的价款。本账户是“工程施工”账户的备抵账户，已向客户开出工程价款结算账单办理结算的款项记入本账户的贷方，合同完成后，本账户与“工程施工”账户对冲后结平。

3. “主营业务收入”账户

该账户核算当期确认的合同收入。当期确认的合同收入记入本账户的贷方，期末，将本账户的累计额全部转入“本年利润”账户，结转后，本账户应无余额。

4."主营业务成本"账户

该账户核算当期确认的合同费用。当期确认的合同费用记入本账户的借方，期末，将本账户的余额全部转入"本年利润"账户，结转后，本账户应无余额。

5."合同预计损失"账户

该账户核算当期确认的合同预计损失。当期确认的合同预计损失，记入本账户的借方，期末，将本账户的余额全部转入"本年利润"账户，结转后，本账户应无余额。

6."预计损失准备"账户

该账户核算建造合同计提的损失准备。在建合同计提的损失准备，记入本账户的贷方，在建合同完工后，应将本账户的余额调整"主营业务成本"账户。

（三）合同收入与费用的核算举例

［例 3-30］　某施工单位与甲建设单位签订了一项总金额为 58 000 000 元的固定造价合同，承建一幢商住楼。工程于 2020 年 2 月开工，2022 年 8 月竣工。最初，预计工程总成本为 55 000 000 元；至 2018 年年底，由于钢材价格上涨等因素调整了预计总成本，预计工程总成本已达到 60 000 000 元。该施工单位于 2022 年 6 月提前两个月完成了合同，工程质量优良，客户同意支付奖励款 2 000 000 元。建造该商住楼的其他有关资料如下：

	2020 年	2021 年	2022 年
到目前为止已发生成本(元)	15 400 000	48 000 000	59 500 000
完成合同尚需发生成本(元)	39 600 000	12 000 000	—
已结算合同价款(元)	17 400 000	29 600 000	13 000 000
实际收到价款(元)	17 000 000	29 000 000	14 000 000

1. 2020 年的账务处理

(1) 登记发生的合同成本(实际成本)：

借：工程施工——商住楼　　15 400 000

　　贷：库存材料、应付职工薪酬等　　15 400 000

(2) 登记已结算的合同价款：

借：应收账款　　17 400 000

　　贷：工程结算　　17 400 000

(3) 登记实际收到的合同价款：

借：银行存款　　17 000 000

　　贷：应收账款　　17 000 000

(4) 确认和计量当年的收入和费用，并登记入账：

$$2020\text{ 年的完工进度}=\frac{15\ 400\ 000}{15\ 400\ 000+39\ 600\ 000}=28\%$$

2020 年应确认的合同收入 = 58 000 000×28% = 16 240 000(元)

2020 年应确认的合同毛利 = (58 000 000−15 400 000−39 600 000)×28%

= 840 000(元)

2020 年应确认的合同费用 = 16 240 000−840 000 = 15 400 000(元)

借:工程施工——毛利 840 000

主营业务成本 15 400 000

贷:主营业务收入 16 240 000

2. 2020 年该项合同的有关信息披露

(1) 在资产负债表中披露的有关信息:

应收账款:根据“应收账款”账户余额填列,金额为 400 000 元(17 400 000−17 000 000)。

已结算未完工款:本项目应在流动负债类项目下列示,反映在建合同已办理结算但尚未完工部分的价款,根据“工程结算”账户余额减“工程施工”账户余额后的差额填列,金额为:1 160 000 元(17 400 000−15 400 000−840 000)。

(2) 在利润表中披露的有关信息:

主营业务收入:根据“主营业务收入”账户本年贷方发生额填列,金额为 16 240 000 元。

主营业务成本:根据“主营业务成本”账户本年借方发生额填列,金额为 15 400 000 元。

(3) 在会计报表附注中披露的有关信息:

确定合同完工进度的方法:本例中合同完工进度根据累计实际发生的合同成本占合同预计总成本的比例确定。

在建工程累计已发生的成本:根据“工程施工”账户的余额填列,如果毛利有余额则扣除毛利余额后填列,此处金额为 15 400 000 元。

在建工程已结算价款:反映在建合同累计已办理结算的工程价款,根据“工程结算”账户的余额填列,金额为 17 400 000 元。

合同总金额:58 000 000 元。

3. 2021 年的账务处理

(1) 登记发生的合同成本(实际成本):

借:工程施工——商住楼 32 600 000

贷:库存材料、应付职工薪酬等 32 600 000

(2) 登记已结算的合同价款:

借:应收账款 29 600 000

贷:工程结算 29 600 000

(3) 登记实际收到的合同价款:

借:银行存款 29 000 000

贷:应收账款 29 000 000

(4) 确认和计量当年的收入和费用,并登记入账:

$$2021\text{ 年的完工进度}=\frac{48\ 000\ 000}{48\ 000\ 000+12\ 000\ 000}=80\%$$

2021 年应确认的合同收入 = 58 000 000×80% - 16 240 000 = 30 160 000(元)

2021 年应确认的合同毛利 = (58 000 000 - 48 000 000 - 12 000 000)×80% - 840 000
= -2 440 000(元)

2021 年应确认的合同费用 = 30 160 000 + 2 440 000 = 32 600 000(元)

2021 年确认的合同预计损失 = (48 000 000 + 12 000 000 - 58 000 000)×(1 - 80%)
= 400 000(元)

注:在 2021 年年底,由于该合同预计总成本 60 000 000 元,大于合同总收入 58 000 000元,预计发生损失总额为 2 000 000 元;由于在"工程施工——毛利"账户中反映了1 600 000 元的亏损(840 000-2 440 000),因此,应将剩余的、为完成工程将发生的预计损失 400 000 元确认为当期损失。

借:主营业务成本 32 600 000
　贷:主营业务收入 30 160 000
　　工程施工——毛利 2 440 000

同时,确认合同预计损失:

借:合同预计损失 400 000
　贷:预计损失准备 400 000

4. 2021 年该项合同的有关信息披露

(1) 在资产负债表中披露的有关信息:

应收账款:根据"应收账款"账户余额填列,金额为 1 000 000 元。

已结算未完工款:本项目应在流动负债类项目下列示,反映在建合同已办理结算但尚未完工部分的价款,根据"工程结算"账户余额减"工程施工"账户余额后的差额填列,金额为 600 000 元(47 000 000-46 400 000)。

(2) 在利润表中披露的有关信息:

主营业务收入:根据"主营业务收入"账户本年贷方发生额填列,金额为 30 160 000元。

主营业务成本:根据"主营业务成本"账户本年借方发生额填列,金额为 32 600 000元。

(3) 合同预计损失:根据"合同预计损失"账户本年借方发生额填列,金额为 400 000 元。

(4) 在会计报表附注中披露的有关信息:

确定合同完工进度的方法:本例中合同完工进度根据累计实际发生的合同成本占合

同预计总成本的比例确定。

在建工程累计已发生的成本:根据“工程施工”账户的余额扣除毛利后的余额填列,金额为 49 600 000 元(15 400 000+32 600 000-840 000+2 440 000)。

在建工程已结算价款:反映在建合同累计已办理结算的工程价款,根据“工程结算”账户的余额填列,金额为 47 000 000 元(17 400 000+29 600 000)。

合同总金额:58 000 000 元。

5. 2022 年的账务处理

(1) 登记发生的合同成本:

借:工程施工　　11 500 000

　　贷:原材料、应付职工薪酬等　　11 500 000

(2) 登记已结算的合同价款:

借:应收账款　　13 000 000

　　贷:工程结算　　13 000 000

(3) 登记实际收到的合同价款:

借:银行存款　　14 000 000

　　贷:应收账款　　14 000 000

(4) 确认和计量当年的收入和费用,并登记入账:

2022 年应确认的合同收入 = 合同总金额 - 至目前止累计已确认的收入

= (58 000 000+2 000 000) - (16 240 000+30 160 000)

= 13 600 000(元)

2022 年应确认的毛利 = [(58 000 000+2 000 000) - 59 500 000] - (840 000 - 2 440 000)

= 500 000+1 600 000 = 2 100 000(元)

2022 年应确认的合同费用 = 13 600 000 - 2 100 000 - 400 000 = 11 100 000(元)

借:主营业务成本　　11 100 000

　　预计损失准备　　400 000

　　工程施工——毛利　　2 100 000

　　贷:主营业务收入　　13 600 000

(5) 2022 年工程竣工,应将“工程施工”账户的余额与“工程结算”账户的余额相对冲:

借:工程结算　　60 000 000

　　贷:工程施工——成本——商住楼　　59 500 000

　　　　工程施工——毛利　　500 000

6. 2022 年该项合同的有关信息披露

由于工程在 2022 年已竣工,工程价款已全部办理了结算并已收讫,因此只需在利润表中披露当年确认的收入、费用和利润。

思维导图

- 建筑施工会计
  - 建筑施工经营概述
    - 建筑施工经营业务
    - 建筑施工经营的特点
    - 建筑产品价格的确定
  - 建筑施工材料的核算
    - 一般材料的核算
    - 周转材料的核算
  - 建筑施工往来业务的核算
    - 向发包方预收备料款、预收工程款的核算
    - 预付分包单位款的核算
  - 工程成本的核算
    - 工程成本核算对象与成本项目组成
    - 工程成本核算的账户设置
    - 工程成本的核算程序
    - 工程成本费用的归集与分配
    - 已完工程实际成本的结算
  - 工程合同收入与合同费用的核算
    - 建造合同概述
    - 合同收入与合同费用
    - 合同收入与合同费用的确认与核算

同步测试

一、单选题

1. 企业使用自有施工机械和运输设备进行机械作业所发生的各项费用，首先通过(　　)账户，按机械类别或每台机械分别归集。

A. 工程施工　　B. 机械作业　　C. 工业生产　　D. 施工间接费用

2. 临时设施是施工企业特有的长期资产。会计上应设置(　　)账户对临时设施的购建、使用、摊销、拆除清理进行核算。

A. 固定资产　　B. 在建工程　　C. 临时设施　　D. 其他长期资产

3. 建筑施工企业在业务成果核算方面设置的账户为(　　)。

A. 工程施工　　B. 物资采购　　C. 临时设施　　D. 工程结算

4. 为避免施工企业垫支大量资金，给施工企业的资金周转带来困难而采用的方法是

(　　)。

A. 分级核算

B. 分别计算每项工程的成本

C. 分阶段进行工程成本核算与工程价款结算

D. 大量使用周转材料

5. 施工企业临时设施清理通过(　　)账户核算。

A. 临时设施清理　B. 待处理财产损溢　C. 在建工程　D. 固定资产清理

6. (　　)账户的构成与制造费用相同。

A. 工程施工　B. 机械作业　C. 工业生产　D. 施工间接费用

二、多选题

1. 施工企业外购材料的采购成本包括(　　)。

A. 买价　B. 进项税额　C. 运杂费　D. 采购保管费

2. 周转材料的摊销方法有(　　)。

A. 一次摊销法　B. 分次摊销法　C. 分期摊销法　D. 定额摊销法

3. 施工企业的往来账户主要有(　　)。

A. 应收账款　B. 应付账款　C. 预收账款　D. 预付账款

4. 判断成本加成合同的结果能够可靠估计的条件不包括(　　)。

A. 合同总收入能够可靠地计量

B. 与合同相关的经济利益能够流入企业

C. 在资产负债表日合同完工进度和为完成合同尚需发生的成本能够可靠地确定

D. 为完成合同已经发生的合同成本能够清楚地区分和可靠地计量,以便实际合同成本能够与以前的预计成本相比较

5. 以下属于施工企业周转材料的是(　　)。

A. 组合钢模板　B. 木模板　C. 脚手架

D. 低值易耗品　E. 其他周转材料

6. 下列各项中,属于建筑产品生产特点的是(　　)。

A. 流动性　B. 单件性　C. 地区性

D. 长期性　E. 永久性

7. 施工企业存货包括(　　)。

A. 库存材料　B. 机械配件　C. 周转材料

D. 低值易耗品　E. 结构件

8. 周转材料的二级账户可以设置(　　)。

A. 在库周转材料　B. 在用周转材料

C. 周转材料摊销　D. 周转材料报废

9. 施工工程成本项目包括(　　)。

A. 材料费用　　B. 人工费用　　C. 机械使用费
D. 其他直接费　　E. 间接费用

10. 以下项目属于预付账款内容的有(　　)。

A. 预付工程款

B. 预付备料款

C. 按照购货合同规定预付给供应单位的购货款

D. 在收到购货发票以前付给供应单位的货款

E. 向销货单位开出的应付票据

11. 如果一项建造合同包括数项资产,则在同时具备(　　)条件时,每项资产应分立为单项合同处理。

A. 每项资产均有独立的建造计划,包括有独立的施工图预算

B. 建筑施工企业与业主就每项资产单独进行谈判,双方能够接受或拒绝与每项资产有关的合同条款

C. 每项资产的收入与成本均可单独辨认,如每项资产均有单独的造价和预算成本

D. 该组合同同时或依次履行

E. 该组合同按一揽子交易签订

12. 下列各项属于"临时设施"的有(　　)。

A. 施工现场临时作业棚　　B. 临时铁路专用线　　C. 临时给排水管线
D. 临时护栏　　E. 临时道路

三、判断题

1."采购保管费"账户月末肯定无余额。(　　)

2. 在年终或工程竣工时,应对周转材料进行盘点,根据实际损耗调整已提摊销额,以保证工程成本和有关费用的正确性。(　　)

3. 企业在施工生产过程中发生的人工费用、材料费用、机械使用费用和其他直接费用构成工程的直接成本,可直接记入有关工程成本核算对象。(　　)

4. 施工间接费用不属于工程成本项目内容。(　　)

5. 先确定分部分项工程中各工序的单价,再乘以未完工序的实物量,即可求出未完施工的预算成本,这种方法是估量法。(　　)

6. 固定造价合同与成本加成合同的主要区别就在于风险的承担者不同。前者的风险主要由建造承包方承担,后者则主要由发包方承担。(　　)

7. 施工企业对于需要通过建筑安装活动才能完成的临时设施,其实际支出可以通过"临时设施"账户来核算。(　　)

四、会计分录题

(一) 练习施工企业材料采购业务的核算

1. 资料

(1) 假设成都某施工企业本月支付银行存款从重庆购入两种材料。其中,螺纹钢 130 吨,单价 2 800 元;水泥 80 吨,单价 270 元。两种材料一共支付运费 6 300 元。假设买材料的增值税税率 13%,运费应交纳的增值税税率 9%。

(2) 假设上述两种材料全部入库,其中螺纹钢的计划单价为 2 750 元,水泥的计划单价为 271 元。

(3) 本月采购保管费的发生情况如下:

分配工资	3 000 元
计提福利费	420 元
计提折旧	2 000 元
支付存款	15 580 元
合计	21 000 元

假设本月该企业只购入两种材料,它们的价款共计 645 000 元,其中硅酸盐 45 000 元,黑色金属 600 000 元。按实际分配率分配采购保管费。

2. 要求:根据资料,编制会计分录。

(二) 练习施工企业材料发出的核算

1. 资料:

(1) 某施工企业 A 工程领用钢材 30 吨,水泥 50 吨。钢材成本为每吨 3 000 元,水泥成本每吨 300 元。请作领用材料的会计分录。

(2) 2022 年 4 月 1 日,A 工程领用红松板一批做跳板,成本为 13 000 元,预计使用一年,估计报废时的残值为 1 000 元。请作领用材料的分录;按分期摊销法计算每月的摊销额,并据以作 4 月摊销的会计分录。

(3) 2022 年 5 月 1 日,甲工程计提本月跳板的摊销额为 1 000 元,请据以作会计分录。

(4) 乙工程退库一批模板,成本为 5 000 元,估计成色为 40%,该模板账面的成本为 3 000 元,已提摊销额为 1 000 元。请据以计算应补提摊销额,并作补提的分录;作该批退库周转材料入库的分录。

(5) 某施工部门领取安全网一批,其实际成本为 8 000 元,采用一次摊销法核算;某工程本月领用全新脚手架一批,其账面价值为 20 000 元,预计使用期限是 9 个月,预计残值占账面价值的 10%,采用分期摊销法核算。请作摊销的会计分录。

2. 要求:根据资料,编制会计分录。

(三) 练习临时设施的核算

1. 某施工企业为施工现场搭建临时作业棚、机具棚等临时设施。现已支付银行存款 20 000 元,领用木料 16 000 元。

2. 该企业的上项临时作业棚、机具棚等交付使用。

3. 若上项临时设施根据工程需要,应在 3 年内摊销完毕,请作本月摊销该部分临时设施的分录。

（四）练习工程成本业务的核算

1. 假设某施工单位发生下列有关工程成本的业务：

（1）甲工程领用一次摊销的周转材料一批，价值 2 000 元。

（2）乙工程领用模板一批，价值 25 000 元，预计使用 50 次，本月使用 4 次。

（3）本月应付职工薪酬 55 900 元，其中甲工程施工工人 16 000 元，乙工程施工工人 30 000元，自有施工机械操作工人 1 500 元，施工管理人员 8 400 元。

（4）本月应计提固定资产折旧 3 770 元，其中自有施工机械折旧 2 300 元，施工管理部门固定资产折旧 1 470 元。

（5）本月以存款支付电费 2 800 元，其中自有施工机械 2 170 元，施工管理部门 630 元。

（6）本月以银行存款支付水费 2 772 元，其中甲工程 800 元，乙工程 1 600 元，施工管理部门 372 元。

（7）本月领用材料情况如下表所示：

受益对象	主要材料		其他材料		机械配件	
	计划成本	成本差异	计划成本	成本差异	计划成本	成本差异
甲工程	30 000	600	2 000	-200		
乙工程	25 000	500	1 000	-100		
自有施工机械					600	30
合计	55 000	1 100	3 000	-300	600	30

（8）本月以银行存款支付租赁施工机械费用 3 000 元，其中甲工程 2 000 元，乙工程1 000 元。

（9）分配本月自有施工机械使用费，甲工程使用 60 台班，乙工程使用 40 台班。

（10）按各工程的直接成本分配本月施工间接费用。

要求：根据以上业务编制分录，并计算甲、乙工程本月发生的工程成本。

2. 某施工企业发生如下有关工程成本的经济业务：

（1）2022 年 9 月 30 日盘点时，甲工程有 1 500 平方米的外墙抹水泥砂浆，预算单价为 10 元每平方米，其直接费中人工费为 3 000 元，机械使用费为 500 元，其余均为材料费。

（2）2022 年 10 月 30 日，甲工程竣工，结算工程价款为 20 000 元。结转本月已竣工甲工程的实际成本。

要求：根据资料，编制该施工企业相关分录。

（五）练习建筑施工往来业务的核算

1. 某项工程年度承包合同造价为 200 万元，预收备料款额度为 30%，企业于 2022 年 2 月 15 日收到备料款数额 60 万元，存入银行。主要材料比重为 60%。2022 年 8 月底累计完成工程价值 120 万元。

要求：作出相关的会计分录。

2.(1) 某企业根据分包合同规定，于 2022 年 1 月 15 日向分包单位预付备料款20 000 元。

(2) 该企业按工程分包合同规定，于 7 月 15 日根据工程进度预付给分包单位工程款30 000 元。

(3) 9 月末，根据经审核的分包单位提出的“工程价款结算账单”结算应付已完工程价款 70 000 元。分包工程不作为企业自行完成的工作量。

(4) 9 月末，根据合同规定，从应付分包工程款中扣除预付的工程款 30 000 元和预付备料款10 000元。

(5) 10 月 8 日，以银行存款支付分包单位工程款 30 000 元。

要求：作出上述施工工程往来业务的会计分录。

4 第四章 房地产开发会计

知识目标

- 了解房地产开发行业的经营活动
- 熟悉房地产经营与其他行业企业的异同
- 熟悉房地产企业与其他行业企业会计核算的相同部分
- 熟悉房地产企业与其他行业企业在成本核算方面的异同

技能目标

- 能进行房地产开发企业的全面会计核算
- 能进行房地产开发企业的存货核算
- 能进行房地产开发企业特殊存货的经营管理和核算

素养目标

- 树立"房子是用来住的而不是用来炒的"正确意识
- 关注房产税改革进程,理解国家房地产市场调控政策的作用

第四章

引言

房地产开发经营活动与建筑施工活动有较大的联系。房地产开发公司往往需要与建筑施工企业签订合同,聘请建筑施工企业为其施工建造房地产。一般情况下,房地产公司购入土地,准备进行房地产开发,房地产项目设计完成后招聘建筑施工公司进行工程施工,建筑施工公司在工程施工完成后向房地产公司办理验收,将房屋等交付房地产公司。房地产公司对自己手中的房屋等进行销售。

在对自己手中的房屋等进行销售的整个过程中,为了及时收回资金,加速资金周转,房地产公司可能对房屋等进行预先销售,由此也引起诸多矛盾和争议。为避免这些矛盾和争议,各地政府也对房屋预售进行不同程度的限制。

房地产开发经营是我国经济运行中的一个较大行业。房地产是房产与地产的总称。房地产开发可将土地和房屋合在一起开发,也可将土地和房屋分开开发。从事房地产开发和经营的企业既是房地产产品的生产者,又是房地产商品的经营者。房地产开发经营业与建筑施工业等行业既有联系又有区别,会计核算有其自身的特点。

第一节 房地产开发经营概述

一、房地产开发经营的主要业务

房地产开发经营进行的主要业务有:

(1) 土地的开发与经营。房地产开发企业将有偿获得的土地开发完成后,既可有偿转让给其他单位使用,还可以开展土地出租业务,也可自行组织建造房屋和其他设施后出售。

(2) 房屋的开发与经营。房屋的开发指房屋的建造;房屋的经营指房屋的销售与出租。企业可以在开发完成的土地上继续开发房屋,开发完成后,可作为商品作价出售或出租。企业开发的房屋,按用途可分为商品房、出租房、周转房、安置房和代建房等。

(3) 城市基础设施和公共配套设施的开发。

(4) 代建工程的开发。这是企业接受政府和其他单位委托代为开发的工程。

二、房地产开发经营特点

房地产开发企业的生产经营既与建设单位不同,也与施工企业不同。其经营特点主要有以下几点:

（一）开发经营的计划性

企业征用的土地、建设的房屋、基础设施以及其他设施都应严格控制在国家计划范围之内，按照规划、征地、设计、施工、配套、管理“六统一”原则和企业的建设计划、销售计划进行开发经营。

（二）开发产品的商品性

房地产开发企业的产品全部作为商品进入市场，按照供需双方合同协议规定的价格或市场价格作价转让或销售。

（三）开发经营业务的复杂性

房地产开发经营的复杂性包括两个方面：

1. 经营业务内容复杂

企业除了土地和房屋开发外，还要建设相应的基础设施和公共配套设施。经营业务囊括了从征地、拆迁、勘察、设计、施工、销售到售后服务全过程。

2. 涉及面广，经济往来对象多

企业不仅因购销关系与设备、材料物资供应单位等发生经济往来，与购房的业主发生经济往来，而且因工程的发包和招标与勘察设计单位、施工单位发生经济往来，还会因受托代建开发产品、出租开发产品等与委托单位和承租单位发生经济往来。

（四）开发建设周期长，投资数额大

开发产品要从规划设计开始，经过可行性研究、征地拆迁、安置补偿、七通一平、建筑安装、配套工程、绿化环卫工程等几个开发阶段，少则一年，多则数年才能全部完成。另外，上述每一个开发阶段都需要投入大量资金，加上开发产品本身的造价很高，需要不断地投入大量的资金。

（五）经营风险大

开发产品单位价值高，建设周期长，负债经营程度高，不确定因素多，一旦决策失误，销路不畅，将造成大量开发产品积压，使企业资金周转不灵，导致企业陷入困境。

三、房地产开发项目投资费用估算

经营房地产投入资金多，风险大，在项目的规划阶段，必须对项目的投资与成本费用进行准确的估算，以便作出经济效益评价、投资决策。

由于房地产开发项目的投资过程就是房地产商品的生产过程，因而其投资估算与成本费用估算不可截然分开，应合二为一。房地产开发项目投资与成本费用估算的范围包括土地购置成本、土地开发成本、建安工程造价、管理费用、销售费用、财务费用及开发期间的税费等全部投资。

房地产建设项目各项费用的构成复杂，变化因素多，不确定性大，依建设项目的类型不同而有其自身的特点，因此不同类型的建设项目，其投资和费用构成有一定的差异。对于一般房地产开发项目而言，投资及成本费用由开发成本和开发费用两大部分组成。

（一）开发成本

1. 土地使用权出让金

国家以土地所有者身份，将一定年限内的土地使用权有偿出让给土地使用者。土地使用者支付土地出让金的估算可参照政府前期出让的类似地块的出让金数额，并进行时间、地段、用途、临街状况、建筑容积率、土地出让年限、周围环境状况及土地现状等因素的修正得到；也可依据所在城市人民政府颁布的城市基准地价或平均标定地价，根据项目所在地段等级、用途、容积率、使用年限等因素修正得到。

2. 土地征用及拆迁安置补偿费

（1）土地征用费。国家建设征用农村土地发生的费用主要有土地补偿费、劳动力安置补助费、水利设施维修分摊、青苗补偿费、耕地占用税、耕地垦复基金、征地管理费等。农村土地征用费的估算可参照国家和地方有关规定进行。

（2）拆迁安置补偿费。在城镇地区，国家和地方政府可以依据法定程序，将国有储备土地或已由企事业单位或个人使用的土地出让给房地产开发项目或其他建设项目使用。因出让土地使原用地单位或个人造成经济损失，新用地单位应按规定给予补偿。它实际上包括两部分费用，即拆迁安置费和拆迁补偿费。

3. 前期工程费

（1）项目的规划、设计、可行性研究所需费用。一般可以按项目总投资额的一定百分比估算。通常规划及设计费为建安工程费的3%左右，水文地质勘探费可根据所需工作量结合有关收费标准估算。

（2）“三通一平”等土地开发费用。主要包括地上原有建筑物、构筑物拆除费用，场地平整费和通水、通电、通路的费用等。这些费用可以根据实际工作量，参照有关计费标准估算。

4. 建安工程费

建安工程费是指直接用于建安工程建设的总成本费用，主要包括建筑工程费（建筑、特殊装修工程费）、设备及安装工程费（给排水、电气照明、电梯、空调、燃气管道、消防、防雷、弱电等设备及安装）以及室内装修工程费等。在可行性研究阶段建安工程费可采用单元估算法、单位指标估算法、工程量近似匡算法、概算指标估算法以及类似工程经验估算法等估算。

5. 基础设施费

基础设施费即红线内工程费，包括供水、供电、供气、道路、绿化、排污、排洪、电信、环卫等工程费用，通常采用单位指标估算法来计算。

6. 公共配套设施费

公共配套设施费主要包括不能有偿转让的开发小区内公共配套设施发生的支出，其估算可参照“建安工程费”的估算方法。

7. 不可预见费

不可预见费包括基本预备费和涨价预备费。依据项目的复杂程度和前述各项费用估算的准确程度，以上述1～6项之和为基数，按3%～5%计算。

8. 开发期间税费

开发项目投资估算应考虑项目在开发过程中所负担的各种税金和地方政府或有关部门

征收的费用。在一些大中城市，这部分费用在开发建设项目投资构成中占较大比重。应根据当地有关法规标准估算。

(二) 开发费用

开发费用是指与房地产开发项目有关的管理费用、销售费用和财务费用。

1. 管理费用

管理费用可按项目开发成本构成中前1~6项之和为基数，按3%左右计算。

2. 销售费用

销售费用指开发建设项目在销售产品过程中发生的各项费用以及专设销售机构或委托销售代理的各项费用。主要包括以下三项：

(1) 广告宣传费。为销售收入的2%~3%；

(2) 销售代理费。为销售收入的1.5%~2%；

(3) 其他销售费用。为销售收入的0.5%~1%。

以上各项合计，销售费用占销售收入的4%~6%。

3. 财务费用

财务费用指为筹集资金而发生的各项费用，主要为借款利息和其他财务费用(如汇兑损失等)。

(三) 投资与成本费用估算结果的汇总

为了便于对房地产建设项目各项支出进行分析和比较，常把估算结果以汇总表的形式列出，格式见表4-1。

房地产开发项目投资估算的作用：

(1) 投资估算是筹集建设资金和金融部门批准贷款的依据；

(2) 投资估算是确定设计任务书的投资额和控制初步设计概算的依据；

(3) 投资估算是可行性研究和在项目评估中进行技术经济分析的依据。

表4-1 房地产开发投资与成本费用估算汇总表

内容 / 项目	计算依据	单价	合价
(一)开发成本	以下1~8项之和	元/m²	万元
1. 土地使用权出让金			
2. 土地征用及拆迁安置补偿费			
3. 前期工程费			
4. 建安工程费			
5. 基础设施费			
6. 公共配套设施费			
7. 不可预见费	1~6项之和×x%		
8. 开发期间税费			

续表

项目 \ 内容	计算依据	单价	合价
(二)开发费用	以下 1~3 项之和		
1. 管理费用 2. 销售费用 3. 财务费用	(一)中的 1~6 项之和×3% 为销售收入的 4%~6%		
(三)合计	(一)+(二)		

第二节 房地产开发经营中存货的核算

房地产开发经营中的存货有以下几大类:

(1) 原材料类存货,指用于开发土地、房屋、建筑物等开发产品的各种材料物资,如钢材、木材、砂石、水泥等。

(2) 设备类存货,指企业购入的用于房地产开发经营的各种设备,如电气设备、卫生设备、通风设备等。

(3) 在产品类存货,指尚未完工的各种土地、房屋等开发产品。

(4) 产成品类存货,指各种已完成开发建设全过程并已验收合格,可以按合同规定交付使用或对外销售的各种开发产品,包括已开发完成的土地、房屋、配套设施、代建工程及分期收款开发产品、出租开发产品和周转房等。

(5) 开发用品类存货,指企业在进行房地产开发经营活动中所必需的各种用品,包括低值易耗品及其他用品等。

房地产开发企业特殊存货主要是设备类存货、各种开发产品等。

一、设备采购与收发的核算

在一般情况下,供应部门负责编制设备供应计划、签订合同和检查合同的执行情况;设备仓库负责设备的收、发、保管、清查盘点等工作;会计部门负责设备价款的结算、设备成本的计算、设备收发的核算。

设备的采购、收发应按实际成本计价并核算。为了核算设备的采购成本并反映和考核设备采购、收、发、结存情况,要在"物资采购"账户之下设置"设备"明细账,并专设"库存设备"账户,分别核算企业购入各种设备的实际采购成本和所有库存设备的实际成本。

［例 4-1］　某房地产开发企业购入电梯一台，买价（含进项税）800 000 元，运杂费 20 000 元，价款和运杂费等已用银行存款支付。

① 根据购货发票、银行结算凭证等作如下分录：

借：物资采购——设备　726 313.22

　　应交税费——应交增值税（进项税）　93 686.78

　　贷：银行存款　820 000

② 假设企业材料设备采购保管费的计划分配率为 2%，则购入电梯应分配的采购保管费为 16 400 元。

借：物资采购——设备　16 400

　　贷：采购保管费　16 400

③ 电梯验收入库，计算电梯的实际成本为 742 713.22 元。

借：库存设备　742 713.22

　　贷：物资采购——设备　742 713.22

二、开发产品增加与减少的核算

开发产品是指企业已经完成全部开发建设过程，并已验收合格，符合国家建设标准和设计要求，可以按照合同规定的条件移交订购单位，或者作为对外销售、出租的产品，包括土地（建设场地）、房屋、配套设施和代建工程。已完工开发产品实际上是开发建设过程的结束和销售过程的开始。

为了正确核算开发产品的增加、减少、结存情况，开发企业应设置资产类账户“开发产品”。本账户借方登记已竣工验收的开发产品的实际成本，贷方登记月末结转的已销售、转让、结算或出租的开发产品的实际成本，月末借方余额表示尚未销售、转让、结算或出租的各种开发产品的实际成本。本账户应按开发产品的种类，如土地、房屋、配套设施和代建工程等设置明细账户进行明细核算。

（一）开发产品增加的核算

企业的开发产品，在竣工验收时，应按实际成本借记“开发产品”及其所属明细账户，贷记“开发成本”账户。

［例 4-2］　某房地产开发企业根据竣工验收单，本月已完工开发产品实际成本为 33 050 000 元。其中：土地 650 000 元，房屋 25 900 000 元，代建工程 5 000 000 元，配套设施 1 500 000 元。

借：开发产品——土地　650 000

　　　　　　——房屋　25 900 000

——代建工程 5 000 000

——配套设施 1 500 000

贷:开发成本 33 050 000

(二) 开发产品减少的核算

企业的开发产品会因对外转让、销售等原因而减少。对于减少的开发产品,应区分不同情况及时进行会计处理。

企业对外转让、销售开发产品时,应于月份终了时按开发产品的实际成本,借记“主营业务成本”及其所属明细账户,贷记“开发产品”及其所属明细账户。

企业将开发的营业性配套设施,用于本企业从事第三产业经营用房,应视同建造固定资产进行处理,即按该配套设施的实际成本借记“固定资产”账户,贷记“开发产品——配套设施”账户。

企业将开发的土地和房屋用于出租经营,或将开发的房屋安置拆迁居民周转使用,应于移交使用时,按土地和房屋的实际成本,借记“出租开发产品”或“周转房”等账户,贷记“开发产品——土地(或房屋)”账户。

三、出租开发产品的核算

出租开发产品是指用于出租经营的土地和房屋等开发产品。它的盈利是以收取租金的方式逐步实现的。

为核算企业出租经营的土地、房屋等的使用及摊销情况,开发企业应设置“出租开发产品”总分类账户,并下设“出租产品”和“出租产品摊销”两个二级账户。其中,“出租产品”二级账户核算出租开发产品的原始价值,借方登记出租的土地及房屋的原始价值,贷方登记改变出租开发产品用途对外销售的出租开发产品的原始价值,借方余额反映实际出租的土地、房屋的原始价值;“出租产品摊销”二级账户核算实际出租的开发产品的摊销价值,贷方登记按月计提出租产品的摊销价值,借方登记改变出租产品用途、对外销售出租产品时冲销的出租开发产品的已摊销价值,贷方余额反映实际出租的土地、房屋等出租开发产品累计摊销价值。

对于出租的土地和房屋,企业应建立“出租产品卡片”,按出租产品的类别、土地(或房屋)的编号、承租单位等进行明细核算,详细记录出租产品的地点、结构、层次、面积、租金单价等情况。

(一) 出租开发产品增加的核算

企业开发完成的用于出租的土地和房屋,应于签订出租合同、协议后,按土地和房屋的实际成本,借记“出租开发产品——出租产品”账户,贷记“开发产品”账户。

(二) 出租开发产品摊销的核算

出租开发产品在租赁经营期间,由于损耗等原因,其价值会逐渐减少。企业应根据出租开发产品的原始价值、净残值和预计摊销年限，计算其损耗价值，并按月摊销计入经营成本。出租开发产品摊销额的计算公式如下：

$$出租开发产品年摊销率=\frac{1-净残值率}{预计摊销年限}\times100\% \quad（公式 4.1）$$

$$出租开发产品月摊销率=出租开发产品年摊销率\div12 \quad（公式 4.2）$$

$$出租开发产品月摊销额=\frac{应计提摊销的出租}{开发产品原始价值}\times\frac{该出租开发}{产品月摊销率} \quad（公式 4.3）$$

企业按月计提出租产品摊销时，借记“主营业务成本——出租产品经营成本”账户，贷记“出租开发产品——出租产品摊销”账户。

（三）出租开发产品修理的核算

出租开发产品在租赁期间发生的修理支出，数额不大的直接记入“主营业务成本——出租产品经营成本”账户；若数额较大，为了均衡各月的成本负担，可先在“待摊费用”账户核算，再分期摊入“主营业务成本——出租产品经营成本”账户。

（四）出租开发产品减少的核算

企业改变出租产品用途，将其作为商品对外销售，应于销售实现时按售价借记“银行存款”和“应收账款”账户，贷记“主营业务收入”账户；同时，按出租产品摊余价值借记“主营业务成本——商品房销售成本”账户，按出租产品累计已提摊销额借记“出租开发产品——出租产品摊销”账户，按出租产品原始价值贷记“出租开发产品——出租产品”账户。

［例 4-3］ 某房地产企业将原租赁经营的房屋对外销售，双方协议作价为 1 200 000 元，该房屋账面原值为 2 000 000 元，账面累计已提摊销额为 1 000 000 元，现企业已收到一张金额为 1 200 000 元的支票并将房屋移交买主。

① 收到房屋销售款时：

借：银行存款	1 200 000	
贷：主营业务收入——商品房销售收入		1 200 000

② 房屋销售当月末结转其销售成本时：

借：主营业务成本——商品房销售成本	1 000 000	
出租开发产品——出租产品摊销	1 000 000	
贷：出租开发产品——出租产品		2 000 000

根据我国会计规范规定，出租开发产品等实质上已经作为投资性房地产的还可以采用公允价值计量。即除可以采用成本模式进行计量外，符合规定条件的还可以采用公允价值模式进行计量。前提是有确凿证据表明投资性房地产公允价值能够持续可靠取得，包括：① 投资性房地产所在地存在活跃交易市场。② 企业能够从房地产交易市场取得同类或类似房地产的市场价格及其他相关信息，从而能够对投资性房地产的公允价值作出合理的估计。

投资性房地产期末计量时不计提折旧或摊销，也不专门计提减值，而以期末公允价值为

基础,将公允价值与原账面价值的差额计入当期损益。其会计分录为:

借:投资性房地产——公允价值变动

贷:公允价值变动损益

企业对投资性房地产的计量模式一经确定,不得随意变更。成本模式转为公允价值模式的应当作为会计政策变更处理。已使用公允价值模式计量的,不得转为成本模式。

四、周转房的核算

周转房是指企业用于安置拆迁居民周转使用、产权归企业所有的各种房屋,包括:

(1) 在开发建设过程中已明确为安置拆迁居民周转使用的房屋;

(2) 企业开发完成的商品房在尚未销售之前用于安置拆迁居民周转使用的部分;

(3) 搭建的用于安置拆迁居民周转使用的临时性简易房屋。

为核算周转房的实际成本,企业应设置"周转房"总分类账户,并在该账户下设置"在用周转房"和"周转房摊销"两个二级账户。"在用周转房"二级账户核算在用周转房原始价值,借方登记增加的在用周转房原始价值,贷方登记减少的在用周转房原始价值,借方余额反映在用周转房的原始价值。"周转房摊销"二级账户核算周转房的摊销价值,贷方登记按月提取的在用周转房摊销价值,借方登记改变周转房用途,对外销售应冲减的已提摊销价值,贷方余额反映在用周转房的累计已提摊销价值。

(一) 周转房增加的核算

企业应于周转房竣工验收或投入使用时,按其实际成本,借记"周转房——在用周转房"账户,贷记"开发成本""开发产品"等账户。

对于在用周转房,企业还应根据其具体使用情况,建立"周转房使用卡片",按每一套周转房的栋号(或楼层、房间号)进行明细核算,详细记录周转房的坐落地点、结构、层次、面积、安置居民姓名等情况。

(二) 周转房摊销的核算

周转房在周转使用过程中要发生损耗,其损耗价值应转移到受益对象的成本中去。由于周转房并非以盈利为目的,因而其每期的摊销额只能由入住的拆迁居民原所在地正在开发的工程来负担。周转房摊销价值一般应按月计提,其计算原理类同于出租开发产品摊销额的计算。按计提的月摊销额,借记"开发成本"或"开发间接费用"等账户,贷记"周转房——周转房摊销"账户。

(三) 周转房修理的核算

由于周转房直接服务于企业各有关的开发项目,数额小的修理费,可直接计入有关的开发产品成本;数额较大的修理费,可先通过"待摊费用"核算,并分次摊销计入有关开发产品成本。企业根据实际情况经常会改变周转房用途,如将其作价对外销售,在销售前,企业往往对周转房进行恢复性修缮;所支付的修缮费用,与一般修理费一样,计入有关开发产品成本。

（四）周转房销售的核算

企业将周转房改变用途，对外销售时，应视同商品房销售处理。取得销售收入时，借记“银行存款”“应收账款”等账户，贷记“主营业务收入——商品房销售收入”账户；结转销售成本时，应按周转房摊余价值，借记“主营业务成本——商品房销售成本”账户，按累计已提摊销价值，借记“周转房——周转房摊销”账户，按周转房原始价值，贷记“周转房——在用周转房”账户。

第三节　房地产开发产品成本的核算

各种开发产品在开发经营过程中将发生许多费用。这些费用包括可行性研究费、前期工程费、建筑安装费、广告费、销售费、信贷资金利息费以及企业为组织和管理生产经营而发生的管理费用等。这些费用中，有些可以计入开发产品成本中，有些则不能计入开发产品成本。费用发生时可以直接计入开发产品成本中的费用称为开发直接费用；经分配后才能计入开发产品成本中的费用称为开发间接费用；不能计入开发成本中的费用称为期间费用。

一、房地产开发产品成本的内容

开发产品成本是指房地产开发企业在产品开发过程中所发生的各项费用支出。它反映了房地产开发企业在项目开发过程中所耗费的全部物化劳动与活劳动，是考核房地产开发工作质量的一项综合指标，是制定开发产品销售价格的基础。开发产品成本按其用途，可分为以下四类：

（一）土地开发成本

土地开发成本是指房地产开发企业开发土地（即建设用地）所发生的各项费用支出。

（二）房屋开发成本

房屋开发成本是指房地产开发企业开发各种房屋（包括商品房、出租房、周转房、代建房等）所发生的各项费用支出。

（三）配套设施开发成本

配套设施开发成本是指房地产开发企业开发能有偿转让的配套设施及不能有偿转让、不能直接计入开发产品成本的公共配套设施所发生的各项费用支出。

（四）代建工程开发成本

代建工程开发成本是指房地产开发企业接受委托单位的委托，代为开发除土地、房屋以外的其他工程（如市政工程）所发生的各项费用支出。

二、房地产开发产品成本核算对象

开发产品成本核算对象是指在开发产品成本的计算中，为了归集和分配开发费用而确定的费用承担者。企业应根据其开发项目的特点及实际情况选择成本核算对象:一般的开发项目,以每一独立编制的概算或施工图预算所列单项工程为成本核算对象;同一开发地点、结构类型相同的群体开发项目,开竣工时间相近、由同一施工单位施工的,可以并为一个成本核算对象;对于个别规模较大、工期较长的开发项目,可以结合经济责任制的需要,按开发项目的一定区域和部位,划分成本核算对象。成本核算对象应在开发项目开工前确定,一经确定就不能随意改变,更不能相互混淆。

三、房地产开发产品成本项目

开发产品成本项目一般可分为土地征用及拆迁补偿费、前期工程费、基础设施费、建筑安装工程费、公共配套设施费和开发间接费等。

(一) 土地征用及拆迁补偿费

土地征用及拆迁补偿费指房地产开发时为征用土地所发生的各项费用,包括土地出让金、劳动力安置费、青苗补偿费、土地补偿费、拆迁补偿费及其他因征用土地而发生的费用。

(二) 前期工程费

前期工程费指企业在前期准备阶段发生的各项费用,包括总体规划设计费、可行性研究费、政府代收代缴的各项费用、勘察设计费、各项临时工程(临时水、临时电、临时路等)费用、七通一平或三通一平费用等。

(三) 基础设施费

基础设施费指建造各项基础设施发生的费用。基础设施主要是指与开发产品相关的道路、供热设施、供水设施、供电设施、供气设施、通信设施、照明设施及绿化等,这些设施发生的设备及安装费都在基础设施费项目内归集。

(四) 建筑安装工程费

建筑安装工程费指企业以出包方式支付承建单位的建筑安装工程费和企业自营工程发生的建筑安装费。

(五) 公共配套设施费

公共配套设施费指为开发项目服务的、不能有偿转让的各项公共配套设施发生的费用,如锅炉房、水塔、公共厕所、自行车棚等。凡能有偿转让的公共配套设施如商店、邮局、学校、医院、理发店等都不能计入该成本项目内。

(六) 开发间接费

开发间接费指企业所属的开发部门或工程指挥部门为组织和管理开发项目而发生的各项费用支出,包括工资、社会保险、办公费、差旅费等。企业的各行政部门为管理公司而发生的各项费用不在此列,应在"管理费用"中核算。

目前,我国房地产开发企业经营规模、经营范围、经营方式等各不相同。比如,就土地开发而言,有些企业只进行建设场地地面的清理平整,将原有建筑物、障碍物拆除,就算完成土地开发;而有些企业除进行地面的清理平整,还要进行地下各种管线的铺设、地面道路的建设,做到七通一平,才算完成土地开发等。所以,每一个开发企业应根据前述成本项目的设置原则,结合开发项目的具体情况,有选择地设置成本项目。

四、开发产品成本核算的账户设置及核算程序

(一)应设置的会计账户

为核算开发企业的开发成本,可根据其本身经营开发的业务要求,主要设置下列会计账户:

1.“开发成本”账户

本账户核算房地产开发企业在土地、房屋、配套设施和代建工程的开发过程中所发生的各项费用。本账户借方登记企业在土地、房屋、配套设施和代建工程的开发过程中所发生的各项费用,贷方登记开发完成已竣工验收的开发产品的实际成本,借方余额反映未完开发项目的实际成本。本账户应按开发成本的种类,如“土地开发”“房屋开发”“配套设施开发”和“代建工程开发”等设置二级明细账户,并在二级明细账户下,按成本核算对象进行明细核算。

2.“开发间接费”账户

本账户核算房地产开发企业内部独立核算单位为开发产品而发生的各项间接费用,包括工资、社会保险、折旧费、修理费、办公费、水电费、劳动保护费、周转房摊销等。本账户借方登记企业内部独立核算单位为开发产品而发生的各项间接费用,贷方登记分配计入开发成本各成本核算对象的开发间接费,月末本账户无余额。本账户应按企业内部不同的单位、部门(分公司)设置明细账户。

(二)开发产品成本核算程序

开发产品成本的核算程序是指房地产开发企业核算开发产品成本时应遵循的步骤和顺序。其一般程序是:

1. 归集开发产品费用

(1)在项目开发中发生的各项直接开发费用,直接记入各成本核算对象,即借记“开发成本”总分类账户和明细分类账户,贷记有关账户。

(2)为项目开发服务所发生的各项开发间接费用,可先归集在“开发间接费”账户,即借记“开发间接费”总分类账户和明细分类账户,贷记有关账户。

(3)将“开发间接费”账户归集的开发间接费,按一定的方法分配记入各开发成本核算对象,即借记“开发成本”总分类账户和明细账户,贷记“开发间接费”账户。

通过上述程序,将应计入各成本核算对象的开发费用,归集在“开发成本”总分类账户和明细分类账户之中。

2. 计算并结转已完开发产品实际成本

计算已完开发项目从筹建至竣工验收的全部开发成本,并将其结转进入“开发产品”账户,即借记“开发产品”及其所属明细账户,贷记“开发成本”及其所属明细账户。

3. 将开发产品实际成本结转进入有关账户

按已完开发产品的实际功能和去向，将开发产品实际成本结转进入有关账户，即借记“主营业务成本”“分期收款开发产品”“出租开发产品”“周转房”等账户，贷记“开发产品”账户及其所属明细账户。

房地产开发企业在核算开发成本时，各项费用在各有关账户中流转的程序可用流程图表示，见图 4-1。

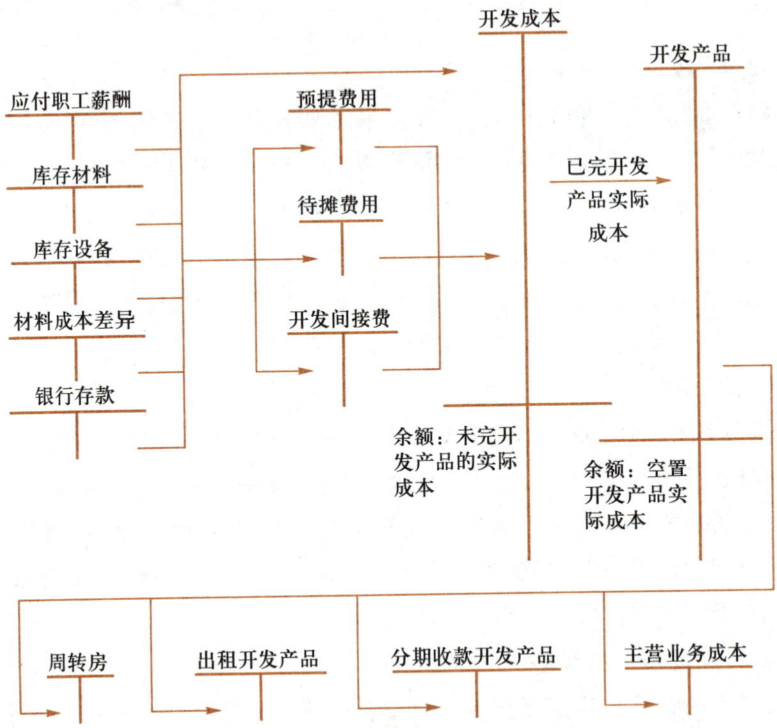

图 4-1 开发产品成本核算流程图

五、土地开发成本的核算

土地开发也称建设场地开发。通常有两种情况，一是企业为了自行开发商品房、出租房等建筑物而开发的自用建设场地；二是企业为了销售、有偿转让而开发的商品性建设场地。自用的建设场地属于企业的中间产品，其费用支出应计入有关商品房或出租房的产品成本，而商品性建设场地是企业的最终产品，应单独核算其土地开发成本。

（一）土地开发费用的归集与分配

企业在土地开发过程中所发生的各项费用支出，除能直接计入房屋开发成本的自用土地开发支出在“开发成本——房屋开发”账户核算外，其他土地开发支出均应通过“开发成本——土地开发”账户核算。并分别按照“自用土地开发”“商品性土地开发”等设置明细账户，按企业选择的成本核算对象设置账页，进行土地开发费用的明细核算。

1. 土地开发费用的归集与分配

土地开发费用的归集指土地征用及拆迁补偿费、前期工程费、基础设施费和建筑安装费的归集。这些费用,一般能分清受益对象,可直接记入成本核算对象,借记“开发成本——土地开发”账户及有关明细账户,贷记“银行存款”等账户。

2. 配套设施费的归集与分配

配套设施的建设可能与土地开发同步进行,也可能不同步进行,所以其费用归集的方法有以下两种情况:

(1) 与土地开发同步进行的配套设施开发费用,能够分清受益对象的,应直接记入有关成本核算对象,借记“开发成本——土地开发”账户,贷记“银行存款”等账户;分不清受益对象时,应先通过“开发成本——配套设施开发”账户归集,待配套工程竣工时,再按一定方法,在有关受益对象中进行分配。

(2) 与土地开发不同步进行的配套设施开发费用,一般可先通过“开发成本——配套设施开发”账户归集,待配套设施竣工时,再转入“开发成本——土地开发”账户中。如果土地开发已完成等待出售或出租,而配套设施尚未完工,为及时结算完工土地的开发成本,经批准对这类配套设施的费用可先按其计划成本(或预算成本)在土地开发成本中预提。预提时,借记“开发成本——土地开发”账户,贷记“预提费用——预提配套设施费”账户。实际发生的配套设施开发费用通过“开发成本——配套设施开发”账户核算,待配套设施完工后,按预提的配套设施费与实际发生的配套设施费的差额,调整有关土地开发成本。

3. 开发间接费用的归集与分配

企业内部独立核算单位为组织和管理开发项目而发生的费用先通过“开发间接费用”账户核算,月份终了,再按一定的分配标准分配记入有关开发成本核算对象。应由土地开发成本负担的,由“开发间接费用”账户转入“开发成本——土地开发”账户内。如果直接组织和管理开发项目的部门是企业内部非独立核算的部门,其费用直接计入有关土地开发成本的开发间接费用项目内。

(二) 完工土地开发成本的结转

已完工土地开发项目应根据其用途,采用不同的成本结转方法。

1. 为销售或有偿转让而开发的商品性建设场地

这类建设场地开发完成后,应将“开发成本——土地开发”中有关实际成本转入“开发产品——土地”账户。

2. 开发完成后直接用于本企业商品房等建设的建设场地

这类建设场地应于开发完成投入使用时,将其实际成本结转计入有关的房屋开发成本中。结转计入房屋开发成本的土地开发费用,可采取分项平行结转法或归类集中结转法。

(1) 分项平行结转法。分项平行结转法是将应结转的土地开发费用,按成本项目分别平行转入有关房屋开发成本的相关成本项目内。其会计分录是:

借:开发成本——房屋——土地征用及拆迁补偿费　　　　a_1

——前期工程费 a_2

——基础设施费 a_3

——建筑安装工程费 a_4

——配套设施费 a_5

——开发间接费用 a_6

贷:开发成本——土地——土地征用及拆迁补偿费 a_1

——前期工程费 a_2

——基础设施费 a_3

——建筑安装工程费 a_4

——配套设施费 a_5

——开发间接费用 a_6

这种结转方法主要适用于改作自用的商业性建设场地的成本结转。因为原商业性建设场地的开发成本中归集了该场地应负担的全部费用。

(2) 归类集中结转法。归类集中结转法是将应结转的各项土地开发费用,归类合并为"土地征用及拆迁补偿费"和"基础设施费"两个费用项目,然后转入有关房屋开发成本的"土地征用及拆迁补偿费"和"基础设施费"成本项目。

借:开发成本——房屋——土地征用及拆迁补偿费 a_1

——基础设施费 $a_2+a_3+a_4$

贷:开发成本——土地——土地征用及拆迁补偿费 a_1

——前期工程费 a_2

——基础设施费 a_3

——建筑安装工程费 a_4

这种结转方法主要适用于自用建设场地成本的结转。因为自用建设场地一般不归集配套设施费和开发间接费用,所以为简化核算手续,可采用这种方法结转。

企业开发的自用建设场地,开发完成后近期不使用的,应将其实际成本先转入"开发产品——土地"账户。

下面举例说明土地开发成本的核算方法。

[例 4-4] 甲房地产开发公司 2022 年 5 月在梁园开发一块土地,占地面积 40 000m²。开发完成后准备将其中的 30 000m² 对外转让,其余的 10 000m² 企业自行开发商品房。假设梁园土地开发过程中只发生了如下经济业务:

① 支付土地出让金 25 000 000 元,作会计分录如下:

借:开发成本——土地——梁园(土地征用及拆迁补偿费) 25 000 000

贷:银行存款 25 000 000

② 支付拆迁补偿费 5 500 000 元,作会计分录如下:

借:开发成本——土地——梁园(土地征用及拆迁补偿费) 5 500 000

贷:银行存款 5 500 000

③ 支付勘察设计费 210 000 元,作会计分录如下:

借:开发成本——土地——梁园(前期工程费) 210 000

贷:银行存款 210 000

④ 支付土石方费用 5 500 000 元,作会计分录如下:

借:开发成本——土地——梁园(前期工程费) 5 500 000

贷:银行存款 5 500 000

⑤ 由某施工企业承包的地下管道安装工程已竣工,应支付价款 1 500 000 元,作会计分录如下:

借:开发成本——土地——梁园(基础设施费) 1 500 000

贷:应付账款——×施工企业 1 500 000

⑥ 9 月末,梁园土地开发工程完工。"开发成本——土地开发——梁园"账户归集的开发总成本 37 710 000 元,则单位土地开发成本为 942.75 元/m^2。其中自用的 10 000 m^2 土地尚未投入使用,其余 30 000 m^2 已全部转让,月终结转本块土地的开发成本。作会计分录如下:

借:开发产品——土地(梁园) 9 427 500

主营业务成本——土地转让成本 28 282 500

贷:开发成本——土地——梁园 37 710 000

[例 4-5] 续前例,若自用的 10 000 m^2 土地在开发完成后立即投入房屋开发工程的建设中,则企业可采用下面两种方法结转土地开发成本:

① 采用归类集中结转法结转土地成本时:

借:开发成本——房屋——梁园(土地征用及拆迁补偿费) 7 625 000

——梁园(基础设施费) 1 802 500

贷:开发成本——土地——梁园(土地征用及拆迁补偿费) 7 625 000

——梁园(前期工程费) 1 427 500

——梁园(基础设施费) 375 000

② 采用分项平行结转法结转土地成本时:

借:开发成本——房屋——梁园(土地征用及拆迁补偿费) 7 625 000

——梁园(前期工程费) 1 427 500

——梁园(基础设施费) 375 000

贷:开发成本——土地——梁园(土地征用及拆迁补偿费) 7 625 000

第四章

——梁园(前期工程费)	1 427 500
——梁园(基础设施费)	375 000

六、房屋开发成本的核算

企业开发建设的房屋,虽然性质、用途各不相同,但其发生的开发费用的性质却大体相同,可按一定的成本核算方法,核算其房屋开发成本。

为了反映房屋开发费用的支出情况,企业应设置“开发成本——房屋开发”账户,并分别按照开发房屋的用途(商品房、出租房、周转房、代建房等)和企业选择的成本核算对象设置明细账,进行房屋开发费用的明细核算。

(一) 房屋开发费用的归集与分配

1. 土地征用及拆迁补偿费的归集与分配

房屋开发成本中的土地征用及拆迁补偿费应根据不同情况,采用不同的费用归集和核算方法。

(1) 房屋开发过程中发生的土地征用及拆迁补偿费,能够分清受益对象的,可直接记入有关房屋开发成本核算对象的“土地征用及拆迁补偿费”成本项目,即借记“开发成本——房屋开发”账户,贷记“银行存款”等账户;分不清受益对象的,可先通过“开发成本——土地开发——土地征用及拆迁补偿费”或“开发成本——房屋开发——土地征用及拆迁补偿费”等账户进行归集,待土地开发完成投入使用时,再按一定标准将该项费用分配记入各有关房屋开发成本核算对象的“土地征用及拆迁补偿费”项目内,即借记“开发成本——房屋开发”账户,贷记“开发成本——土地开发——土地征用及拆迁补偿费”或“开发成本——房屋开发——土地征用及拆迁补偿费”账户。

(2) 若房屋开发项目占用的是自用建设场地,则其土地征用及拆迁补偿费已在“开发成本——土地开发——自用土地开发”账户中归集,可采用归类集中结转法,将该费用项目转入“开发成本——房屋开发”账户的有关成本项目内。

(3) 若房屋开发项目占用的是本企业开发的商业性建设场地的一部分,则其“土地征用及拆迁补偿费”应先通过“开发成本——土地开发”账户统一归集,待土地开发完成投入使用时,再按此项工程占地面积占全部开发完成土地面积的比例,确定该房屋开发成本应负担的土地征用及拆迁补偿费,并记入相应房屋开发成本核算对象的成本项目内。

(4) 若房屋开发占用的是本企业改变用途不准备对外销售的建设场地,则其土地征用及拆迁补偿费应由“开发产品——土地”或“开发成本——土地开发”账户转入,即借记“开发成本——房屋开发”账户,贷记“开发产品——土地”“开发成本——土地开发”等账户。

2. 前期工程费的归集与分配

前期工程费的内容非常多,企业为取得建设工程规划许可证必须交付的费用及房屋建筑物主体工程正式施工前发生的各项费用都称为前期工程费。企业支付前期工程费时,若能分清成本核算对象，可直接记入有关房屋开发成本核算对象的“前期工程费”成本项目内；若不能分清成本核算对象，可先通过“开发成本——房屋开发——前期工程费”账户核算，以后再按一定标准分配记入有关房屋开发成本核算对象的“前期工程费”成本项目内，或者在费用发生时直接按标准分配计入有关房屋开发成本中。

由于前期工程费的收费标准不同，有些是按建筑面积收费，有些是按工程造价的一定比例收费，有些是按开发的住宅户数收费等，所以前期工程费在各成本核算对象之间的分配应区别对待，以保证各房屋开发成本的真实性。

3. 基础设施费的归集与分配

企业在房屋开发过程中发生的基础设施费用，有两种归集方法：

（1）在费用发生时能分清受益对象的，应直接记入各有关房屋开发成本核算对象的“基础设施费”成本项目内，即借记“开发成本——房屋开发”账户，贷记“银行存款”等账户。

（2）在费用发生时不能分清受益对象而应由两个或两个以上成本核算对象负担的基础设施费用，需按一定标准，分配记入有关房屋开发成本核算对象的“基础设施费”项目内。

若房屋开发项目所占用的建设场地属于企业已经开发的商业性建设场地的一部分时，由于这部分建设场地的基础设施已经归并在“开发成本——土地开发”账户内，因此可按前面介绍的分项平行结转法将基础设施费从“开发成本——土地开发”或“开发产品——土地”账户转入“开发成本——房屋开发”账户基础设施费项目。

若房屋开发项目占用的土地属于企业已经开发的自有土地，且其开发成本已在“开发成本——土地开发”账户归集，则可按归类集中结转法，将“开发成本——土地开发”账户中归集的“前期工程费”“基础设施费”和“建筑安装费”统一转入有关房屋开发的“基础设施费”项目内，待工程全部完工再将这笔费用按一定标准分配记入房屋开发成本核算对象的“基础设施费”项目内。

4. 建筑安装费的归集与分配

企业在房屋开发过程中发生的建筑安装工程费，应根据建筑安装工程的施工方式，采用不同的费用归集和核算方法。

（1）出包方式。开发企业将建筑安装工程出包给外单位施工时，其建筑安装工程费用，应根据企业承付的已完工程价款确定，其费用直接记入有关房屋开发成本核算对象的“建筑安装工程费”项目内。企业与工程承包单位进行工程价款结算时，应根据承包单位提出的“工程价款结算账单”所承付的工程价款，借记“开发成本——房屋开发”账户，贷记“应付账款——应付工程款”“银行存款”等账户。

（2）自营方式。即企业自己组织力量进行房屋的建筑安装工程施工。这时发生的人工费、材料费、机械使用费等建筑安装工程费都应记入“开发成本——房屋开发”账户的有关成本核算对象的“建筑安装工程费”成本项目。如果企业自行施工大型工程，应增设“工程施工”“施工间接费用”等账户来归集和核算各项建筑安装工程费，并定期转入“开发成本——房屋开发”账户有关成本核算对象的建筑安装工程费项目。

企业用于房屋开发的各种设备,即附属于房屋主体工程的各项设备,其费用(设备成本)也应记入有关房屋成本核算对象的"建筑安装工程费"成本项目。企业应于设备出库交付安装时,按其实际成本,借记"开发成本——房屋开发"账户,贷记"库存设备"账户。

房屋开发使用的土地,在土地开发阶段若已将当时发生的建筑安装工程费归集到"开发成本——土地开发"账户中,则应按一定方法将其转入"开发成本——房屋开发"账户中。采用分项平行结转法时,应将转入的费用记入"建筑安装工程费"项目内;采用归类集中结转法时,应将转入的费用记入"基础设施费"项目内。

5. 配套设施费的归集与分配

开发企业在进行土地和房屋开发的同时,按照城市建设总体规划,需要一并建设开发人们生活所必需的配套设施。开发企业承建的配套设施,一部分是开发项目内的,另一部分是开发项目外的。按其是否可以有偿转让也可分为两类,一类是不能有偿转让的公共配套设施,如居委会、派出所、水塔、自行车棚、消防、锅炉房、公共厕所等;另一类是能够有偿转让的公共配套设施,如商店、邮局、银行、学校、医院等。"开发成本——房屋开发"账户中核算的公共配套设施费仅指开发项目内不能有偿转让的公共配套设施,能够有偿转让的公共配套设施应在"开发成本——配套设施开发"账户内单独核算。

(1) 配套设施与商品房同步建设时,发生的公共配套设施费,能够分清有关成本核算对象时,应直接记入有关房屋开发成本核算对象的"配套设施费"成本项目内,即借记"开发成本——房屋开发"账户,贷记"银行存款"等账户。若发生的配套设施费用由两个或两个以上成本核算对象负担的,则应先通过"开发成本——配套设施开发"二级明细账户来归集费用,待配套设施竣工时,再按一定分配方法,将其分摊记入有关成本核算对象的"配套设施费"项目内,即借记"开发成本——房屋开发"账户,贷记"开发成本——配套设施开发"账户。

(2) 配套设施与商品房非同步建设,如先建商品房,后建配套设施,或商品房已全部完工,而配套设施尚未全部完工时,为及时结转已完工商品房成本,其应负担的配套设施费,经批准后,可先在商品房成本中预提。预提时应根据配套设施的计划成本(或核算成本)和确定的分配标准,计算已完工商品房应负担的配套设施费,借记"开发成本——房屋开发"账户,贷记"预提费用——预提配套设施费"账户;实际发生的配套设施工程费应通过"开发成本——配套设施开发"账户核算;待配套设施竣工时,应将配套设施实际发生的费用,冲减预提的配套设施费,借记"预提费用——预提配套设施费"账户,贷记"开发成本——配套设施开发"账户。冲减后若"预提费用——预提配套设施费"账户借方有余额,说明配套设施实际发生的费用大于原来预提的费用,应调增有关房屋开发成本;若余额在贷方,说明配套设施实际开发成本小于预提费用,应调减有关房屋开发成本。

采用预提办法核算配套设施费的企业,应注意以下四个问题:第一,预提配套设施费的范围仅仅包括开发小区内不能有偿转让的公共配套设施。开发小区内能够有偿转让的配套设施及小区外的各种市政配套设施不在预提范围之列。第二,预提配套设施费用的前提条件，必须是配套设施与商品房非同步建设，即先建设商品房，后建设配套设施，或商品房已建成待出售，而配套设施尚未全部完工的一些配套设施项目。第三，对于每项预提的配套设施费用和配套设施开发成本都应单独设立明细账户，分别核算其预提的费用数与实际支出数。第四，对于预提的配套设施费用，应在每项配套设施完工时，逐项结转，随时调整有关商品房成本，不能在全部配套设施完工时一次调整。

6. 开发间接费用的归集与分配

房屋开发间接费用与土地开发成本中“开发间接费”成本项目的归集与分配方法相同。

房地产开发企业运用上述费用归集与分配的方法后，可将某项工程（即成本核算对象）在整个开发过程中发生的各项成本费用都记录到相应成本核算对象的各个成本项目内，待工程完工时，企业便可根据开发成本明细账户中的数据资料，正确地计算并结转该项工程的开发成本。

（二）竣工房屋开发成本的结转

企业开发建设的各种房屋竣工验收后，应及时进行竣工成本结转。进行开发成本结转的房屋，应具备以下几个条件：

（1）建筑安装工程已完工，并已同施工单位办理完竣工验收和结算手续。

（2）项目内供水、供电、供暖等基础设施工程已完工并已与施工单位办理完竣工验收和结算手续。

（3）未完工的公共配套设施工程费，已经有关部门批准，按规定进行了预提。

（4）已按规定分配计入了该项目应负担的各项成本费用。

企业开发完成的房屋建筑物具备上述条件后，应根据其竣工验收报告单，填制“开发产品入库单”，将其纳入完工建筑产品管理，并按房屋建筑物的实际成本结转成本，借记“开发产品”账户及所属“房屋”“出租开发产品”“周转房”等明细账户，贷记“开发成本——房屋开发”账户。

现举例说明房屋开发成本的核算方法。

［例 4-6］ 假设某房地产开发公司在中山路已开发完成的自用建设场地内，建设商品房 A、出租房 B、周转房 C 各一栋，均采用出包方式施工。发生下列经济业务：

① 结转占用土地成本。采用归类集中结转法，按占用场地面积比例进行分配，房屋工程 A、B、C 占用土地的比例分别为 40%、30%、30%。中山路建设场地实际总成本为 900 000元，分类归集后，土地征用及拆迁补偿费 700 000 元，基础设施费 200 000 元。

根据计算结果作如下分录：

借：开发成本——房屋——商品房 A（土地征用及拆迁补偿费） 280 000
（基础设施费） 80 000
——出租房 B（土地征用及拆迁补偿费） 210 000
（基础设施费） 60 000

——周转房 C(土地征用及拆迁补偿费) 210 000

(基础设施费) 60 000

贷:开发产品——土地 900 000

② 用银行存款支付勘察、设计费 100 000 元。

借:开发成本——房屋——商品房 A(前期工程费) 40 000

——出租房 B(前期工程费) 30 000

——周转房 C(前期工程费) 30 000

贷:银行存款 100 000

③ 领用安装设备共计 150 000 元,其中:用于商品房 A 的安装设备 70 000 元,用于出租房 B 的安装设备 50 000 元,用于周转房 C 的安装设备 30 000 元。

借:开发成本——房屋——商品房 A(建筑安装工程费) 70 000

——出租房 B(建筑安装工程费) 50 000

——周转房 C(建筑安装工程费) 30 000

贷:库存设备 150 000

④ 分配公共配套设施费 120 000 元,作如下分录:

借:开发成本——房屋——商品房 A(配套设施费) 48 000

——出租房 B(配套设施费) 36 000

——周转房 C(配套设施费) 36 000

贷:开发成本——配套设施开发 120 000

⑤ 分配结转开发间接费 600 000 元,作如下分录:

借:开发成本——房屋——商品房 A(开发间接费) 240 000

——出租房 B(开发间接费) 180 000

——周转房 C(开发间接费) 180 000

贷:开发间接费 600 000

⑥ 商品房 A 竣工验收,予以工程决算,结转已完开发成本。

• 结算已完工程价款。根据审核的工程价款决算账单,应付甲施工单位工程价款 4450 000 元。作如下分录:

借:开发成本——房屋——商品房 A(建筑安装工程费) 4 450 000

贷:应付账款——甲施工单位 4 450 000

• 结转已完开发产品成本。根据资料,商品房 A 累计实际开发成本为 5 128 000 元。作如下分录:

借:开发产品——房屋——商品房 A 5 128 000

贷:开发成本——房屋开发——商品房 A 5 128 000

第四节 房地产开发营业收入的核算

一、房地产开发企业营业收入的分类与确认

（一）房地产开发企业营业收入的分类

房地产开发企业的营业收入是指企业在房地产开发或提供劳务等生产经营活动中所取得的收入，包括主营业务收入和其他业务收入。

房地产开发企业的主营业务收入包括土地转让收入、商品房销售收入、配套设施销售收入、代建工程结算收入及出租房租金收入等。

（二）房地产开发企业营业收入的确认

房地产开发企业营业收入同时满足下列条件的，才能予以确认：① 以合同为基础；② 以房地产商品控制权转移为收入确认的时点；③ 按预计因交付该商品而有权获得的金额确认收入金额。为此，对各种房地产经营收入一般应作如下确认：

(1) 转让、销售土地和商品房时，应在土地和商品房已经移交，已将发票结算账单提交买主并得到认可时，确认营业收入的实现。在满足下列条件的情况下，也可采用完工百分比法确认房地产开发的营业收入：① 有建造合同，并且合同是不可取消的；② 买方累计付款超过销售价格的一定比例（一般为 50%）；③ 其他应收款项能够收回；④ 开发项目的完工程度能够可靠地确定。采用完工百分比法时，营业收入应随开发项目的完工程度逐期确认。

(2) 移交代建的房屋和工程时，应在房屋和工程竣工验收、办妥财产交接手续，并已将代建的房屋和工程价款结算账单提交委托单位签证后，确认销售收入实现。

(3) 以赊销、分期收款方式销售开发产品时，按合同规定的收款时间分次确认销售收入的实现，但前提条件必须是土地和商品房已经移交给买主。

(4) 出租开发产品，应按出租合同（或协议）规定的承租方付租日期和金额，确认为销售收入的实现。

(5) 采用预收款方式销售的，应在开发产品已提交买方或劳务已提供后，确认为销售收入的实现。企业向购买单位或个人收取的购房定金或开发建设资金，属于预收账款，不能反映开发产品合同完成程度，虽然税法上规定应计征税款，但会计上不能确认为营业收入的实现。

二、房地产开发企业收入的核算

（一）应设置的会计账户

为了核算企业主营业务收入的实现及收支配比过程，应设置以下账户：

1.“主营业务收入”账户

本账户核算企业对外转让、销售、结算和出租开发产品等主营业务取得的经营收入。其贷方登记企业实现的主营业务收入,借方登记月末结转的主营业务收入,月末结转后应无余额。本账户应按主营业务收入的类别,如“土地转让收入”“商品房销售收入”“配套设施销售收入”“代建工程结算收入”及“出租产品租金收入”等设置明细账户。

2.“主营业务成本”账户

本账户核算企业对外转让、销售、结算和出租开发产品等主营业务应负担的经营成本。其借方登记本月已对外转让、销售、结算的开发产品实际成本和本期应负担的出租开发产品的摊销额及维修费,贷方登记月末结转的经营成本,月末结转后应无余额。本账户应按经营成本的种类,如“土地转让成本”“商品房销售成本”“配套设施销售成本”“代建工程结算成本”等设置明细账户。

3.“税金及附加”账户

本账户核算应当由当月营业收入负担的税金及附加,包括土地增值税、消费税、城市维护建设税、教育费附加等。其借方登记当月计算的税金及附加,贷方登记月末结转的税金及附加。月末结转后应无余额。

4.“销售费用”账户

本账户核算企业为经营销售各种开发产品而发生的各项费用。

(二)主营业务收入的核算方法

开发企业应按实现的主营业务收入金额,借记“银行存款”“应收账款”账户,贷记“主营业务收入”账户及其明细账户。企业还应于实现经营收入的月末,根据本月已对外转让、销售和结算开发产品的实际成本以及出租开发产品的摊销额等,借记“主营业务成本”账户及其明细账户,贷记“开发产品”“分期收款开发产品”以及“出租开发产品——出租产品摊销”等账户。

(三)土地增值税的核算

为了规范土地、房地产市场交易秩序,合理调节土地增值收益,凡转让国有土地使用权、地上的建筑物及其附着物(即转让房地产)并取得收入的单位和个人,必须交纳土地增值税。房地产开发企业是土地增值税的纳税义务人,必须计算并及时交纳土地增值税。

土地增值税就是对土地增值额课税,其实质是对土地收益或地租课税。它在形式上具有所得税的特征,比如它采用超额累进税率,增值额多就多征税,增值额少就少征税,没有增值额就不征税;在计算应纳税额时先扣除部分项目金额等。土地增值税应纳税额的计算公式为:

土地增值税应纳税额=土地增值额×适用税率 (公式4.4)

(1)土地增值额的计算。土地增值额计算公式如下:

土地增值额=出售房地产总收入-扣除项目金额 (公式4.5)

出售房地产的总收入是指企业在转让国有土地使用权、房屋建筑物及其附着物时取得的全部收入。扣除项目主要包括：

① 企业取得土地使用权所支付的价款。通过有偿出让方式转让土地使用权的，是指纳税人在受让土地使用权时所支付的出让金；通过行政划拨方式无偿取得土地使用权的，是指在转让土地使用权时按规定补交的出让金或征地时已支付的土地征用及拆迁补偿费。

② 企业开发土地的成本、费用。

③ 企业建造商品房及计入商品房成本的配套设施的成本、费用或者旧房屋、建筑物的评估价格。

④ 与转让房地产有关的税费，包括转让房地产时所支付的增值税、城市维护建设税及教育费附加。

（2）适用税率。我国的土地增值税率实行四级超额累进税率，适用税率分别为：

① 增值额未超过扣除金额 50%的部分，税率为 30%。

② 增值额超过扣除金额 50%但未超过 100%的部分，税率为 40%。

③ 增值额超过扣除金额 100%但未超过 200%的部分，税率为 50%。

④ 增值额超过扣除金额 200%以上部分，税率为 60%。

考虑到我国居民的居住条件仍然较差及房地产企业的特殊情况，《中华人民共和国土地增值税暂行条例》规定，除高级别墅、公寓、小洋楼、度假村等超面积超标准装修的豪华住宅以外，出售建造的普通住宅，其增值额未超过取得土地使用权所支付价格 20%的免征土地增值税。对因城市市政规划、国家重点项目建设的需要而被政府依法征用、收回的房地产免税。

土地增值税应自转让房地产合同签订之日起 7 天内向房地产所在地主管税务机关办理纳税申报，并在税务机关核定的期限内缴纳。

[例 4-7] 某企业出售房地产的收入为 375 万元，取得土地使用权所支付的价款为 60 万元，开发土地的成本费用共 30 万元，建造房屋及配套设施的成本、费用共 130 万元，转让房地产发生的有关税金为 30 万元，则企业可按下面步骤计算土地增值税：

① 扣除项目之和为：60+30+130+30=250（万元）。

② 土地增值额为：375-250=125（万元）。

③ 土地增值额与扣除项目之比为：(125/250)×100%=50%。该企业的土地增值额未超过 50%，故适用税率为 30%。

④ 应纳土地增值税额为：125×30%=37.5（万元）。

（3）土地增值税的账务处理。企业计算应交土地增值税时，按应纳税额，借记“税金及附加——土地增值税”账户，贷记“应交税费——应交土地增值税”账户；在实际交纳税金时，应借记“应交税费——应交土地增值税”账户，贷记“银行存款”账户。

思维导图

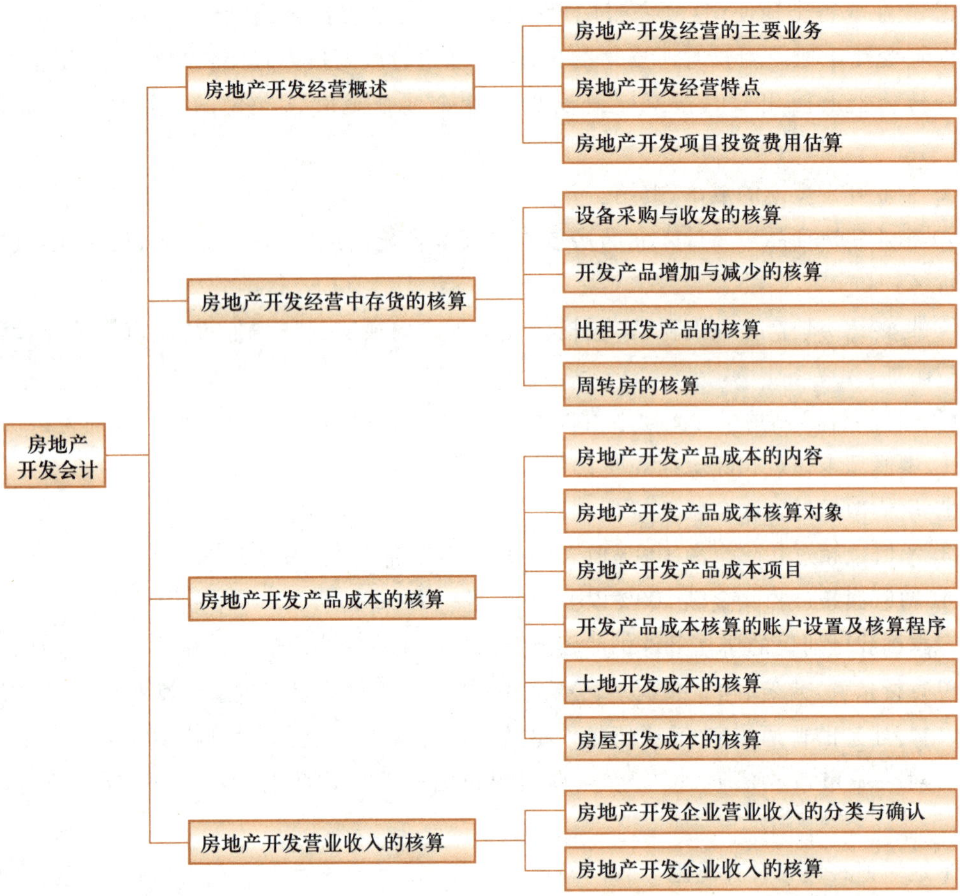

同步测试

一、单选题

1. 在我国,房地产开发经营是国民经济运行中的(　　)。

A. 建筑施工行业的一部分　　B. 一个较大行业

C. 专门的行政管理部门　　D. 地产开发行业

2. 房地产开发经营业务具有复杂性。所谓复杂性包括(　　)。

A. 经营业务内容复杂;涉及面窄,经济往来对象不多

B. 经营业务内容复杂;涉及面广,经济往来对象不多

C. 经营业务内容复杂;涉及面广,经济往来对象多

D. 经营业务内容简单;涉及面广,经济往来对象多

3. 房地产开发经营中的“开发费用”是指与房地产开发项目有关的(　　)。

A. 开发费用、销售费用和财务费用

B. 管理费用、开发费用和财务费用

C. 管理费用、销售费用和开发费用

D. 管理费用、销售费用和财务费用

4. 房地产开发经营中的"开发费用"中的"销售费用"指开发建设项目在销售产品过程中发生的各项费用以及专设销售机构或委托销售代理的各项费用,主要包括(　　)。

A. 财务费用、销售代理费、其他销售费用

B. 广告宣传费、管理费、其他销售费用

C. 广告宣传费、销售代理费、财务费用

D. 广告宣传费、销售代理费、其他销售费用

二、多选题

1. 房地产开发经营包括(　　)。

A. 土地的开发与经营　　B. 房屋的开发与经营

C. 城市基础设施和公共配套设施的开发　　D. 代建工程的开发

E. 桥梁的建设

2. 房地产开发经营特点主要包括(　　)。

A. 开发经营的计划性　　B. 开发产品的商品性　　C. 开发经营业务的复杂性

D. 开发建设周期长　　E. 经营风险大

3. 房地产开发企业存货包括(　　)。

A. 原材料类存货　　B. 设备类存货　　C. 在产品类存货

D. 产成品类存货　　E. 开发用品类存货

4. 开发产品成本按其用途可分为(　　)。

A. 土地开发成本　　B. 房屋开发成本　　C. 配套设施开发成本

D. 代建工程开发成本　　E. 生产成本

5. 房地产开发企业会计核算应专门设置(　　)等会计科目。

A. 开发成本　　B. 生产成本　　C. 开发间接费

D. 制造费用　　E. 开发产品

三、判断题

1. 对一般房地产开发项目而言,投资及成本费用由开发成本和开发费用两大部分组成。(　　)

2. 房地产开发经营与一般企业在存货方面有较大不同,其特殊存货主要是设备类存货、各种开发产品等。(　　)

3. 房地产开发经营与一般企业在存货方面有较大不同,其在产品类存货不是指尚未完工的各种土地、房屋等开发产品。(　　)

4. 开发产品成本是指房地产开发企业在产品开发过程中所发生的各项费用支出。(　　)

5. 开发产品成本项目一般可分为土地征用及拆迁补偿费、前期工程费、基础设施费、建筑安装工程费、公共配套设施费和开发间接费等。 （ ）

四、会计分录题

1. 验收入库一批设备，含税买价 200 000 元，含税运杂费 40 000 元，买设备的增值税率为 16%，运输业务的增值税率假设为 9%，已用银行存款支付。企业采购保管费的计划分配率为 1.5%。

2. 2022 年企业在 A 小区土地开发中发生下列支出：

（1）用银行存款支付征地拆迁费 951 000 元；

（2）用银行存款支付前期工程款 84 000 元；

（3）建筑公司基础设施工程款 180 000 元；

上列各项土地开发支出，按各开发产品用地面积进行分配，各开发产品用地面积为：

1#自用土地 5 000 m^2

2#商业性土地 10 000 m^2

（4）商业性土地应分配开发间接费 45 000 元；

（5）自用土地、商业性土地已开发完成并验收合格，等待建设和转让。

3. 企业在 B 开发小区规划中，确定共建 101#、102#商品房两栋，201#出租房，301#周转房，401#幼儿园和 402#银行营业点。其中，银行营业点有偿转让给建设银行。

（1）B 开发小区发生的土地征用及拆迁费、前期工程费、基础设施费按各项开发产品的用地面积进行分配。401#幼儿园根据小区施工组织设计在造好其他房屋后再建造，先以各项开发产品的预算成本为基数采用预提的方式计入各项开发产品成本。各项开发产品的用地面积和预算成本如下：

	用地面积	预算成本
101#商品房	2 000 m^2	272 000 元
102#商品房	3 000 m^2	2 244 000 元
201#出租房	2 000 m^2	1 836 000 元
301#周转房	2 000 m^2	2 448 000 元
401#幼儿园	600 m^2	600 000 元
402#银行营业点	400 m^2	600 000 元

（2）B 开发小区在 2022 年，发生下列支出：

① 用银行存款支付土地征用及拆迁补偿费 1 600 000 元；

② 用银行存款支付前期工程费 400 000 元；

③ 用银行存款支付基础设施费 640 000 元。

（3）将 101#、102#商品房发包给甲建筑公司施工，这两项工程的标价分别为 250 000 元、2 150 000 元，完工验收后用银行存款支付。

（4）201#出租房和 301#周转房发包给乙建筑公司施工，这两项工程的标价分别为

1 550 000 元、2 250 000 元，完工验收后用银行存款支付。

（5）401#幼儿园和 402#银行储蓄所的建安工程由企业所属的建筑装饰分公司承建，其中 402#银行营业点建安工程已完工，实际成本为 450 000 元。

（6）将 401#幼儿园的配套设施费以预提的方式计入各开发产品成本。

（7）101#商品房、102#商品房、201#出租房、301#周转房应负担的开发间接费分别为 6 000 元、55 000 元、45 000 元、50 000 元。

（8）101#商品房、102#商品房、201#出租房、301#周转房和 402#银行营业点所进行竣工验收，并结转其开发成本，等待出售、出租、有偿转让和交付使用。

4. 将 B 开发小区的 102#商品房转让，获得销售收入 4 200 000 元。

5. 结转 102#商品房实际成本。

6. 年底将 201#出租房出租给华美公司，租期 5 年，结转 201#出租房的实际成本。

要求：根据以上资料编制会计分录。

5 第五章

石油天然气开采会计

知识目标

- 了解石油天然气开采活动与一般工业企业经营活动的异同
- 了解石油天然气开采企业与一般工业企业会计核算的异同
- 了解石油天然气开采企业的矿区权益取得、油气勘探、油气开发、油气生产的核算内容
- 理解矿区权益与固定资产的区别

技能目标

- 能进行石油天然气开采企业的财务运作
- 能进行石油天然气开采企业一般资产、负债、所有者权益的会计核算
- 能进行石油天然气开采企业矿区权益与固定资产的会计核算

素养目标

- 培养学生保护国家财产的责任意识
- 学习石油天然气开采，培养学生的环保意识
- 通过了解我国在地质开采领域取得的成果和先进的技术，培养学生的民族自豪感和国家荣誉感

引言

石油工业是国民经济的支柱产业。石油工业是对石油、天然气、页岩气、可燃冰等进行勘探、开采、加工、运输，提供国民经济必需的燃料、化工产品的国民经济行业。石油、化工产品是涉及国计民生的重要商品，对满足人民生活、企业生产、巩固国防都具有重要意义。

随着我国国民经济飞速发展，我国已经发展为全球第二大经济体，对石油产品的需求日益扩大，目前已经成为全球第二大石油消费国。我国的中石油、中石化、中海油等公司的生产经营状况、管理水平、石油产品供应能力对我国的石油生产具有重要作用。

石油天然气开采方面的生产经营活动与一般工业生产经营活动相比有许多典型情况。如油气资产是稀缺的不可重置资产，经营风险高、成本高，风险与收益之间的相关性较低，投资与生产之间的间隔时间长，具有生产经营中产量递减与成本递增属性。针对生产经营活动的实际情况安排财务与会计活动，围绕管理具体要求组织会计核算是高水平会计工作者必须具备的意识和素质。

第一节 石油天然气开采经营概述

一、石油天然气行业的性质和特点

石油天然气行业既属于采掘工业，又属于油气行业。

采掘工业一般具有建设周期长、投资大、产品运输量大、以自然资源为生产对象、产品成本中原材料所占比重高、发展和布局取决于自然资源的赋存状况和市场需求状况等特点。

油气行业，是指从事石油天然气勘探、开发、开采和运输销售业务的行业，分为上游活动和下游活动。上游活动是指勘探、发现、取得和开发石油天然气储量，直到储量能够开始被销售和使用之前的各种活动，还包括利用开采设施将石油天然气从井下提升到地面并进行必要的处理过程。下游活动是指对石油天然气进行炼制、加工、分配和销售的过程。上游活动的生产经营特点明显区别于其他行业，因此，本章主要以上游活动为阐述问题的范围，而下游活动属于加工业，其石油产品的加工与销售可比照其他制造业进行处理。

二、石油天然气生产活动

石油天然气生产活动是指从矿权取得起到油气从地下开采出地面的全过程，分为以下四个阶段：

（一）矿权取得阶段

矿区权益是指企业取得在矿区内勘探、开发和生产油气的权利。矿权取得阶段包括从普查开始到矿权分享协议签署为止的全过程。

（1）对有兴趣的地区进行大面积的地质及地球物理勘测；

（2）分析普查结果和有关商业情报；

（3）签署矿区租赁协议；

（4）签署矿权分享协议。

（二）勘探阶段

油气勘探，是指为了识别勘探区域或探明油气储量而进行的地质调查、地球物理勘探、钻探活动以及其他相关活动。

（1）确认可以授权勘察的区域；

（2）勘查被认为具有石油天然气储量勘探前景的特定区域，包括钻探勘探井和勘探型地层实验井。

取得了矿权，油气企业就可以对有利地区进行地质及地球物理详查，进行密度较大的地震详查，并钻探井。在不确定是否具有石油天然气储量的地区所钻的井称为探井。当完成一定数量的探井而没有发现石油天然气储量，就应该放弃该租赁矿区；当完成一定数量的探井而发现了具有商业开采价值的石油天然气储量，就可以转入下一阶段——开发阶段。

（三）开发阶段

油气开发，是指为了取得探明矿区中的油气而建造或更新经济相关设施的活动。

（1）钻井开发；

（2）矿区道路、桥梁建设；

（3）矿区集输管线建设；

（4）天然气净化处理厂的建设等。

（四）开采阶段

该阶段是指将石油天然气从地下采出地面并送往集输站以备销售的过程。

（1）将油气采出地面；

（2）油气去除杂质处理；

（3）油气在矿区内的输送；

（4）油气开采设施的维护。

三、油气生产活动的支出

（一）矿区取得支出

矿区取得支出是指为了取得一个矿区的探矿权和采购权而发生的购买、租赁支出，包括探矿权价款、采矿权价款、土地使用权支出、签字费、租赁定金、购买支出、咨询顾问费、审计费以及获得矿区有关的其他支出。

（二）油气勘探支出

油气勘探支出包括钻井勘探支出和非钻井勘探支出。钻井勘探支出主要包括钻探区域探井、勘探型详探井、评价井和资料井等活动发生的支出；非钻井勘探支出主要包括进行地质调查、地球物理勘探等活动发生的支出。

（三）油气开发支出

油气开发支出是为了获得探明储量及提供用于采集、处理、聚集和储存石油、天然气的设施而发生的支出，包括开采探明储量的开发井的成本和生产设施的支出。

（四）油气生产成本

油气生产成本是指在油田把石油和天然气提升到地面，并对其进行聚集、处理加工和储存的活动的成本。从广义上看，油气生产成本应该包括取得、勘探、开发和生产的所有成本。

第二节 矿区权益的核算

矿区权益是指企业取得的在矿区内勘探、开发和生产油气的权利。石油天然气开采企业必须首先取得在矿区内勘探、开发和生产油气的权利，才能进行正常的生产经营活动。

矿区权益分为探明矿区权益和未探明矿区权益。探明矿区，是指已经发现探明经济可采储量的矿区；未探明矿区，是指尚未发现探明经济可采储量的矿区。探明经济可采储量，是指在现有技术和经济条件下，根据地质和工程分析，可合理确定的能够从已知油气藏中开采的油气数量。

一、矿区权益的成本

（一）成本构成

为取得矿区权益而发生的成本应当在发生时予以资本化，作为矿区权益的取得成本。在我国，取得矿区权益的方式通常有申请取得和购买取得。

申请取得矿区权益的成本包括探矿权使用费、采矿权使用费、土地或海域使用权支出、中介费以及可直接归属于矿区权益的其他申请取得支出。用计算公式表达为：

$$\text{成本}=\begin{matrix}\text{探矿权}\\ \text{使用费}\end{matrix}+\begin{matrix}\text{采矿权}\\ \text{使用费}\end{matrix}+\begin{matrix}\text{土地或海域}\\ \text{使用权支出}\end{matrix}+\text{中介费}+\text{其他支出} \qquad \text{（公式 5.1）}$$

购买取得矿区权益的成本包括购买价款、中介费以及可直接归属于矿区权益的其他购买取得支出。用计算公式表达为：

$$\text{成本}=\text{购买价款}+\text{中介费}+\text{其他支出} \qquad \text{（公式 5.2）}$$

（二）成本归集

油气资产是指油气开采企业所拥有或控制的矿区权益和井及相关设施，不包括开采油气所必需的辅助设备和设施。为反映油气资产的增减变化,企业应专门设置“油气资产”账户,在“油气资产”账户下设置“矿区权益”和“井及相关设施”两个明细项目。

企业取得的矿区权益,应当按照取得时的成本进行初始计量。企业申请取得国家出资勘查形成的探矿权,除应交纳探矿权使用费外,还应交纳探矿权价款。发生以上支出时,借记“油气资产——矿区权益”账户,贷记“银行存款”或“其他应交款——应交探矿权价款”账户。

[例 5-1] 某企业于2022年5月15日依法申请取得探明矿区权益,共支付探矿权使用费、采矿权使用费、土地或海域使用权支出、中介费等合计400 000元,以银行存款支付。

借:油气资产——矿区权益 400 000

　　贷:银行存款 400 000

矿区权益取得后发生的探矿权使用费、采矿权使用费和租金等维持矿区权益的支出,应当计入当期损益。其会计分录为:借记“管理费用”账户,贷记“银行存款”等账户。

二、探明矿区权益的折耗

(一)探明矿区权益的折耗方法

随着石油天然气生产活动的不断进行,企业应当采用产量法或年限平均法对探明矿区权益计提折耗。

1. 产量法

产量法又称单位产量法,该方法认为特定矿区的油气资产成本与该矿区的探明经济可采储量密切相关。按照产量法对油气资产计提折耗时,矿区权益应以探明经济可采储量为基础,井及相关设施也以探明经济可采储量为基础。产量法的计算公式如下:

$$\text{探明矿区权益折耗额}=\text{探明矿区权益账面价值}\times\text{探明矿区权益折耗率} \quad (\text{公式 5.3})$$

$$\text{探明矿区权益折耗率}=\frac{\text{探明矿区当期产量}}{\text{探明矿区期末探明经济可采储量}+\text{探明矿区当期产量}} \quad (\text{公式 5.4})$$

在产量法下,石油天然气的摊销(折旧与折耗)与当期生产的石油天然气的数量相关,当期生产的石油天然气越多,其折耗就越大。采用产量法计提折耗的,折耗额可按照单个矿区计算,也可按照若干具有相同或类似地质构造特征或储层条件的相邻矿区所组成的矿区组计算。

2. 年限平均法

年限平均法将油气资产成本均衡地分摊到各会计期间,采用这种方法计算的每期油气资产折耗金额相等。

企业各期间油气产量相对比较稳定,按照产量法与按照年限平均法计提的油气资产折耗相差不大;如果各期间油气产量差异较大,产量法能够更准确地反映油气资产在报告期间的消耗。

《企业会计准则第 27 号——石油天然气开采》规定了使用产量法计提折耗,同时也允许使用年限平均法。企业无论采用产量法或者年限平均法,一经确定不得随意变更。

未探明矿区权益不计提折耗。

(二)探明矿区权益折耗的会计处理

企业应设置“累计折耗”账户用于核算油气资产的折耗,同时可按油气资产的类别、不同矿区或油田进行明细核算。计提折耗,借记“油气生产成本”等账户,贷记本账户。处置油气资产时,还应同时结转累计折耗。

[例 5-2] 某企业购买取得探明矿区权益成本为 600 000 元,探明经济可采储量 200 万吨油当量,以现有生产技术预计可开采 6 年,则企业每年对探明矿区权益计算折耗额:

① 采用年限平均法计提折耗:

$$年限平均法年折耗额=\frac{600\ 000}{6}=100\ 000(元)$$

借:油气生产成本 100 000

　贷:累计折耗——矿区权益折耗 100 000

② 采用产量法计提折耗:

如果该矿区当年开采量为 30 万吨油当量,则:

$$折耗率=30/200=0.15$$

$$当年折耗额=600\ 000\times0.15=90\ 000(元)$$

借:油气生产成本 90 000

　贷:累计折耗——矿区权益折耗 90 000

如果第二年开采量为 50 万吨油当量,期末探明经济可采储量是 150 万吨。则:

$$折耗率=\frac{50}{150+50}=0.25$$

$$第二年折耗额=600\ 000\times0.25=150\ 000(元)$$

借:油气生产成本 150 000

　贷:累计折耗——矿区权益折耗 150 000

三、矿区权益的转让

(一)转让探明矿区权益的处理方法

1. 转让全部探明矿区权益

转让全部探明矿区权益的,将转让所得与矿区权益账面价值的差额计入当期损益。

2. 转让部分探明矿区权益

转让部分探明矿区权益的,按照转让权益和保留权益的公允价值比例,计算确定已转让部分矿区权益账面价值，转让所得与已转让矿区权益账面价值的差额计入当期损益。

企业应当按照转让矿区权益获得的价款，借记“银行存款”账户，按照转让矿区权益已计提的折耗，借记“累计折耗”账户，按照转让矿区权益已计提的减值准备，借记“油气资产减值准备”账户，按照转让矿区权益的账面原价，贷记“油气资产”账户，按照借贷方之间的差额，借记“营业外支出”账户或贷记“营业外收入”账户。

［例 5-3］ A 公司将一探明矿区权益全部转让给 B 公司，转让所得为 45 万元，该探明矿区权益的账面价值为 30 万元，则会计处理如下：

借：银行存款　　450 000
　贷：营业外收入　　150 000
　　油气资产——矿区权益　　300 000

［例 5-4］ 某企业转让部分未探明矿区权益，转让所得为 50 万元，按公允价值比例计算确定的转让部分账面价值为 40 万元，则 10 万元计入当期损益，会计分录为：

借：银行存款　　500 000
　贷：营业外收入　　100 000
　　油气资产——矿区权益　　400 000

（二）转让未探明矿区权益的处理方法

1. 转让单独计提减值准备的未探明矿区权益的处理方法

转让单独计提减值准备的全部未探明矿区权益的，转让所得与未探明矿区权益账面价值的差额，计入当期损益。与转让全部探明矿区权益办法相同。

转让单独计提减值准备的部分未探明矿区权益的，如果转让所得大于矿区权益账面价值，将其差额计入当期损益；如果转让所得小于矿区权益账面价值，以转让所得冲减矿区权益账面价值，不确认损益。

［例 5-5］ 接例 5-4，如果转让所得只有 35 万元，则：

借：银行存款　　350 000
　贷：油气资产——矿区权益　　350 000

2. 转让以矿区组为基础计提减值准备的未探明矿区权益的处理

转让以矿区组为基础计提减值准备的未探明矿区权益时，如果转让所得大于矿区权益账面原值，将其差额计入当期损益；如果转让所得小于矿区权益账面原值，以转让所得冲减矿区权益账面原值，不确认损益。

转让该矿区组最后一个未探明矿区的剩余矿区权益时，转让所得与未探明矿区权益账面价值的差额，计入当期损益。

［例 5-6］ 矿区 A、B、C 为一个未探明矿区组，账面原值分别为 10 万元、20 万元、30 万元，上年末减值测试时确认矿区组减值损失 8 万元，现在转让 A、B 矿区，转让所得为 28 万元，则会计处理为：

借：银行存款　　280 000

　　贷：油气资产——矿区权益　　280 000

现在公司转让 C 矿区，取得收入 20 万元，则：

借：银行存款　　200 000

　　油气资产减值准备　　80 000

　　营业外支出　　40 000

　　贷：油气资产——矿区权益　　320 000

四、未探明矿区权益的处理

（一）未探明矿区权益转为探明矿区权益的处理

未探明矿区（组）内发现探明经济可采储量而将未探明矿区（组）转为探明矿区（组）的，应当按照其账面价值转为探明矿区权益。会计处理为：

借：油气资产——探明矿区权益

　　贷：油气资产——未探明矿区权益

（二）放弃未探明矿区的处理

未探明矿区因最终未能发现探明经济可采储量而放弃的，应当按照放弃时的账面价值转销未探明矿区权益并计入当期损益。因未完成义务工作量等因素导致发生的放弃成本，计入当期损益。

五、矿区权益的减值

企业应设置“油气资产减值准备”账户核算企业提取的各区块矿区权益的减值准备。

对于未探明矿区权益，应当至少每年进行一次减值测试，并确定未探明矿区权益减值金额。单个矿区取得成本较大的，应当以单个矿区为基础进行减值测试。单个矿区取得成本较小且与其他相邻矿区具有相同或类似地质构造特征或储层条件的，可按照若干具有相同或类似地质构造特征或储层条件的相邻矿区所组成的矿区进行减值测试。

未探明矿区权益公允价值低于账面价值的差额，应当确认为减值损失，计入当期损益。

油气资产减值损失一经确认，不得转回。

［例 5-7］ 甲企业 2022 年 3 月取得未探明矿区权益成本为 200 000 元，年底经过专家减值测试，确定该矿区公允价值为 180 000 元，则进行如下会计处理：

借：资产减值损失　　20 000

　　贷：油气资产减值准备　　20 000

第三节　井及相关设施的核算

取得矿区权益后，可以进行勘探和开发活动。油气勘探和开发的目的是形成可以开采石油的井及相关设施。井及相关设施的成本主要来自油气勘探支出和油气开发支出的资本化部分。

一、油气勘探支出的确认和计量

油气勘探，是指为了识别勘探区域或探明油气储量而进行的地质调查、地球物理勘探、钻探活动以及其他相关活动。

（一）发现探明经济可采储量

钻井勘探支出在完井后，确定该井发现了探明经济可采储量的，应当将钻探该井的支出结转为井及相关设施成本。

确定部分井段发现了探明经济可采储量的，应该将发现探明经济可采储量的有效井段的钻探该井支出结转为井及相关设施成本，无效井段钻井勘探累计支出转入当期损益。

（二）未发现探明经济可采储量

钻井勘探支出在完井后，确定该井未发现探明经济可采储量的，应当将钻探该项井的支出扣除净残值后计入当期损益。

（三）无法确定是否发现探明经济可采储量

未能确定该探井是否发现探明经济可采储量的，应当在完井后一年内将钻探该井的支出予以暂时资本化。

在完井一年时仍未能确定该探井是否发现探明经济可采储量，同时满足下列条件的，应当将钻探该井的资本化支出继续暂时资本化，否则应当计入当期损益：

（1）该井已发现足够数量的储量，但要确定其是否属于探明经济可采储量，还需要实施进一步的勘探活动；

（2）进一步的勘探活动已在实施中或已有明确计划并即将实施。

钻井勘探支出已费用化的探井又发现了探明经济可采储量的，已费用化的钻井勘探支出不作调整，重新钻探和完井发生的支出应当予以资本化。

从以上规定可以得知，对于钻井勘探支出，如果发现探明经济可采储量，则予以资本化，以后可通过折耗收回这些支出；如果确定未发现探明经济可采储量，则计入当期损益，对当期财务成果有较大影响；如果无法确定是否发现探明经济可采储量，暂时予以资本化；完井一年后根据规定资本化或计入当期损益。

二、油气勘探支出的处理方法

(一) 成果法

在成果法下,只有发现探明经济可采储量的勘探支出才能予以资本化,其他勘探支出要作为当期费用处理。目前主要国际石油公司都采用成果法。

(二) 完全成本法

在完全成本法下,全部勘探支出都应当予以资本化。

三、非钻井勘探支出的处理

石油天然气公司取得矿区权益后进行勘探生产经营活动中,既会发生油气勘探支出,也会发生非钻井勘探支出等。非钻井勘探支出主要包括:地质调查支出、地球物理勘探支出等。非钻井勘探支出应于发生时计入当期损益。

四、油气开发支出的确认和计量

油气开发是指为了取得探明矿区中的油气而建造或更新井及相关设施的活动。

油气开发活动所发生的支出,应当根据其用途予以资本化,作为油气开发形成的井及相关设施的成本。

油气开发形成的井及相关设施的成本主要包括:

(1) 钻前准备支出,包括前期研究、工程地质调查、工程设计、确定井位、清理井场、修建道路等活动发生的支出;

(2) 井的设备购置和建造支出,井的设备包括套管、油管、抽油设备和井口装置等,井的建造包括钻井和完井;

(3) 购建提高采收率系统发生的支出;

(4) 购建矿区内集输设施、分离处理设施、计量设备、储存设施、各种海上平台、海底及陆上电缆等发生的支出。

需要注意的是:在探明矿区内,钻井至现有已探明层位的支出作为油气开发支出;为获取新增探明经济可采储量而继续钻至未探明层位的支出,作为钻井勘探支出。

五、弃置义务的确认和计量

油气行业的油气资产,确定其初始入账成本还应考虑弃置费用。当一口油井或气井达到其经济开采极限时,该井就应该被封堵,即封堵掉地面以下井眼,拆除地面设备,恢复自然环境的原貌,避免造成污染。油气井及设施的封堵、拆除和地面恢复是石油生产企业的特殊固定资产"油气资产"在取得、使用和处置或清理过程中的一个必要的环节。因此,企业确认井及相关设施的成本时,应当根据《中华人民共和国环境保护法》和矿区所在地法律法规的要求,与利益相关方达成的协议,预计矿区废弃时应当承担的弃置义务,弃置义务应当以矿区为基础进行预计，通常涉及井及相关设施的弃置、拆移、填埋、清理、恢复生态环境等。

对于油气资产的弃置费用，如果符合预计负债确认条件的，应当将该义务确认为预计负债，并相应增加井及相关设施的账面价值；不符合预计负债确认条件的，在废弃时发生的拆卸、搬移、场地清理等支出，应当计入当期损益。

企业应当按照弃置费用的现值计入相关油气资产的成本，借记"油气资产——井及相关设施"账户，贷记"预计负债——油气井弃置费用"账户。

在油气资产的使用寿命内，按照预计负债的摊余成本和实际利率计算确定的利息费用，应当在发生时计入财务费用，借记"财务费用"账户，贷记"预计负债——油气井弃置费用"账户。

六、主要会计核算

（一）油气勘探支出

企业在勘探过程中发生的支出，借记"油气勘探支出"账户，贷记"银行存款""累计折旧""应付职工薪酬"等账户。勘探过程完工，属于发现探明经济可采储量的钻井勘探支出，借记"油气资产——井及相关设施"账户，贷记"油气勘探支出"账户；属于未发现探明经济可采储量的钻井勘探支出，借记"勘探费用"账户，贷记"油气勘探支出"账户。

［例 5-8］　2022 年 2 月 1 日—7 月 30 日，中国石油天然气集团公司所属某子公司在勘探过程中发生地质调查费 50 000 元，地球物理化学勘探各项支出 60 000 元，其他非钻井支出 40 000 元。全部用银行存款支付。

借：勘探费用	150 000	
贷：银行存款		150 000

［例 5-9］　接例 5-8，发生工程人员工资 6 000 000 元，机械设备折旧费 2 000 000 元，其他探井支出 2 000 000 元（银行存款结算）。探明储量的勘探作业结束，结转相关应资本化的勘探支出 9 000 000 元，其余的不符合资本化条件。

借：油气勘探支出	10 000 000	
贷：应付职工薪酬		6 000 000
累计折旧		2 000 000
银行存款		2 000 000
借：油气资产——井及相关设施	9 000 000	
勘探费用	1 000 000	
贷：油气勘探支出		10 000 000

（二）油气开发支出

"油气开发支出"账户核算油气田企业已探明矿区进行油气田产能建设、地面配套工程、老油气田调整改造工程、环保和安全工程、开发装备、开发科研及新技术推广项目等支出，包括钻凿开发井、补充井、调整井、注水井、大修侧钻、补孔等以及相应的地面开发配套设施等支出。

本账户应按油气开发区块和工程项目设置明细账，进行明细核算。

本账户期末借方余额，反映尚未达到预定可使用状态的油气开发工程的实际支出。

企业进行油气开发作业时，发生的前期费用支出，如青苗赔偿费和土地征购费、工程管理费、可行性研究费、临时设施费、公证费、监理费支出等，借记本账户，贷记有关账户。

开发工程项目达到预定可使用状态时，属于井及相关设施的（包括开发干井），借记"油气资产——井及相关设施"账户，贷记"油气开发支出"账户。

［例 5-10］ 2022 年 1 月 1 日—3 月 30 日，中国石油天然气集团公司所属某子公司在油气开发过程中发生职工工资 500 000 元，机械设备折旧费 300 000 元，其他支出 200 000 元（银行存款结算）。假定 4 月 1 日，开发完成，形成井及相关设施，暂不考虑其他因素。

借：油气开发支出	1 000 000	
贷：应付职工薪酬		500 000
累计折旧		300 000
银行存款		200 000
借：油气资产——井及相关设施	1 000 000	
贷：油气开发支出		1 000 000

（三）油气资产——井及相关设施

"油气资产——井及相关设施"账户核算企业油气井和相关设施的原价。按开采油田矿区、使用单位和单项资产设置明细账，进行明细核算，建账建卡，加强资产的实物管理，并定期进行清查。本账户借方期末余额，反映井及相关设施的账面原价。

油气井和相关设施包括：

（1）油、气生产井（含已转做生产井的探井），注入井，资料研究井等；

（2）联合站、油气集输站、计量站、注水站、压气站、配水间等相关设施；

（3）井场工艺流程装置、热采设施；

（4）集输油气支管线、集输油气干管线等；

（5）油气处理设施；

（6）储油设施；

（7）污水处理等其他环保设施；

（8）油气田内部供水排水（包括水源水质处理以及相应地面设施和水源工程）、供电、通信设施和其他生产用建筑物；

（9）提高采收率设施；

（10）开发用辅助设备设施；

（11）其他油气田生产设施。

井及相关设施应参照固定资产核算的有关规定，确定其初始金额，登记入账。其中，自行购建的油气田勘探、开发工程达到预定可使用状态时，借记“油气资产——井及相关设施”账户，贷记“油气勘探支出”或“油气开发支出”账户。

井及相关设施在投资转出时，按转出井及相关设施的账面价值加上应支付的相关税费，借记“长期股权投资”账户，按转出井及相关设施已提折耗，借记“累计折耗——井及相关设施折耗”，按该项井及相关设施已计提的减值准备，借记“油气资产减值准备”账户，按转出井及相关设施的账面原价，贷记“油气资产——井及相关设施”账户，按应支付的相关税费，贷记“银行存款”“应交税费”等账户。

［例 5-11］ 某石油企业 2022 年 3 月 15 日将其一处井及相关设施投资转让给另一家石油企业（不是关联方），该井及相关设施的账面余额为 800 000 元，已计提累计折耗 200 000 元，公允价值为 700 000 元，已计提减值准备 50 000 元，应交营业税 35 000 元，则相应会计分录如下：

借：长期股权投资	635 000	
累计折耗——井及相关设施折耗	200 000	
油气资产减值准备	50 000	
贷：油气资产——井及相关设施		800 000
应交税费——应交营业税		35 000
营业外收入		50 000

因出售、报废和毁损等原因减少的井及相关设施，按减少的井及相关设施账面价值，借记“油气资产清理”账户，按已提折耗，借记“累计折耗——井及相关设施折耗”账户，按其已计提的减值准备，借记“油气资产减值准备”账户，按井及相关设施原价，贷记“油气资产——井及相关设施”账户。

（四）井及相关设施折耗

1. 产量法

产量法下，井及相关设施可以按照单个矿区单独计提折耗，也可按照若干具有相同或类似地质构造特征或储层条件的相邻矿区所组成的矿区组计算。井及相关设施的折耗按月计算，公式如下：

$$\text{矿区井及相关设施折耗额}=\text{期末矿区井及相关设施账面价值}\times\text{矿区井及相关设施折耗率} \quad \text{（公式 5.5）}$$

$$\text{矿区井及相关设施折耗率}=\frac{\text{矿区当期产量}}{\text{矿区期末探明已开发经济可采储量}+\text{矿区当期产量}} \quad \text{（公式 5.6）}$$

对于在一个矿区或一个油田中同时开采出石油和天然气产品的，摊销基础通常应依据估计的石油和天然气总当量单位来计算。

产量法要根据实际情况随时修订，至少每年复查一次，并及时修正。

2. 年限平均法

在年限平均法下，井及相关设施折耗的具体计算公式如下：

$$\text{井及相关设施单项资产月折耗率}=\frac{1-\text{残值率}}{\text{单项资产折耗年限}\times 12}\times 100\% \quad \text{（公式 5.7）}$$

$$\text{井及相关设施月折耗额}=\text{月初井及相关设施总额（原价）}\times\text{单项资产月折耗率} \quad \text{（公式 5.8）}$$

年限平均法简单，便于实务操作，但不符合成本与收益相配比的原则。这是由于在资产的使用年限内，每年的产量都不一样，使单位成本不能带来相应的收益。

企业应通过“累计折耗——井及相关设施折耗”账户核算井及相关设施折耗的计提。按月计提井及相关设施折耗时，借记“油气生产成本”等账户，贷记“累计折耗——井及相关设施折耗”账户。

企业经过评估后的井及相关设施计提折耗时，应按该项设施评估后的账面价值和剩余使用年限进行计提。

（五）井及相关设施的减值

“油气资产减值准备——井及相关设施减值准备”账户可用来核算企业提取的井及相关设施减值准备。本账户期末贷方余额，反映已提取的井及相关设施减值准备。

企业应当在期末或者至少于每季度，对井及相关设施进行检查，如果由于经营环境变化（如油价大幅下跌）等原因导致其可收回金额低于账面价值，应将其差额作为井及相关设施减值准备。

井及相关设施计提折耗的基数应扣除已提取的井及相关设施减值准备。

发生井及相关设施减值时，借记“资产减值损失”账户，贷记“油气资产减值准备——井及相关设施减值准备”账户。

第四节 油气生产的核算

油气生产是指将油气从油气藏提取到地表以及在矿区内收集、拉运、处理、现场储存和矿区管理等活动。在这个过程中发生的支出属于油气生产成本。

一、油气生产成本的确认与计量

油气生产成本包括相关矿区权益折耗、井及相关设施折耗、辅助设备及设施折旧以及操作费用等。操作费用包括油气生产和矿区管理过程中发生的直接费用和间接费用，具体包括：

（一）直接材料

直接材料指油气生产过程中直接耗用于油气水井、计量站、中转站等生产设施的各种材料。

（二）直接燃料

直接燃料指油气生产过程中直接耗用于油气水井、计量站、中转站等生产设施的各种燃料。

（三）直接动力

直接动力指油气生产过程中直接耗用于油气水井、计量站、中转站等生产设施的电费等。

（四）生产及管理人员薪酬

生产及管理人员薪酬指油气生产过程中直接从事油气水井、计量站、中转站等生产设施维护管理人员的工资、奖金、津贴、补贴以及社会保险等。

（五）驱油物注入费

驱油物注入费指为提高采收率对油气层进行注水、注气或注入化学物所发生的费用。

（六）井下作业费

井下作业费指为提高油、气、水井生产能力及维护油、气、水井正常作业而发生的井下技术措施费用及维护作业费用。

（七）测井试井费

测井试井费指油气生产过程中为掌握油气田地下油、气、水分布动态而发生的监测费用。

（八）维护及修理费

维护及修理费指为了维持油气生产的正常运行，保证地面设施设备原有的生产能力，对地面设施设备进行维护、修理所发生的费用。

（九）稠油热采费

稠油热采费指为开采稠油采取蒸气吞吐、汽驱或其他热采方式而发生的生产蒸气、注入蒸气、保温等费用。

（十）轻烃回收费

轻烃回收费指从原油、天然气中回收轻烃产品所发生的费用。

（十一）油气处理费

油气处理费指油气生产过程中对油、气、水等混合物分离发生的费用。

（十二）天然气净化费

天然气净化费指利用天然气净化装置对已产出的天然气加工成商品所发生的各项费用。

（十三）运输费

运输费指为油气生产提供运输服务发生的车辆养路费、河道养护费、单井拉油运输费等。

（十四）其他费用

其他费用指除上述费用以外直接用于油气生产的各种费用。

二、辅助设备及设施折旧方法

地震设备、建造设备、车辆、修理车间、仓库、供应站、通信设备、办公设施等辅助设备及设施，应当按照一般固定资产处理折旧业务。

三、油气生产核算设置的主要账户及会计分录

（一）应设置的会计账户

为核算油气生产过程中发生的各项费用，应设置"油气生产成本"账户。本账户应按照油气田区块设置明细账，按油气田区块进行明细核算。油气生产成本与一般制造业计算成本的程序和方法大致相同。月末应将本账户发生的全部生产成本转入库存商品，借记"库存商品"账户，贷记本账户。本账户月末应无余额。

油气生产成本包括为管理和维护井及相关设施和设备所发生的人工费用，修理和维护费用，消耗的燃料、材料、动力、折旧折耗等费用。凡能直接计入各成本核算对象的直接材料、直接人工等直接费用，借记本账户，贷记"原材料""应付职工薪酬"等账户。

在油气生产的采油厂、矿厂等为组织油气生产所发生的各项管理性费用，应先在"制造费用"账户汇集，然后按规定的分配方法，分配计入有关成本项目中，借记"油气生产成本"账户等，贷记"制造费用"账户。为原油天然气生产提供产品和劳务的辅助生产费用应先在辅助生产等相关成本账户核算，然后按一定的方法转入油气生产成本。

（二）会计分录举例

1. 发生油气生产成本

［例 5-12］ 某石油企业 2022 年 3 月份，为管理和维护井及相关设施和设备所发生的人工费用为 20 000 元，消耗的燃料、材料等费用为 3 000 元。相关的会计处理如下：

借：油气生产成本	23 000	
贷：原材料		3 000
应付职工薪酬		20 000

2. 计提井及相关设施折耗

［例 5-13］ 假设某石油企业对矿区井及相关设施按单个矿区用年限平均法按年计提折耗。2022 年年末某矿区井及相关设施的账面价值为 900 000 元，预计本矿区可开采年限为 6 年，预计残值率为 5%，计提折耗（假设本年开始计提）的相关会计处理如下：

借：油气生产成本	142 500	
贷：累计折耗——井及相关设施折耗		142 500

3. 分配油气生产各项间接费用

［例 5-14］ 某石油企业 2022 年 3 月份按产量分配油气生产单位包括采油厂(分厂)为组织油气生产所发生的各项管理性费用，共计发生费用 500 000 元，各采油厂合计产量为 100 吨，其中 A 分厂为 20 吨，则由其承担的成本的会计处理如下：

借：油气生产成本　　100 000

　贷：制造费用　　100 000

4. 期末结转油气产品生产成本

［例 5-15］ 接例 5-12、例 5-13、例 5-14，期末，将油气生产的全部生产成本 265 500 元(23 000+142 500+100 000)转入库存商品：

借：库存商品　　265 500

　贷：油气生产成本　　265 500

思维导图

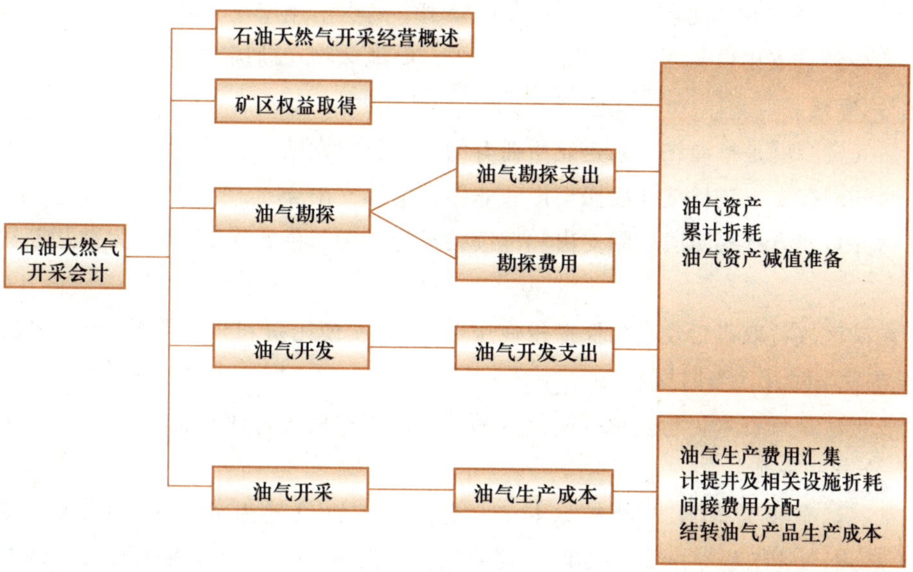

同步测试

一、单选题

1. 我国《企业会计准则》规定，油气勘探支出的确认采用(　　)。

A. 产量法　　B. 年限平均法　　C. 成果法　　D. 完全成本法

2. 计提的油气资产减值准备借记(　　)账户。

A. 管理费用　　B. 财务费用　　C. 营业外支出　　D. 资产减值损失

3. 矿区权益取得后发生的探矿权使用费、采矿权使用费和租金等维持矿区权益的支出，应当计入（　　）。

A. 管理费用　B. 财务费用　C. 营业外支出　D. 其他业务成本

4. 在油气资产的使用寿命内，按照预计负债的摊余成本和实际利率计算确定的利息费用，应当在发生时计入（　　）。

A. 管理费用　B. 财务费用　C. 勘探费用　D. 油气开发支出

二、多选题

1. 探明矿区权益的折耗方法可以采用（　　）。

A. 产量法　B. 年限平均法　C. 成果法　D. 完全成本法

2. 石油天然气生产活动包括（　　）几个阶段。

A. 矿区权益取得　B. 勘探　C. 开发　D. 开采

3. 油气资产包括（　　）。

A. 房屋　B. 机器　C. 矿区权益　D. 井及相关设施

4. 非钻井勘探支出主要包括进行（　　）等活动发生的支出。

A. 钻探区域探井支出　B. 勘探型详探井支出

C. 地质调查支出　D. 地球物理勘探支出

三、判断题

1. 油气资产就是指油气开采企业所拥有的井及相关设施。（　　）

2. 油气勘探支出包括钻井勘探支出和非钻井勘探支出。（　　）

3. 钻井至现有已探明层位的支出和继续钻至为探明层位的支出，都作为钻井勘探支出。（　　）

4. 在矿区权益取得后发生的探矿权使用费、采矿权使用费和租金等维持矿区权益的支出，应当在发生时计入当期损益。（　　）

5. 成果法是只资本化与发现探明储量相关的成本费用的一种方法。（　　）

四、会计分录题

1. 某石油企业为取得A地矿区权益，支付探矿权价款为600 000元，采矿权价款200 000元，土地使用权支出150 000元，其他相关支出10 000元。全部用银行存款支付。

2. 假设某石油企业对矿区权益按单个矿区用产量法按年计提折耗。探明矿区权益的账面价值为800 000元，本期该矿区产量为40吨，期末探明经济可采储量为120吨。

3. 某矿区权益账面价值为600 000元，假定期末经测试该矿区权益可收回金额为500 000元，计提矿区权益减值准备。

4. 某石化公司勘探部门决定到某地勘探石油，申请取得矿区权益，支付探矿权价款800 000元，采矿权价款200 000元，土地使用权支出140 000元，其他相关支出60 000元，矿区权益取得后发生探矿权使用费500 000元，采矿权使用费50 000元。

5. 某石油公司2022年3月22日将某处油气资产（井及相关设施）投资转让给另一家石

油企业（不是关联方），该油气资产（井及相关设施）的账面余额为900 000元，已计提累计折耗300 000元，公允价值为700 000元，已计提减值准备50 000元，应交印花税35 000元。

6. 2022年4月12日，中国石油天然气集团公司所属某子公司决定转让某探明矿区权益，收到价款12 000 000元。该矿区权益已计提折耗4 000 000元，已计提减值准备1 000 000元，账面原价为14 000 000元。

7. 某石油生产企业2022年1月份为管理和维护井及相关设施和设备发生人工费用500 000元，消耗燃料、材料等费用40 000元。

8. 某石油企业2022年1月份按产量分配油气生产单位包括产油厂（分厂）为组织油气生产所发生的各项管理性费用，共计6 000 000元，各采油厂合计产量为1 000吨，其中A分厂为150吨，请作由其承担成本的会计分录。

9. 某石油公司拥有的某处矿区权益期末账面价值为10 000 000元，经测试可收回金额为9 000 000元，则需计提井及相关设施减值准备。

要求：根据以上资料，编制相关会计分录。

6

第六章

对外贸易会计

知识目标

- 了解对外贸易活动与一般商业活动的异同
- 了解对外贸易企业与一般商业企业会计核算中共同的部分
- 理解我国使用装运港交货价格术语的重大意义
- 理解托收结算方式中光票托收、跟单托收的差异

技能目标

- 熟悉对外贸易企业的一般资产、负债、所有者权益的会计核算
- 能有计划地进行对外贸易企业的财务运作和企业的外汇管理
- 能根据政策在出口业务中使用 C.I.F，并据以进行相应会计核算
- 能根据政策在进口业务中使用 F.O.B，并据以进行相应会计核算
- 能进行对外贸易企业出口业务会计核算、进口业务会计核算

素养目标

- 通过了解中国对外贸易政策，培养学生的使命感和社会责任感
- 通过学习外汇业务的核算方法，培养学生维护国家安全的意识
- 培养学生在工作中要注重对本土技术的保护和中国利益的维护

引言

国际贸易是指不同国家(或地区)之间的商品、劳务交换活动,也称为世界贸易,或称为对外贸易。国际贸易由进口贸易和出口贸易两部分组成,故有时也称为进出口贸易。国际贸易是各国(各地区)发挥比较优势的经济活动,普遍存在于经济活动之中。

对外贸易中外币业务普遍发生。外币业务中可供企业选用的外币处理方法有分账制、统账制两种。

所谓分账制即原币记账法。分账制要求除了以人民币为记账单位外,同时还分别使用各种外币记账。即以各种实际收付的外币(原币)为计量单位,直接对每种货币的收支分别设置账户进行核算。平时将收到的各种货币,按照不同的原币分别填制凭证、记入账簿、编制报表。通常,经营外汇业务的银行使用这种方法。

所谓统账制即本位币记账法,是以记账本位货币为记账单位,各种外国货币的收支均按照一定的标准折合为本位币后再做入账处理的方法。这一方法要求逐笔注明原币金额和折合率,不再专门设置用原外币直接记账外币账。一般企业在外币业务上多使用统账制。

世界各国和地区之间的贸易活动是国际贸易企业的基本经济业务,也是许多拥有贸易业务的企业的重要业务之一。对外贸易业务活动中有许多特殊经济业务,需要进行针对性的会计核算。这些典型经营活动引起的针对性会计核算包括:进出口业务核算,与进出口业务相关的外汇业务的核算,进出口税金的核算等。下面从对外贸易、国际贸易价格术语、国际贸易中的结算开始介绍。

第一节 对外贸易经营概述

一、对外贸易的特点与种类

(一) 对外贸易的特点

对外贸易亦称进出口贸易,指一个国家或地区与另一些国家或地区之间的商品和劳务的交换。对外贸易和国内贸易都是商品和劳务的交换,交易过程和货物、货币流向大致相同,交易目的也都是为了获取利润,但对外贸易具有更多的特点。

1. 业务复杂

对外贸易在内容、程序等方面均比国内贸易复杂，如：货币与度量衡制度、商业习惯、海关制度，以及国际汇兑、货物运输与保险等。

2. 困难较大

由于各国语言、风俗习惯、宗教信仰、法律和贸易法规等不同，世界市场上贸易障碍多，交易技术困难多，交易接洽不方便，贸易对手资信调查和市场调查不易。

3. 风险较多

经营对外贸易可能发生的风险多，包括信用风险、商业风险、汇兑风险、运输风险、价格风险及政治风险等。

（二）对外贸易的种类

对外贸易的范围广泛，类别繁多，从不同角度可以分为以下几种类型：

1. 按商品流向分类

按商品流向可以将对外贸易分为：

（1）出口贸易，即把本国生产的商品和加工的商品输往国外市场销售。

（2）进口贸易，是指从国外市场购进用于本国生产或消费的商品。

（3）过境贸易，指从某一国家经本国向另一国家输送销售商品。

2. 按商品形态分类

按商品形态可分为：

（1）有形贸易，是指有形的、可以看得见的物质性商品的进出口贸易活动。有形贸易商品种类繁多，联合国把有形商品分为 10 个大类、63 章、233 组、786 个分组和 1 924 个基本项目。

（2）无形贸易，简称为服务贸易，指一切不具备物质自然属性的商品或无形商品的交易活动，例如运输、保险、金融、国际旅游、技术转让等方面各种服务的提供和接受，以及其他非实物形态的进出口。

3. 按贸易是否有第三者分类

按贸易是否有第三者分为：

（1）直接贸易，即直接出口或进口商品。

（2）间接贸易，即通过第三国进行出口或进口交易。

（3）转口贸易，即其他两国通过本国进行交易。

4. 按清偿工具分类

按清偿工具不同分为：

（1）自由结汇贸易，即在交易中以货币作为清偿工具，又称现汇贸易。

（2）易货贸易，又称换货贸易，即以经过计价的商品货物作为清偿手段的贸易活动。

5. 按经济发展水平分类

按经济发展水平分为：

（1）水平贸易，指经济发展水平接近的国家之间的贸易活动。

（2）垂直贸易，指经济发展水平不同的国家之间的贸易活动。

二、国际贸易价格术语

价格是贸易活动中一项主要的交易条件。国际贸易中使用的价格术语比国内贸易更加精准，并且形成了国际惯例，准确、熟练地使用国际贸易价格术语具有重要意义。这些国际贸易中的价格术语按交货地点分为以下三类。

（一）出口地内陆交货价格术语

内陆交货价格术语指在出口国内陆约定地点完成交货义务，可分为在商品所在地或原产地交货（现场交货）和在发货地的约定地点交货两种情况，主要有：工厂交货价（Ex Works，Ex Factory，Ex Mill）；仓库交货价（Ex Warehouse）；矿山交货价（Ex Mine）；农场交货价（Ex Plantation）；铁路交货价（Free on Rail，缩写为 F. O. R）；敞车交货价（Free on Truck，缩写为 F. O. T）；运费付至指定目的地交货价（Freight or Carriage Paid to Named Point of Destination）。

（二）目的地交货类价格术语

目的地交货指卖方在进口国港口或内陆交货。这类价格术语主要有：目的港船上交货价（Ex Ship）；目的港船边交货价（Free Over Side，缩写为 F. O. S）；目的港码头交货价（Ex Quay，Ex Wharf，Ex Pier，Ex Dock）；完税后（进口国目的地指定地点）交货价（Delivered Named Place of Destination in the Country of Importation，Duty Paid）。

（三）装运港交货类价格术语

装运港交货指卖方在出口国装运港完成交货义务。这类价格术语主要有：装运港船边交货价（Free Alongside Ship，缩写为 F. A. S）；装运港船上交货价（Free on Board，缩写为 F. O. B），又称离岸价格；成本加运费价（Cost and Freight，缩写为 C. F. R）；成本加保险费、运费价（Cost，Insurance，Freight，缩写为 C. I. F），又称到岸价格。

我国使用国际贸易价格术语有一定的选择性。这是由国家长远战略布局决定的，具有很强的政策性。

我国出口通常尽量争取以 C. I. F 价格成交，其价格构成包括：货物成本、国内运杂费、商检费、出口关税及报关手续费、国外运费及货运保险费、结汇和签发单证手续费及其他杂费、中间商佣金、毛利润等。C. I. F 价格条件下，卖方负责租船或订舱，在合同规定的装运港和规定的期限内将货物装上船并支付至目的港的运费，装船后通知买方；负担装船以前的一切费用和风险；负责办理保险及支付保险费；负责办理出口手续，提供出口国政府或有关方面签发的证件；负责提供有关货运单据，包括正式的保险单据。买方负担货物装上船后的一切费用和风险（除货物自装运港至目的港的运费及保险费外）；接受卖方提供的有关货运单据并按合同规定支付货款；办理在目的港的收货和进口手续。

我国进口多按 F. O. B 价格成交，除所支付的进口货品货款外，其实际价格还包括国外运费、货运保险费、进口关税及手续费、卸货及理货费、进口商品检验费、仓储及改装等加工费、国内运费、业务通信等杂费、中间商佣金、毛利润等。F. O. B 价格条件下卖方负责在合同规定的装运港和规定期限内，将货物装上买方指定的船只，并及时通知买方；负担货物装船前的一切费用和风险；负责办理出口手续，提供出口国政府或有关方面签发的证件；负责提供有关货运单据。买方负责租船或订舱，支付运费，并将船期、船名及时通知卖方；负担货物装船后的一切费用和风险；接受卖方提供的有关货运单据并按合同规定支付货款；负责办理保险及支付保险费，办理在目的港的收货和进口手续。

三、国际贸易的结算方式

在跨国跨地区的贸易活动中，结算方式的正确使用具有更加重要的地位。国际结算涉及的对象主要是支付手段、结算方式和以银行为中心的划拨清算，其目的在于以最科学、最有效的方式和手段来清算国际间以货币表现的债权债务关系。

国际结算根据资金的流向和结算工具传送方向，可分为顺汇和逆汇。顺汇是由债务人（或付款人）主动将款项交给银行，委托银行使用某种结算工具，将款项支付给债权人（或收款人）的一种方式，又称汇付；逆汇是由债权人（或收款人）以出具票据的方式，委托银行向债务人（或付款人）收取款项的结算方式，即银行托收业务和信用证业务。

（一）汇付结算方式

汇付结算方式由于所使用的结算工具不同可分为信汇、电汇和票汇三种。

1. 信汇（Mail Transfer，简称 M/T）

信汇是由汇款人向当地银行（汇出行）提出申请书，交付款项，由汇出行将信汇委托书用航空邮件方式寄给收款人所在地银行（汇入行），授权其解付一定金额给收款人的一种汇付方式。

2. 电汇（Telegraphic Transfer，简称 T/T）

电汇的手续与信汇基本相同，所不同的是汇出行不用航空邮件而拍发加密押的电报或运用电传通知汇入行，授权解付。

3. 票汇（Demand Draft，简称 D/D）

票汇是汇出行根据汇款人的申请，由汇出行开出以汇入行为付款人的银行汇票，交由汇款人自行寄给收款人，由收款人凭汇票自行到汇入行领取款项的一种方式。汇票可以背书转让，流通便利，一般汇款人多选用这种方式。

（二）托收结算方式

托收结算方式是由供货方先发货，再向进口方办理收款手续的办法。托收方式按汇票是否跟随其他货运单据可分为光票托收和跟单托收两种。

1. 光票托收

光票托收是指汇票不附带任何货运单据的托收。一般用于佣金、货款尾数、某些费用的收取和其他贸易从属费用或非贸易收款等，其金额都不太大。

2. 跟单托收

跟单托收指汇票连同所附货运单据一起交银行托收。根据交单条件不同可分为付款交单和承兑交单两种。

(1) 付款交单(Document Against Payment,简称 D/P),即不论出口方在发货后开出的是即期票据或是远期票据,进口方承办银行都要等待进口方付款后才能将提货单据交付进口方,即银行受托执行"银货两讫",保证收款安全。

(2) 承兑交单(Document Against Acceptance,简称 D/A),即出口方开出远期汇票,进口方承办银行只要取得进口方作"承兑"的书面表示后的汇票,即可将提货单据交付进口方。

(三) 信用证结算方式(Letter of Credit,简称 L/C)

信用证是银行根据进口商的申请而开给出口商,保证出口商按所规定的条款和条件提供各项单据时,银行以自己的信用保证履行付款责任的一种书面文件。信用证结算方式就是通过信用证,银行既向出口人保证,在其交单时付款;又向进口人保证,在其付款后可得到所要求的全部单据的一种结算方式。

第二节 外币业务的核算

外币是指记账本位币以外的货币。通常情况下,外币即本国货币以外的其他国家和地区的货币。外汇,是指以外国货币表示的国际支付手段,包括外国货币、外币有价证券、外币支付凭证、特殊债券等。外贸企业主要从事进出口业务,使用外币或外汇普遍,外币业务的核算在外贸企业会计核算中占有重要地位。

开展对外贸易的企业应注意选定记账本位币。我国会计规范规定,我国企业通常采用人民币为记账本位币。业务收支以人民币以外的货币为主的企业,可以选定一种人民币以外的货币为记账本位币。但是,编制的财务报表应当折算为人民币。

通常,当企业发生外币业务时应折合成人民币记账。我国企业会计准则规定,外币交易应当在初始确认时,采用业务发生日的即期汇率,将外币金额折算为记账本位币金额记账,也可采用按照系统合理的方法确定的与交易发生日即期汇率近似的汇率记账(如简化地使用当月 1 日的汇率)。

企业在资产负债表日应当计算汇兑损益。在资产负债表日,外币货币性项目采用资产负债表日即期汇率折算,其与初始确认时或前一资产负债表日即期汇率不同而产生的汇兑差额,计入当期损益。至于外币非货币性项目,不应改变其按交易发生日的即期汇率折算的记账本位币金额(如外币投资的实收资本)。

一、外汇账户的设立

外汇账户管理,是国家对企业外汇实施管理的一项重要手段。企业各类外汇收入除国家另有规定外,必须按银行挂牌汇率(银行买入价),全部结售给指定银行。企业所需外汇,可按银行挂牌汇率(银行卖出价)从银行购入。符合条件的单位可以向外汇局提出申请,到指定银行开立现汇账户。

开立外汇账户的企业要分别在以下账户下按外币种类设置明细账户对外币业务进行会计核算。这些账户包括:银行存款、应收账款、预付账款、应付账款、预收账款、短期借款、长期借款等。

二、汇兑损益的核算

汇率是一种货币折算为另一种货币的比率。实质上是一种外汇牌价。银行的汇率主要有三种:买入价、卖出价、中间价。买入价是指银行买进外汇而支付人民币的价格;卖出价是银行卖出外汇而收取人民币的价格;中间价是银行买入价与银行卖出价的平均价。在我国,中国人民银行每日根据前一天银行之间外汇交易市场形成的价格取其中间价进行公布被称为当日市场汇率。当日市场汇率也称即期汇率。

汇兑损益是记账本位币与外币兑换等换算中因汇率高低差异而产生的差额。如在企业持有外币货币性资产和外币货币性负债期间,由于外币汇率变动而引起的外币货币性资产或外币货币性负债的价值发生变动所产生的损益,外币货币性资产在持有期间外币汇率上升时,产生汇兑收益;在外币汇率下降时,产生汇兑损失。外币货币性负债,在持有期间外币汇率上升时,产生汇兑损失;在外币汇率下降时,产生汇兑收益。根据我国现行会计规范的规定,在会计期间终了时必须计算汇兑损益,并进行账务处理。

除了期末账项调整时对汇兑损益记账外,结汇、购汇中外币现钞存取导致的中间价与买入价、卖出价的差额也是汇兑损益,应及时进行账务处理。

企业发生的汇兑损益应当根据不同情况记入不同的账户。企业筹建期间发生的汇兑损益应计入长期待摊费用;生产经营期间发生的汇兑损益应计入当期财务费用;与购建固定资产相关的汇兑损益,在资产尚未交付使用之前发生的应当计入资产的购建成本。

三、期末汇兑损益的核算

期末汇兑损益是根据银行公布的当日市场汇率与各账面记账汇率,在月末账项调整时进行确定的。

[例 6-1] 某企业采用当日市场汇率对外币业务进行折算,并按月计算汇兑损益。该企业某年度 11 月 30 日有关外币账户期末余额如表 6-1 所示。

表 6-1 外币账户期末余额表

项目	外币余额(美元)	汇率	人民币金额
银行存款——美元户	200 000	6.36	1 272 000
应收账款——美元户	100 000	6.36	636 000
短期借款——美元户	0		

第一,该企业 12 月份发生下列主要经济业务时的日常账务处理如下:

(1) 12 月 5 日对外赊销商品 1 000 件,200 美元/件,使用当日市场汇率为 1 美元 = 6.3 元人民币记账:

借:应收账款——美元户 (US $200 000×6.30) 1 260 000
　　贷:主营业务收入 1 260 000

(2) 12 月 15 日取得短期贷款 100 000 美元,使用当日市场汇率为 1 美元 = 6.35 元人民币记账:

借:银行存款——美元户 (US $100 000×6.35) 635 000
　　贷:短期贷款——美元户 (US $100 000×6.35) 635 000

第二,期末计算汇兑损益:将期末外币余额按期末汇率 6.35 折算成人民币,其与原账面余额的差额即为期末汇兑损益。

(1) "银行存款"账户汇兑损益 = 300 000×6.35-(1 272 000+635 000)
= 1 905 000-1 907 000
= -2 000(元)

(2) "应收账款"账户汇兑损益 = 300 000×6.35-(636 000+1 260 000)
= 1 905 000-1 896 000
= 9 000(元)

第三,根据上述计算对期末汇兑损益进行账务处理:

借:财务费用——汇兑损益 2 000
　　贷:银行存款——美元户 2 000

借:应收账款——美元户 9 000
　　贷:财务费用——汇兑损益 9 000

四、日常外币业务处理及汇兑损益的核算

日常外币业务处理中,有的外币业务要发生汇兑损益,有的外币业务不会发生汇兑损益。

(一) 结汇的核算

结汇即企业将外汇收入按当日"银行买入价"卖给银行。结汇业务不仅在外币账户中使用到市场汇率,而且还涉及银行买入外汇而需要使用到银行买入价。使用到两个汇率一般都会产生汇兑损益,应进行汇兑损益的核算。

企业卖出外汇时,一方面将实际收入的记账本位币(即按照银行外汇买入价计算的记账本位币数额)登记入银行存款人民币账户,另一方面在银行存款美元户账户上登记卖出的外币,同时按照当日市场汇率将卖出的外汇折算成记账本位币登记。实际收入的记账本位币与付出的外币按照当日市场汇率折算的记账本位币的数额之差,则是本次外币卖出的汇兑损益。

[例 6-2] 某企业将 5 万美元卖给银行，当日银行美元买入价为 1 美元 = 6.20 元人民币，该日市场汇率为 1 美元 = 6.30 元人民币。

借：银行存款　　310 000
　　财务费用——汇兑损益　　5 000
　　贷：银行存款——美元　　(USD50 000×6.3) 315 000

外贸企业收取的外汇按规定需立即结汇的，银行收到有关单据后，按当日银行买入价结汇，将人民币划入企业账户。收到银行结汇水单时：借记"银行存款"账户，贷记"应收账款——美元户"账户。按银行买入价借记银行存款，按市场汇率计价贷记应收账款，二者金额之差为本次卖出外汇的汇兑损益。如果是汇兑损失，借记"财务费用——汇兑损益"账户；如果是汇兑收益，贷记"财务费用——汇兑损益"账户。

（二）购汇的核算

购汇指企业需要外汇时持有效证件（如进口许可证、进口证明或进口合同和境外金融机构支付通知书等）到银行兑换外汇。

购汇业务不仅在外币账户中使用到市场汇率，而且涉及银行卖出外汇而需要使用到银行卖出价。使用到两个汇率一般都会产生汇兑损益，应进行汇兑损益的核算。

企业购入外汇时，一方面将按照实际支付的记账本位币（即按照银行卖出价计算的记账本位币数额）登记银行存款人民币账户，另一方面在银行存款美元户账户登记买入的外汇金额，同时按照当日市场汇率将买入的外汇折算为记账本位币登记。实际付出记账本位币的数额与收入的外币按照当日市场汇率折算为记账本位币的数额之间的差额，则是本次购汇的汇兑损益。

[例 6-3] 某公司因外汇支付需要，从银行购入 20 000 美元，当日银行卖出价为 1 美元 = 6.40 元人民币，当日市场汇率为 1 美元 = 6.30 元人民币。作会计分录如下：

借：银行存款——美元户　　(USD20 000×6.3) 126 000
　　财务费用——汇兑损益　　2 000
　　贷：银行存款　　128 000

（三）付汇的核算

企业从国外或境外购进原材料、商品或引进设备时，应当按照当日市场汇率将支付的外汇或应支付的外汇折算为人民币记账，以确定购入原材料等货物的入账价值和发生的债务的入账价值，同时还应按照外币的金额登记有关外币账户。企业用自己存款账户上的外汇付汇没有涉及两个汇率，不存在汇兑损益的核算。

［例 6-4］ 某企业外币业务采用发生时的市场汇率核算，该企业从境外购入不需安装设备一台，价款 250 000 美元，当日市场汇率为 1 美元 = 6.35 元人民币，已支付货款，设备交付使用。作会计分录如下：

借：固定资产——机器设备　　　　1 587 500

　贷：银行存款——美元户　　　　（USD250 000×6.35）1 587 500

（四）外汇借款的核算

1. 外汇借款的种类

外汇借款主要有以下几种：

（1）一般外汇借款。凡符合银行外汇贷款条件的单位，都可以向银行申请一般外汇贷款。

（2）优惠利率贷款。它主要用于支持能源、交通等重点建设以及企业技术改造、对外承包、来料加工等项目。

（3）买方信贷、卖方信贷。进口买方信贷，是由国外出口方银行直接向我国进口商提供的贷款，是为支持我国企业从对方国家引进先进技术和设备而提供；出口买方信贷，是由我国出口方银行直接向国外进口商提供的贷款，是为支持我国船舶、机电产品出口而提供。相应地，卖方信贷指出口方银行向本国出口商提供的贷款。

（4）特种外汇借款，又分为甲类贷款和乙类贷款。甲类贷款是借外汇，使用人民币，还外汇，主要用于有外汇归还能力的单位。乙类贷款是借外汇，使用外汇，还人民币，主要用于没有外汇归还能力的单位。

2. 外汇贷款的账务处理

［例 6-5］ 某公司外币业务采用发生时的市场汇率核算。6 月 1 日从银行借入 10 000 美元，期限 6 个月，月利率 0.5%，到期还本付息，6 月 1 日美元市场汇率为 1 美元 = 6.35 元人民币。

① 6 月 1 日借入时：

借：银行存款——美元户　　　　（USD10 000×6.35）63 500

　贷：短期借款——美元户　　　　（USD10 000×6.35）63 500

② 12 月 1 日偿还借款及利息时（12 月 1 日的美元市场汇率为 1 美元 = 6.30 元人民币）：

借：短期借款——美元户　　　　（USD10 000×6.30）63 000

　财务费用——利息支出　　　　（USD300×6.30）1 890

　贷：银行存款——美元户　　　　（USD10 300×6.30）64 890

[例 6-6] 某公司 20×7 年 7 月 1 日借入 200 000 美元，用于引进设备，期限 2 年，年利率 9%，到期一次还本付息。7 月 1 日美元市场汇率为 1 美元 = 6.46 元人民币；设备于 20×7 年 12 月 31 日安装完毕交付使用，12 月 31 日的市场汇率为 1 美元 = 6.40 元人民币；20×8 年 12 月 31 日美元市场汇率为 1 美元 = 6.42 元人民币；20×9 年 7 月 1 日还本付息，当日美元市场汇率为 1 美元 = 6.45 元人民币。

① 20×7 年 7 月 1 日借入时作会计分录：

借：银行存款——美元户　　(USD200 000×6.46) 1 292 000

　贷：长期借款——美元户　　(USD200 000×6.46) 1 292 000

② 20×7 年 12 月 31 日计算半年利息（200 000×4.5% = 9 000 美元），因是设备交付使用之前的利息，故应计入设备成本，作会计分录如下：

借：在建工程——某设备　　57 600

　贷：长期借款——美元户　　(USD9 000×6.40) 57 600

③ 20×8 年年末，按权责发生制原则，计提利息（200 000×9% = 18 000 美元），作会计分录：

借：财务费用——利息支出　　115 560

　贷：长期借款——美元户　　(USD18 000×6.42) 115 560

④ 20×9 年 7 月 1 日偿还本金及利息。有外汇借款时，按银行规定可建立偿债基金户专户，存储外汇或用人民币买入外汇存入该专户，专门用于偿还长期外汇借款。20×9 年 7 月 1 日偿还本金及利息共计 236 000 美元（227 000+9 000），偿还借款本息时作会计分录：

借：长期借款——美元户　　(USD227 000×6.45) 1 464 150

　财务费用——利息支出　　(USD9 000×6.45) 58 050

　贷：银行存款——偿债基金户　　(USD236 000×6.45) 1 522 200

第三节 进口业务的核算

进口业务是对外贸易的另一种主要业务，包括自营进口业务和代理进口业务。

一、自营进口业务的核算

自营进口业务包括进口商品的国外采购业务和进口商品的销售业务。

（一）进口商品国外采购业务

采购业务包括开具信用证或办理其他结算手续支付货款、计算商品采购成本、商品入库等环节。

进口商品的广义的采购成本由以下内容组成：

1. 国外进价

按现行规定,进口商品的国外进价,一律以到岸价格(C. I. F)为基础。其国外进价包括:购买价、国外运费、保险费。企业如以离岸价格(F. O. B)成交的商品,在商品离开对方口岸后,应由我方负担的国外运费和保险费等费用,也计入商品进价。国外客户付给我方的进口佣金,凡能够认定到进口商品的,应冲减国外进价;凡不能按商品认定的,冲减经营费用。

2. 进口税金

进口商品在进口环节应缴纳的税金主要有进口关税、消费税、增值税。其中,关税和消费税构成进口商品的成本,增值税以进项税额单独核算。

3. 国内运杂费

国内运杂费包括国内的装卸费、搬运费、各种运输费用等,计入期间费用。

进口商品的采购成本通过"商品采购"账户或"在途物资"账户进行核算。

(二)自营进口商品的销售业务

自营进口的商品需要销售出去,这是与自营进口有关的业务。自营进口商品的销售是指外贸企业进口的商品物资,按国内同类商品的协作价,销售给要货单位。通过"主营业务收入——自营进口销售收入"和"主营业务成本——自营进口销售成本"两个账户进行核算。

自营进口商品销售收入的入账时间一般以开出进口销售结算清单,办理货款结算的时间为准。进口销售结算有货到结算、单到结算和出库结算三种方式。

1. 货到结算

如企业与国内客户签订合同规定货到结算的,在货船到达我国港口取得外运公司船舶到港通知单,并向订货单位开出结算凭证时,作为销售收入的实现。

2. 单到结算

如合同规定对国内单位实行单到结算的,则不论商品是否到港,只要收到国外单据对外付款,确认符合合同规定,便可凭国内订单向订货单位开出进口结算凭证,作为销售收入实现的依据。

3. 出库结算

出库结算指外贸企业进口商品到货后先入库,有用户购买时,凭出库单向用户开出结算凭证及增值税专用发票后,作为销售收入的实现。

进口商品成本的结转,最好与销售收入配对结转,这样可以防止漏转、错转、重转等,这在货到结算和出库结算方式下是可以做到的,但在单到结算方式中,由于进口商品成本还来不及全部汇集完毕,从而不能在记录销售收入的同时结转销售成本。

在货到结算和单到结算时,可从商品采购账户直接转入销售成本的核算账户。

(三)企业无现汇账户时自营进口业务核算

下面用实际例子对企业无现汇账户时自营进口商品会计处理进行说明。

［例 6-7］ 某公司进口商品一批，到岸价（C.I.F）成交，企业无现汇账户，向银行购汇后支付外币货款、支付外币等外币业务按当日市场汇率折合，记账本位币为人民币。

① 10 月 3 日，向某美商进口 A 商品的账单已到，C.I.F 价 US $400 000，当日市场汇率 1∶6.4。

借：在途物资——A 2 560 000

  贷：应付账款——美元户（某美商） （USD400 000×6.4）2 560 000

② 10 月 7 日，商品验收入库。

借：库存商品——A 2 560 000

  贷：在途物资——A 2 560 000

③ 10 月 10 日，向银行购汇支付货款。当日美元市场汇率 1∶6.2，向银行购汇使用的银行汇率为 1∶6.3。

借：应付账款——美元户（某美商） （USD400 000×6.2）2 480 000

  财务费用 40 000

  贷：银行存款——人民币户 2 520 000

④ 10 月 31 日，期末账项调整。当日市场汇率 1∶6.1。

本例只有一个外币账户。其月末余额为：

美元＝400 000－400 000＝0

人民币＝2 560 000－2 480 000＝80 000（元）

应将这 80 000 元人民币余额作为月末汇兑损益记入“财务费用”账户。

借：应付账款——美元户（某美商） （USD0）80 000

  贷：财务费用——汇兑损益 80 000

（本例进口税金略。）

（四）企业有现汇账户时自营进口业务核算

企业有现汇账户时自营进口商品及销售全过程会计处理举例如下：

［例 6-8］ 进口某商品，国外进价按离岸价（F.O.B）谈妥签订合同共计 50 000 美元。

① 存入信用证存款 50 000 美元，开出信用证，当日美元市场汇率为 1 美元＝6.3 元人民币：

借：其他货币资金——信用证 （USD50 000×6.3）315 000

  贷：银行存款——美元户 （USD50 000×6.3）315 000

② 支付国外运费及保险费 1 000 美元，当日美元市场汇率（买出价）为 1 美元＝6.4 元人民币：

借：在途物资——进口商品（某商品） 6 400

贷：银行存款——美元户 （USD1 000×6.4）6 400

③ 支付进口关税 211 700 元，增值税 40 950 元：

借：在途物资——进口商品（某商品） 211 700

贷：应交税费——进口关税 211 700

借：应交税费——进口关税 211 700

贷：银行存款 211 700

借：应交税费——应交增值税（进项税额） 40 950

贷：银行存款 40 950

④ 收到银行转来的境外供货单位全套单证，审单无异议付款，当日美元市场汇率为 1 美元=6.4 元人民币：

借：在途物资——进口商品（某商品） 320 000

贷：其他货币资金——信用证 （USD50 000×6.4）320 000

⑤ 境外供货单位付来佣金 1 000 美元，当日美元市场汇率（买入价）为 1 美元=6.35 元人民币：

借：银行存款 （USD1 000×6.35）6 350

借：在途物资——进口商品（某商品） 6 350

⑥ 验收入库：

借：库存商品——进口商品（某商品） 531 750

贷：在途物资——进口商品（某商品） 531 750

⑦ 将进口商品销售给国内某公司，含税价 700 000 元，增值税税率 13%：

借：应收账款——某公司（或银行存款） 700 000

贷：主营业务收入——自营进口销售收入 619 469.03

应交税费——应交增值税（销项税额） 80 530.97

⑧ 结转销售成本：

借：主营业务成本——自营进口销售成本 531 750

贷：库存商品——进口商品 531 750

（或物资采购）

二、代理进口业务的核算

代理进口是外贸企业接受没有进出口经营权的企业委托，订立代理合同，用委托单位的资金进口商品，原价转给委托单位，只收取代理手续费的业务。代理进口业务中与委托单位没有购销关系，也不负担盈亏。外方付来的佣金、索赔款也全部退给委托单位。代理进口业务手续费收入记入“其他业务收入”账户。

[例 6-9]　某外贸企业为某公司代理进口 A 商品。

① 收到委托单位预付的代理款 20 000 美元，当日市场汇率为 1 美元=6.4 元人民币：

借：银行存款——美元户　(USD20 000×6.4)128 000

　贷：预收账款——美元户——某公司　(USD20 000×6.4)128 000

② 按进口单证等支付代理进口 A 商品价款 20 000 美元：

借：预收账款——美元户——某公司　(USD20 000×6.4)128 000

　贷：银行存款——美元户　(USD20 000×6.4)128 000

③ 支付代理进口 A 商品运、保费 8 500 元：

借：应收账款——××　8 500

　贷：银行存款　8 500

④ 支付代理进口 A 商品的关税 25 200 元、增值税 32 844 元：

借：应收账款——××　58 044

　贷：应交税费——进口关税　25 200

　　　　　　——应交增值税　32 844

借：应交税费——进口关税　25 200

　　　　　——应交增值税　32 844

　贷：银行存款　58 044

⑤ 向该公司结算代理手续费 5 040 元：

借：应收账款——××　5 040

　贷：其他业务收入　5 040

⑥ 收到某公司补付的结算款共计 71 584 元。

借：银行存款　71 584

　贷：应收账款——某公司　71 584

第四节　出口业务的核算

出口业务是我国对外贸易的一种主要业务，包括自营出口业务和代理出口业务。

一、自营出口业务的核算

出口企业以贸易方式对境外出口国内产品的出口销售，从国外进口商品直接转销国外的转口销售，从国外进口原材料加工复制后再出口的以进养出销售，出口展览样品销售，以及利用国外贷款采用国际招标方式、由国内进出口企业中标销售等以外币计价的商品销售，属于自营出口销售。

（一）自营出口业务的主要环节

1. 编制计划

在年前根据在手的合同和信用证情况，结合市场开拓和财务目标以及国家指导性出口计划的要求，制定具体的企业年度出口计划。

2. 组织货源

根据出口计划，在进、销、存平衡的基础上，按照出口要求的商品品种、质量、数量、包装及交货期，安排工厂生产，落实货源。

3. 对外成交

在调查研究的基础上，制定出口经营方案，根据国家的方针、政策和生产货源等情况，自行组织出口。力争以获取最大收益的方式，对外签订销售合同。

4. 备货、催证

对外成交合同签订后，企业应根据合同各项条款要求，做好出口商品的备货工作，并及时向外方催寄信用证。对国外开来的信用证要注意审查，如发现不妥，应立即电请对方修改。待审证无误后，方可根据合同执行。

5. 办理托运

在信用证和出口合同内容核对相符及货证齐全的情况下，及时编制或打印全套出口单据，并向运输部门办理托运手续，同时向保险公司办理投保（如合同规定由我方负责投保），向商品检验局和海关办理申请报验等一系列手续，等待装运出口。

6. 交单结汇

在办妥托运手续并取得正本提单（或运单）后，应立即将全套出口收汇单据交银行审单收汇，并按合同规定办妥装运通知及寄单手续。

7. 索赔、理赔

国外客户在收到我方出口商品后，如发现有不符合合同规定提出索赔时，我方应按合同规定有关条款，根据国外提供的合法证明，认真妥善地进行处理。凡不属我方责任范围或不符合合同规定的索赔，应据理拒绝理赔。如涉及国内供货单位的责任的，应及时与供货单位联系解决。如果由于国外客户未能按照合同规定履约而造成我方经济损失的，我方应按规定积极向对方提出赔偿要求，以挽回损失。

（二）自营出口销售收入的核算

1. 销售收入入账的确认

销售收入的确认就是将一个项目作为会计报表收入要素的性质加以认定，以确定是否将其在账簿中加以记录，并列入报表的过程。销售收入确认既决定某一会计期间的盈亏，也决定何时应交纳销售税金。销售收入的确认应符合以下全部条件：① 以出口贸易合同为基础；② 以出品商品控制权转移为确认收入的时点；③ 按预计因交付该出口商品和服务而有权获得的金额确认收入金额。

具体到出口销售，采用的成交方式不同，商品控制权转移的时间不同，确认收入的时间就不一致。按离岸价格(F. O. B)成交时,商品被运到船上或其他运载工具上,表示商品控制权已经转移,即确认收入;按到岸价格(C. I. F)或成本加运费价格(C. F. R)成交时,均应在商品被运到买方指定地点时确认收入。

2. 销售收入入账金额的确定

按会计惯例,以离岸价成交时,确认收入的金额为合同注明的工厂交货价格;按成本加运费价成交和到岸价成交的,确认收入的金额分别为成本加运费价格,或再加上保险费。在我国外贸会计实务中,出口商品的销售收入以离岸价为入账基础,如以到岸价成交的,在商品离境后发生的应由我方负担的以外汇支付的国外运费、保险费、佣金(包括明佣和暗佣)等,以红字冲减销售收入。

国外运费:支付国外运费一般先由储运部门审核无误后签字转财会部门,由财会部门核对外运编号,按照价格条件对运费的币别、费率、计费基础、费用金额等进行审查,审核无误后,填制购汇申请书,通知银行付汇并做账务处理。

国外保险费:按包括保险费在内的价格成交的,根据合同规定应投保险别向保险公司投保,财会部门根据银行付款凭证及费用原始凭证做账。

佣金:指根据销售合同或价格条件支付给中间商的推销报酬,又分为明佣和暗佣。明佣又称发票内佣金,是在发票上列明佣金率,并从货款中扣除的佣金。暗佣又称发票外佣金,是在出口合同或佣金协议上列明佣金率,出口发票上只列销售货款总额。佣金应和出口销售收入同时进行账务处理。

(三)自营出口销售成本的核算

出口商品的销售成本,在外贸收购制下由商品进价成本构成;在工业企业自营出口时,应为本厂销售产品的生产成本。出口商品的进价成本,即为从国内购进商品的原始进价。

[例 6-10]　A 商业企业进行出口商品交易。

① 4 月 5 日,A 商业企业出口一批商品到美国,使用 FOB 价上海交货 US $500 000,当日市场汇率 1∶6.5。

借:应收账款——美元户(×美商)　　(USD500 000×6.5)3 250 000

　　贷:主营业务收入——出口商品销售收入　　3 250 000

② 4 月 17 日,银行通知出口货款已到,结汇。当日市场汇率 1∶6.4,银行买入价为 1∶6.3。

借:银行存款——人民币户　　3 150 000

　　财务费用——汇兑损益　　50 000

　　贷:应收账款——美元户(×美商)　　(USD500 000×6.4)3 200 000

③ 收到海关开出的出口关税税款缴纳凭证 140 000 元人民币,以银行转账支票付讫。

借:税金及附加　　140 000

　　贷:应交税费——应交出口关税　　140 000

借:应交税费——应交出口关税　　140 000

　　贷:银行存款　　140 000

④ 假设此前3月30日的市场汇率1∶6.2,2019年4月30日的市场汇率1∶6.4,外币账户"应收账款——美元户(×美商)"的余额为4 000美元。应收账款按月末市场汇率调整汇差。

借:应收账款——美元户(×美商)　　800

　　贷:财务费用——汇兑损益　　800

银行存款美元户等账户的期末账项调整从略。

[例6-11]　出口彩色电视机100台,每台售价2 000美元。

① 收到业务部门送来的向银行交单的出口发票副本,发票金额为200 000美元(C. I. F价格条件),佣金5%,当日市场汇率为1美元=6.4元人民币,扣除佣金后应收账款为190 000美元。

借:应收账款——美元户(×美商)　　(USD190 000×6.4)1 216 000

　　贷:主营业务收入——出口商品销售收入——电视机　　1 280 000

　　　　——出口商品销售收入——电视机(佣金)　　64 000

借:主营业务收入——出口商品销售收入——电视机　　147 256.64

　　贷:应交税费——应交增值税(销项税额)　　147 256.64

② 业务部门送来该批商品的出库单,金额为人民币900 000元:

借:主营业务成本——出口商品销售成本——电视机　　900 000

　　贷:库存商品——出口商品(电视机)　　900 000

③ 收到银行转来外运公司国内费用结算单,支付人民币运杂费8 000元:

借:销售费用——运杂费　　8 000

　　贷:银行存款　　8 000

(运费可倒扣9%作进项税,本例略。)

④ 收到外运公司托收海运运费单据,支付运费10 000美元,当日市场汇率为1美元=6.35元人民币;银行卖出价为6.37元。

借:财务费用——汇兑损益　　200

　　贷:银行存款　　63 700

　　　　主营业务收入——出口商品销售收入——自营(电视机)　　63 500

⑤ 收到保险公司结算单据,支付保险费4 000美元,当日市场汇率为1美元=6.35元人民币;银行卖出价为6.37元。

借:财务费用——汇兑损益　　80

贷：银行存款 25 480

主营业务收入——出口商品销售收入——电视机 25 400

⑥ 收到银行通知，上述应收账款收妥结汇（扣除佣金），银行扣除手续费 1 000 美元，当日市场汇率为 1 美元＝6.37 元人民币，当天银行买入价 1 美元＝6.36 元人民币。根据银行结汇水单作会计分录：

借：银行存款 1 202 040

财务费用——手续费 6 370

财务费用——汇兑损益 1 890

贷：应收账款——美元户（×美商） （USD190 000×6.37）1 210 300

⑦ 设按该批商品的出口退税率计算可获得退税 147 256.64 元，申报退税和收到国家依此的退税款项时：

借：其他应收款——应收出口退税 147 256.64

贷：应交税费——应交增值税（出口退税） 147 256.64

借：银行存款 147 256.64

贷：其他应收款——应收出口退税 147 256.64

出口退税没有将原物资采购时相应的应交税费、应交增值税、进项税额部分退完的通过“应交税费——应交增值税（进项税额转出）”直接转入“主营业务成本”。

二、代理出口业务的核算

代理出口业务是指外贸企业代理国内委托方办理对外洽谈、签约、发运、交单及结汇的全过程，或办理对外销售商品及交单、结汇的出口业务。如只办理对外洽谈、签约，而不负责交单、结汇等，则不属代理出口业务。

（一）代理出口业务的主要内容

（1）为划清双方责任，明确权利义务，进出口企业办理代理出口业务前，应与委托方事先签订代理出口协议，明确规定代理出口的商品、有关费用的负担、代理手续费率、外汇划拨、索赔处理、账务核对、代办退税，以及双方其他有关责任。

（2）受托企业办理代理出口业务，不垫付商品资金，不负担基本费用，在业务经营过程中发生的一切费用、佣金、理赔责任等均由委托单位承担。费用的结算既可垫付后向委托方托收，也可由委托方预付后再行清算。

（3）受托出口的企业，按出口发票的金额及规定的手续费率，向委托方收取一定的手续费，作为经办代理出口业务的管理费用开支和收益。

（4）代理出口商品的出口退税归委托方，一般由受托企业负责去所在地税务局开立代理出口退税证明，由委托方持证明和出口报关单、外汇核销单及代理出口协议副本向当地税务部门办理退税。

(5) 根据国家外汇管理局发布的《经常项目外汇结汇管理办法》规定，除外商投资企业委托代理出口的情况下应凭委托代理协议办理原币划转外，境内机构的出口收汇不得原币划转，应当在收款行结汇后将人民币划转委托出口单位。

(二) 代理出口业务的会计处理

进行代理出口业务核算一般设置“其他业务收入”科目，贷方登记代理进出口业务收取的手续费收入，借方登记在代理手续费上应缴纳的各种税金。

[例 6-12] 某进出口企业为某企业代理出口商品一批，C. I. F 价 150 000 美元，销往美国某客户。出口佣金 2%，代理手续费 3%，代委托单位垫付国内费用人民币 20 000 元，国外运、保费 20 000 美元。市场汇率为 1 美元 = 6. 3 元人民币，银行买入价为 1 美元 = 6. 29 元人民币。

① 交单结汇：

借：应收账款——美元户(×美商)　　(USD150 000×6. 3)945 000

　贷：应付账款——出口佣金　　(USD3 000×6. 3)18 900

　　　　　　——委托单位　　926 100

② 代垫国内运费：

借：应付账款——委托单位　　20 000

　贷：银行存款　　20 000

③ 代垫国外运、保费 20 000 美元：

借：应付账款——委托单位　　(USD20 000×6. 3)126 000

　贷：银行存款——美元户　　(USD20 000×6. 3)126 000

④ 银行收妥结汇，收到银行结汇水单，银行扣除手续费 800 美元。

借：银行存款　　938 468

　财务费用——手续费　　5 032

　　　　——汇兑损益　　1 500

　贷：应收账款——美元户(×美商)　　(USD150 000×6. 3)945 000

⑤ 支付出口佣金 3 000 美元：

借：应付账款——出口佣金　　(USD3 000×6. 3)18 900

　贷：银行存款——美元户　　(USD3 000×6. 3)18 900

⑥ 与委托单位结算：

借：应付账款——委托单位　　780 100

　贷：银行存款　　751 750

　　　其他业务收入　　(USD4 500×6. 3)28 350

第五节　其他货物进出口业务的核算

在介绍了自营出口、代理出口、自营进口、代理进口业务核算之后，现在介绍补偿贸易、对外加工装配、易货贸易业务的核算。

一、补偿贸易业务的核算

补偿贸易是指先引进设备或技术，然后用产品或劳务分期偿还设备或技术款。

（一）补偿贸易的方式

1. 直接产品补偿

它又称为回购或返销，即由信贷出口方承诺，分期回购一定数量或金额的先期出口设备或技术生产出来的产品，由设备或技术进口方用所得外汇分期摊还进口价款和利息。这是补偿贸易的基本形式。

2. 间接产品补偿

它又称为互购或反向购买，即进口方不是用所引进的设备或技术生产出来的产品，而是用双方商定的其他产品偿付进口货款和利息。

3. 劳务补偿

劳务补偿即进口方不是用产品而是接受对方委托加工业务，用所得劳务费分期摊还进口设备价款。这种做法多为与来料加工和来件装配结合进行的中小型补偿贸易。

（二）补偿贸易的会计处理

补偿贸易是融资方式的一种，补偿贸易引进设备应付款在“长期应付款”账户下设“应付引进设备款”明细账户进行核算。

［例 6-13］　采用补偿贸易方式引进设备。

① 引进设备价款 100 000 美元，附属工具、零配件 5 000 美元，国外运杂费 2 100 美元，当日美元市场汇率为 1 美元=6.4 元人民币，运杂费按价款在设备和工具、零配件之间进行分摊：

借：在建工程——某引进设备	652 800	
材料物资	32 640	
贷：长期应付款——应付引进设备款		（US $107 100×6.4）685 440

② 支付国内运杂费 4 200 元：

借：在建工程——某引进设备	4 000	
材料物资	200	
贷：银行存款		4 200

③ 支付安装费 6 000 元:

借:在建工程——某引进设备 6 000

　　贷:银行存款 6 000

④ 设备交付使用:

借:固定资产 662 800

　　贷:在建工程——某引进设备 662 800

⑤ 按合同规定,第一批返销产品价款 10 000 美元,用于归还设备及工具、零配件款,当日美元汇率为 1 美元=6.35 元人民币。

借:应收账款——美元户 (USD10 000×6.35)63 500

　　贷:其他业务收入——其他销售收入——加工补偿 63 500

借:长期应付款——应付引进设备款 (USD10 000×6.35)63 500

　　贷:应收账款——美元户 (USD10 000×6.35)63 500

以后每次用返销产品价款偿还设备及工具、零配件款都做相同会计处理,直到偿还完为止。

二、对外加工装配业务的核算

对外加工装配指国内企业使用国外厂商提供的原材料或零部件,按对方提出的质量、技术标准加工成成品交付对方,收取加工费的贸易方式。具体形式有以下几种。

(1) 来料加工。来料加工即由国内企业接受国外厂商提供的全部或部分原料、辅料、包装物料等,按照合同规定的质量、规格和式样等加工成成品交付对方,并收取加工费(工缴费)。

(2) 来件装配。来件装配即由国内企业接受国外厂商提供的零部件,装配成成品后向外商交货,并收取加工装配费(工缴费)。

(3) 来样加工。来样加工即由加工方根据国外客户提出的成品式样、规格、图案等要求,用国内原材料加工成成品后向对方交货,并收取加工费和有关费用。

加工装配贸易与一般的货物买卖不同,以这种方式进口的原材料、零部件和加工后出口的成品均为委托方所有,没有货物所有权的转移,加工方既不对来料来件支付货款,也不对成品经营承担风险。

对外加工装配业务有自营和代理两种。

(一) 自营加工装配业务的核算

自营加工装配业务是指外贸企业独自对外签订合同,承担加工装配业务,然后组织工厂生产,收取工缴费收入。自营业务根据具体生产方式不同分为委托加工、作价加工和自营加工三种。

1. 委托加工的会计处理

采用委托加工方式时，外商提供的材料等均不计价，外贸企业将外商来料转拨给工厂进行加工，并支付加工费。委托加工方式的会计处理要用到外商来料、拨出来料和代管物资三个表外科目。

［例 6-14］ 某外贸公司与外商签订来料加工合同，外商来料不计价。该公司以委托加工方式组织工厂加工生产。

① 收到外商来料，根据加盖“来料加工”章的“进仓单”作账务处理：

借：外商来料（只登记数量）

② 拨料给工厂加工，根据加盖“来料加工”章的“出库单”作：

借：拨出来料（只登记数量）

　　贷：外商来料（只登记数量）

③ 收回成品，支付加工费 2 000 元：

借：其他业务（成本）——其他销售成本——加工补偿　　2 000

　　贷：银行存款　　2 000

同时作：

借：代管物资——国外某客户（只登记数量）

　　贷：拨出来料（只登记数量）

④ 成品出运，凭有关单据交单议付，收取工缴费 2 000 美元，当日的市场汇率为 1 美元 = 6.35 元人民币。

借：应收账款——国外某客户　　（USD2 000×6.35）12 700

　　贷：其他业务收入——其他销售收入——加工补偿　　12 700

同时作：贷：代管物资——国外某客户（只登记数量）

⑤ 收到工缴费，银行扣除手续费 20 美元，当日市场汇率 1 美元 = 6.41 元人民币，银行当日买入价为 1 美元 = 6.4 元人民币。根据银行结汇水单作：

借：银行存款　　12 672

　　财务费用——手续费　　128

　　　　　　——汇兑损益　　20

　　贷：应收账款——国外某客户　　（USD2 000×6.41）12 820

2. 作价加工的会计处理

作价加工是指外贸企业与外商签订合同后，将引进的原材料、零部件拨交国内工厂加工时作价结算，收回成品时再作价支付价款，产品出口向外商收取工缴费。

［例 6-15］ 某外贸公司与外商签订来料加工业务合同，外商来料合同价 10 000 美元。

① 收到外商来料，按合同价记账，当天的市场汇率为 1 美元 = 6.4 元人民币：

借:材料物资　　64 000

　贷:应付账款——国外某客户　　(USD10 000×6.4)64 000

② 将来料作价 80 000 元给某工厂加工,款项如数收到存入银行:

借:银行存款　　80 000

　贷:其他业务收入　　80 000

同时作:

借:其他业务成本　　64 000

　贷:材料物资　　64 000

③ 工厂交来成品,作价 76 000 元:

借:物资采购　　76 000

　贷:银行存款　　76 000

入库后作:

借:库存商品　　76 000

　贷:物资采购　　76 000

④ 商品运出,工缴费 3 000 美元,当日市场汇率为 1 美元=6.4 元人民币:

借:应付账款——国外某客户　　(USD10 000×6.4)64 000

　应收账款——国外某客户　　(USD3 000×6.4)19 200

　贷:其他业务收入——加工补偿　　83 200

同时结转成本:

借:其他业务成本——加工补偿　　76 000

　贷:库存商品　　76 000

⑤ 支付国外运输、保险费 500 美元:

借:其他业务收入——加工补偿　　3 200（红字）

　贷:银行存款——美元户　　(USD500×6.4)3 200

⑥ 收到工缴费 3 000 美元,银行扣除手续费 30 美元,收到银行结汇水单,当日市场汇率为 1 美元=6.4 元人民币,银行结汇价为 1 美元=6.39 元人民币。

借:银行存款　　18 978

　财务费用——手续费　　192

　　　　——汇兑损益　　30

　贷:应收账款——国外某客户　　(USD3 000×6.4)19 200

3. 自营加工的会计处理

自营加工业务由于管理体制不同,在核算上有所区别。如果自属加工厂实行独立核算,具体加工时可用委托加工和作价加工方式,会计处理同前。如果自属加工厂不实行独立核算,则通过“加工商品”账户来核算发生的加工费,完工后转入“库存商品”,出口业务核算同上。

(二) 代理加工装配业务的会计处理

代理加工装配业务是指外贸企业代工厂办理加工装配业务手续,收取一定的外汇手续费,加工装配业务中发生的一切国内外费用全部由工厂承担。

[例 6-16] 某外贸公司与A工厂签订代理加工装配业务合同,由美国某客户提供原料,通过该公司交A工厂加工成成品,由该公司代办交单结汇手续。

① 收到外商来料,据有关单据作:

借:外商来料(只登记数量)

② 将外商来料拨付给工厂:

借:拨出来料(只登记数量)

　贷:外商来料(只登记数量)

③ A工厂加工成品出运,外贸公司代A工厂支付运费2 000美元,银行当日卖出价为1美元=6.3元人民币,直接从银行支付:

借:应付账款——A工厂　　12 600

　贷:银行存款　　12 600

④ A工厂交来有关成品出运单据,由外贸公司向银行交单议付,成品出口应收工缴费60 000美元,本公司手续费1 200美元,当日市场汇率为1美元=6.4元人民币:

借:应收账款——美元户　　(USD60 000×6.4)384 000

　贷:应付账款——A工厂　　376 320

　　其他业务收入　　7 680

同时作:贷:拨出来料(只登记数量)

⑤ 收到银行交来结汇水单,将收到的手续费和收回的代垫运费以外的余款支付给A工厂。

借:银行存款　　(USD3 200×6.4)20 480

　应付账款——A工厂　　363 720

　贷:应收账款——美元户　　(USD60 000×6.4)384 000

　　财务费用——汇兑损益　　200

三、易货贸易业务的核算

易货贸易是买卖双方以各自的商品相互交换,避免货币结算的一种进口贸易与出口贸易相结合的交易方式。易货贸易最大的特点是采用进口和出口结合,有买有卖,使货款基本抵消,达到外汇基本平衡。

易货贸易中进口、出口的会计处理原理与正常的自营进、出口会计相同,但要在“其他业务收入”账户下设“易货贸易”明细账户,“其他业务成本”账户下也设“易货贸易”明细账户进行记录。

出口业务：按实现的收入借记“应收账款”账户，贷记“其他业务收入——易货贸易”。同时按成本借记“其他业务成本——易货贸易”账户，贷记“库存商品——出口商品”账户。支付的各种费用与自营出口的会计处理相同。

进口业务：按发生的购货买价、进口关税、运杂费用等借记“物资采购”账户，贷记“应收账款”等账户。进口商品的销售同前。

思维导图

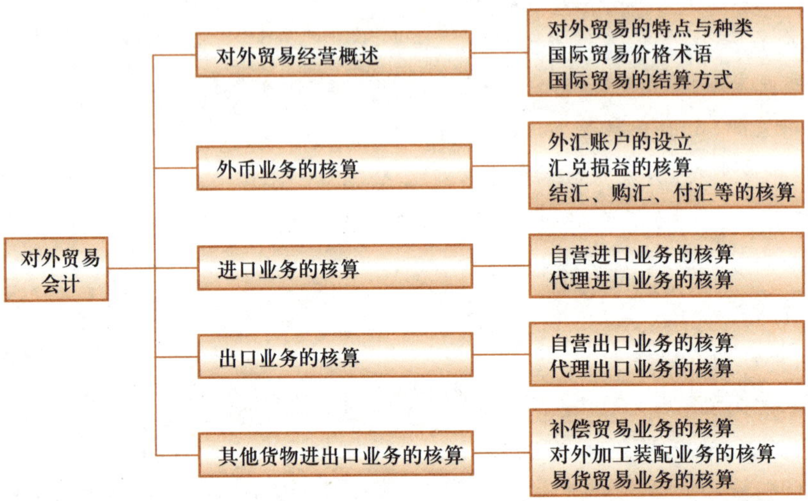

同步测试

一、单选题

1. 装运港交货指卖方在出口国装运港完成交货义务。下列价格术语中我国进口贸易中常用的是(　　)。

A. 装运港船边交货价(Free Alongside Ship，缩写为 F. A. S)

B. 离岸价格，也称装运港船上交货价(Free on Board，缩写为 F. O. B)

C. 成本加运费价(Cost and Freight，缩写为 C. F. R)

D. 到岸价格，也称成本加保险费、运费价(Cost，Insurance，Freight，缩写为 C. I. F)

E. 工厂交货价(Ex Works，Ex Factory，Ex Mill)

2. 目的地交货指卖方在进口国港口或内陆交货。下列不是这类价格术语的有(　　)。

A. 目的港船上交货价(Ex Ship)

B. 工厂交货价(Ex Works，Ex Factory，Ex Mill)

C. 目的港船边交货价(Free Over Side，缩写为 F. O. S)

D. 目的港码头交货价(Ex Quay，Ex Wharf，Ex Pier，Ex Dock)

E. 完税后(进口国目的地指定地点)交货价(Delivered Named Place of Destination in the

Country of Importation, Duty Paid)

3. 汇付结算方式由于所使用的结算工具不同可分为三种,其中不包括(　　)。

A. 信汇　　B. 电汇　　C. 票汇　　D. 邮汇

二、多选题

1. 在对外贸易经营活动中,按商品流向可以将对外贸易分为(　　)类型。

A. 出口贸易　　B. 进口贸易　　C. 水平贸易

D. 过境贸易　　E. 易货贸易

2. 在对外贸易经营活动中,按商品形态可将对外贸易分为(　　)两大种类。

A. 有形贸易　　B. 无形贸易　　C. 国内贸易

D. 贸易保护　　E. 易货贸易

3. 在对外贸易经营活动中,按贸易是否有第三者可将对外贸易划分为(　　)。

A. 直接贸易　　B. 间接贸易　　C. 转口贸易

D. 自由结汇贸易　　E. 垂直贸易

4. 国际贸易中使用的价格术语按交货地点分为(　　)三类。

A. 出口地内陆交货价格术语　　B. 目的地交货类价格术语

C. 装运港交货类价格术语　　D. 国内贸易价格术语

E. 装运港船边交货价

5. 出口地内陆交货价格术语包括(　　)。

A. 工厂交货价(Ex Works, Ex Factory, Ex Mill)

B. 仓库交货价(Ex Warehouse)

C. 农场交货价(Ex Plantation)

D. 铁路交货价(Free on Rail, 缩写为 F. O. R)

E. 敞车交货价(Free on Truck, 缩写为 F. O. T)

6. 目的地交货指卖方在进口国港口或内陆交货。这类价格术语主要有(　　)。

A. 目的港船上交货价(Ex Ship)

B. 目的港船边交货价(Free Over Side, 缩写为 F. O. S)

C. 目的港码头交货价(Ex Quay, Ex Wharf, Ex Pier, Ex Dock)

D. 完税后(进口国目的地指定地点)交货价(Delivered Named Place of Destination in the Country of Importation, Duty Paid)

E. 运费付至指定目的地交货价(Freight or Carriage Paid to Named Point of Destination)

7. 装运港交货指卖方在出口国装运港完成交货义务。下列价格术语中我国对外贸易中常用的是(　　)。

A. 装运港船边交货价(Free Alongside Ship, 缩写为 F. A. S)

B. 离岸价格,也称装运港船上交货价(Free on Board, 缩写为 F. O. B)

C. 成本加运费价(Cost and Freight, 缩写为 C. F. R)

D. 到岸价格，也称成本加保险费、运费价（Cost，Insurance，Freight，缩写为 C. I. F）

E. 目的港船上交货价（Ex Ship）

三、判断题

1. 对外贸易亦称进出口贸易，指一个国家或地区与另一些国家或地区之间的商品和劳务的交换。对外贸易与国际贸易有根本性的区别。（ ）

2. 国际结算根据资金的流向和结算工具传送方向，可分为顺汇和逆汇。（ ）

3. 光票托收是指汇票不附带任何货运单据的托收。一般用于佣金、货款尾数、某些费用的收取和其他贸易从属费用或非贸易收款等，其金额都不太大。（ ）

4. 对企业而言外币是记账本位币以外的货币。（ ）

5. 汇兑损益只是在会计期末才发生。（ ）

6. 汇兑损益是记账本位币与外币兑换等换算中因汇率高低差异而产生的差额。（ ）

7. 结汇即企业将外汇收入按当日“银行买入价”卖给银行。结汇没有涉及两个汇率，不发生汇兑损益。（ ）

8. 购汇指企业需要外汇时持有效证件如进口许可证、境外金融机构支付通知书等到银行兑换外汇。购汇不涉及两个汇率，故不应进行汇兑损益的核算。（ ）

四、会计分录题

（一）练习外币业务的核算

1. 资料：

（1）某外贸企业将外汇收入 30 000 美元出售给银行，银行买入价为 1 美元=6. 3 元人民币，当日市场汇率为 1 美元=6. 35 元人民币。

（2）某外贸企业因外汇支付需要，从银行购入 20 000 美元，银行卖出价为 1 美元=6. 4 元人民币，当日市场汇率为 1 美元=6. 35 元人民币。

（3）某外贸企业某年 11 月 30 日有关外币账户余额如表 6-2 所示。

表 6-2 外币账户期末余额表

项目	外币金额（美元）	汇率	人民币金额
银行存款	100 000	6. 35	635 000
应收账款	60 000	6. 35	381 000
短期借款	100 000	6. 35	635 000

该企业 12 月份发生如下业务（为了简化会计核算，外币业务的有关关税、增值税略），日常核算采用即期汇率。

① 12 月 5 日，对外赊销商品，售价 45 000 美元；当日市场汇率为 1 美元=6. 3 元人民币；

② 12 月 10 日，偿还美元短期借款 50 000 美元，当日美元市场汇率为 1 美元=6. 3 元人

民币；

③ 12 月 12 日，从国外购进商品，支付 30 000 美元，当日市场汇率为 1 美元 = 6.28 元人民币；

④ 12 月 31 日，美元市场汇率为 1 美元 = 6.3 元人民币。

2. 要求：(1) 作有关日常外币业务的会计处理；

(2) 月末计算汇兑损益并作会计处理。

(二) 练习出口业务的核算

1. 资料：

设某外贸企业按 C.I.F 价对美国客户出口服装一批。

(1) 收到业务部门送来的向银行交单的出口发票副本，发票金额 20 000 美元，佣金 5%，当日市场汇率为 1 美元 = 6.31 元人民币，款项尚未收到；同时收到业务部门送来的商品出库单，金额为人民币 100 000 元。

(2) 收到银行转来的外运公司费用结算单，支付人民币运杂费 800 元。

(3) 收到外运公司托收海运运费单据 1 000 美元，经业务部门确认承付，美元的市场汇率为 1 美元 = 6.4 元人民币。

(4) 收到保险公司结算单据支付保险费 400 美元，美元的市场汇率为 1 美元 = 6.4 元人民币。

(5) 接银行通知，上述应收账款收妥结汇，当日银行买入价 1 美元 = 6.3 元人民币，当日市场汇率为 1 美元 = 6.32 元人民币。

2. 要求：根据资料编制会计分录。

(三) 练习代理出口业务的核算

1. 资料：

设某外贸企业为 A 公司代理出口商品一批，CIF 价 100 000 美元，销往美国。出口佣金 2%。

(1) 某月 15 日交单结汇，市场汇率为 1 美元 = 6.31 元人民币。

(2) 某月 15 日代垫国内费用 20 000 元。

(3) 某月 15 日代垫国外运输、保险费 15 000 美元，市场汇率为 1 美元 = 6.3 元人民币。

(4) 某月 16 日银行收妥结汇，当日银行买入价为 1 美元 = 6.3 元人民币；当日市场汇率为 1 美元 = 6.32 元人民币。

(5) 支付出口佣金。

(6) 与委托单位结算，收取手续费，代理手续费 3%。

2. 要求：根据资料编制会计分录。

(四) 练习进口业务的核算

1. 资料：

设某企业从国外进口甲商品，国外进口价(FOB)20 000 美元。

（1）存入信用证存款 20 000 美元，当日市场汇率为 1 美元 = 6.3 元人民币。

（2）支付国外运费及保险费 1 000 美元，当日市场汇率为 1 美元 = 6.4 元人民币。

（3）支付进口关税 91 500 元，进口增值税 46 700 元。

（4）收到银行转来的境外供货单位全套单证，审单无异议，用信用证付款，当日市场汇率为 1 美元 = 6.31 元人民币。

（5）境外供货单位付来佣金 400 美元，当日市场汇率（买入价）为 1 美元 = 6.2 元人民币。

（6）商品验收入库。

（7）将该批商品全部出售给国内某公司，售价 400 000 元，增值税税率 13%，款已收到。

（8）结转已售商品成本。

2. 要求：根据资料编制会计分录。

（五）练习补偿贸易核算

1. 资料：

（1）采用补偿贸易方式从国外引进设备，其价款为 300 000 美元，附属工具及零配件价款 5 000 美元，用投产后产品的外销收入偿还，当日市场汇率为 1 美元 = 6.3 元人民币。

（2）支付国内运费 2 000 元。

（3）支付安装费 3 000 元，安装完毕交付使用。

（4）投产后的第一批商品外销，货款共计 20 000 美元，全部用于归还设备款。当日市场汇率为 1 美元 = 6.32 元人民币。

2. 要求：根据资料编制会计分录。

（六）练习对外加工装配业务的核算

1. 资料：

（1）某外贸企业与外商签订来料加工业务合同，外商来料不计价。该公司以委托加工方式组织生产，支付加工费 1 000 元；加工完后收回成品，向外商收取工缴费 1 000 美元，按市场汇率 1 美元 = 6.4 元人民币收到款项。

（2）某外贸公司与外商签订来料加工业务合同，外商来料计价 10 000 美元。该公司以作价委托加工方式组织生产，该批原材料作价 90 000 元售给加工厂；收回成品价为 95 000 元；向外商收取工缴费2 000美元。市场汇率为 1 美元 = 6.3 元人民币。

2. 要求：根据资料，编制会计分录。

（七）练习外贸企业税金的核算

1. 资料：

（1）某外贸公司从美国进口商品一批，到岸价为 20 000 美元，关税税率 50%，消费税税率 20%，增值税税率 13%，当日市场汇率为 1 美元 = 6.3 元人民币。收到海关完税凭证及银行结汇水单，上述款项均已支付。

（2）某外贸公司出口商品一批，离岸价为 30 000 美元，关税税率 20%，当日市场汇率为

1 美元=6.3 元人民币，销售货款暂未收到。根据海关开出的税款缴纳证，以转账支票支付。

（3）某外贸公司出口商品一批，其国内进价为 50 000 元，增值税税率 13%，消费税税率 20%，增值税退税率为 9%，公司据有关凭证向税务机关办理退税，经税务机关审核予以退税。

2. 要求：根据资料编制会计分录。

7

第七章 对外经济合作与外商投资会计

知识目标

- 了解对外经济合作与一般建筑业活动的异同
- 了解外商投资企业的类别和特点
- 理解对外经济合作方面的经营活动
- 理解对外经济合作经营活动及有关业务管理方法

技能目标

- 能够在对外经济合作企业中开展全面的会计核算
- 能够进行对外承包工程的会计核算
- 能够进行对外劳务、对外服务方面的会计核算
- 能够按规定进行外商投资企业投入资本的会计核算
- 能够按规定进行外商投资企业的资本按期返还的会计核算

素养目标

- 培养学生的国际化视野
- 通过学习我国的经济形势、发展趋势、对外经济合作政策，增加学生对中国经济发展现状的了解，增强民族自信心和自豪感

引言

利用外资指我国各级政府、企业、其他经济组织通过对外借款、吸收外商直接投资等方式筹措的境外现汇、设备、技术等。

改革开放以来,我国利用外资推动企业技术和管理升级,推动国民经济取得了巨大发展。在利用外资方面制定有"中外合资经营企业法""中外合作经营企业法""外资企业法"以及"国务院关于鼓励外商投资的规定"等涉外经济法规,极大地推动了利用外资的水平。

改革开放40多年后,我国企业走出国门的步伐加快。目前,中国对外投资和经济合作已经有了较大进步。据统计,2022年1—8月,我国对外非金融类直接投资4 927.6亿元人民币,同比增长7.2%。

改革开放以来,特别是"一带一路"战略展开以来,在世界范围内开展对外经济合作已经成为我国许多企业的重要经营活动。同时我国企业接受有关国家或地区的企业投资的情况也十分常见。虽然这些特殊经营活动、经济业务并非一定与某行业相关,但是针对这些特殊经营活动、经济业务使用专门技术进行会计核算的技能也是初学会计者和推动企业提升竞争力的资深会计工作者、财务管理工作者应该学习的内容,因此在学习了对外贸易会计核算后再进行拓展性的集中介绍。

第一节 对外经济合作会计核算

一、对外经济合作的形式

目前我国企业实施"请进来""走出去"战略的较多。企业走出国门开展生产经营活动已经不是个别现象。对外经济合作就是其中的一种重要方式。对外经济合作主要有以下形式:

(一)承包工程

承包工程是指通过国际招投标而中标承建外国政府、国际组织和法人企业的各种建设项目的勘察、设计、施工、安装等工作和提供项目所需的建筑材料和成套设备等业务。承包工程的具体内容,是根据国外业主的要求和工程的性质、范围、规模、技术等实际需要而决定的。一般包括:工程设计、提供技术、供应材料、能源和动力、供应设备、建安施工、人员培训等。对外经济合作企业应按合同价格、支付方式等条件,向国外业主办理承包工程的价款结算。承包工程，尤其是承包全过程的“交钥匙”工程，因合同金额大、完成营业额多，故利润高、创汇多，但承担的风险也大。目前，承包工程是我国对外经济合作企业的主要经营业务。

（二）劳务合作

劳务合作是指按照国外业主（或发包人）的要求，以活劳动的形式（主要是体力劳动），为业主提供劳务，并按合同规定向业主收取劳务费用。我国对外经济合作企业在创建初期所承担的劳务合作项目，主要限于建筑领域，即某项工程由业主（或发包单位）发包给本国或其他国家的承包商总承包，其中劳务部分由承包商再发包给我国的对外经济合作企业承担。该项工程所需的材料、物资及施工机械等均由发包人提供。这种劳务合作项目，不管工程是否盈利，总承包商都要按实际工作量（或时间）和承包合同规定的单价向我国对外经济合作企业结算付款。因此，资金投入少、劳务成本低、承担风险小，但承包金额和利润也不会很大。我国对外经济合作企业在创建初期，大多是以承担这种劳务合作项目为企业积累资金，打入国际劳务市场的。目前，我国对外经济合作企业所承担的劳务合作项目，已从建筑行业扩大到电力、电子、铸造、服装、纺织、烹调、花卉、农业、木材加工、海洋捕捞、鱼类加工、饮食服务等多种行业。

（三）技术服务

技术服务是指按国外业主（或发包方）的要求，派遣具有较高技术素质的工程技术人员或管理人员到国外为发包人承担地形地貌测绘、资源勘探与普查、项目可行性研究、提供设计文件和技术资料、指导生产、传授技术、开展咨询业务和培训人员等经营活动，并按合同规定向发包人收取技术服务费。这类业务与劳务合作基本相似，可按项目结算，也可按实际工作时间和单价结算，一般没有风险，利润比劳务合作项目高。但是，技术服务项目一般需要的人数有限，技术水平要求比劳务合作人员高，属于更高层次的劳务合作。

（四）房地产开发

对外经济合作中的房地产开发是指对在国外进行的城市土地、商品房、城市基础设施和配套设施等开发建设和经营活动。其内容一般包括从规划设计、征地拆迁、平整场地、建筑施工、竣工验收、交付使用，到出租、出售、经营管理等全过程。对外经济合作企业，可以接受当地政府或业主的委托进行定向开发，也可以经过投标后进行开发，还可以在规划指定的地区内自行开发和建设。房地产开发业务同承包工程一样，合同金额大、完成营业额多、利润高、创汇多，但内容比承包工程复杂，所承担的风险较大。

此外，许多对外经济合作企业还不断开拓业务领域，扩大业务范围，开展多种经营业务，有的企业还在境外成立合资、合作等企业。由此可见，对外经济合作企业，是以承包工程、劳务合作、技术服务等国际劳务合作业务为主业的企业。

二、对外经济合作会计核算特点

由于对外经济合作主要参与的是国际市场的竞争，是在境外经营，因此，其会计核算和管理工作具有一定的特殊性。它与国内其他行业的企业相比有许多不同点，主要表现在以下几方面：

（一）记账本位币的选择有特点

对外经济合作企业的经济业务主要是在国外发生的，而且大部分企业所属分支机构分布在许多国家（或地区），这些国家（或地区）的货币各不相同，不可能在境外统一用人民币作为记账本位币，只能用一种当地币或通用货币作为记账本位币。

选定记账本位币应当考虑：① 该货币主要影响商品和劳务的销售价格，通常以该货币进行商品和劳务的计价和结算；② 该货币主要影响商品和劳务所需人工、材料和其他费用，通常以该货币进行上述费用的计价和结算；③ 融资活动获得的货币以及经营活动中存取款项所使用的货币。

企业选定境外经营的记账本位币还应当考虑：① 境外经营对其所从事的活动是否拥有很强的自主性；② 境外经营活动中与企业的交易是否在境外活动中占有较大比重；③ 境外经营活动中产生的现金流量是否直接影响企业的现金流量，是否可以随时汇回；④ 境外经营活动产生的现金流量是否足以偿还其现有债务和预期的债务。

（二）外币业务量大

对外经济合作企业的主要经营业务在国外。其施工、生产、供应、结算、销售等各个环节，都要与国外发生广泛的经济联系，各种收付业务大量涉及外币业务，使用外币记账和结算。而国际市场上汇率变动频繁，汇兑损益的发生就成为一种普遍现象。因此，企业财会部门，既要正确组织外币业务的会计核算，又要广泛收集国际市场上汇率变动的信息，正确预测汇率的变动趋势，采取有效措施防范汇率风险，尽量避免或减少汇率变动带来的损失。

（三）结算业务复杂

对外经济合作企业需要分别与国内、国外的诸多单位、政府、个人发生各种往来结算业务，从而形成了多层次、多渠道的复杂结算关系。在国外，企业除了要与业主（或发包单位）进行正常的合同价款结算外，还要与当地银行、当地商家、当地政府财税机关、当地招聘人员等，办理资金的存贷、设备和材料物资货款的支付、税金的缴纳、劳务报酬的支付等结算业务；在国内，企业不仅要与物资供应单位、出国借调人员所在单位、银行或其他金融机构、财税机关等办理货款的支付、资金的收付、税金的上缴等结算业务，还要与内部机构进行各种往来业务的结算。

（四）业务范围的多样性

对外经济合作企业的经营范围非常广泛，要求企业的财会人员，不仅要精通工程承包、劳务合作、技术服务和房地产开发等主要业务的财务会计工作，还要熟悉和掌握多种经营业务（如合资企业、商业和饮食服务业等）的财务会计知识和工作技能。另外，由于对外经济合作企业的主要业务活动在国外，经常与外国人打交道，所以会计核算业务（包括凭证、账簿、报表以及工程价款结算等）无一不涉及当地文字，这就要求企业的财会人员应有较高的外语水平。

（五）应遵守的法规制度具有多国性

对外经济合作企业一方面要遵守我国的法律、法规和制度等，另一方面其境外分支机构还要遵守驻在国(或地区)法律、法规和会计准则或会计制度。因此,企业的境外分支机构一般应建立两套账。第一套账为正账,应根据驻在国(或地区)的会计准则或会计制度的规定设置会计账户,建立账册,按经济业务发生的原始凭证编制记账凭证,据以登记入账,并按当地政府税法的规定编制会计报表,报送当地的财税部门,接受其检查和监督;第二套账为副账,应根据我国的会计准则和财会制度的规定设置会计账户,建立账册,进行核算,根据经济业务发生的原始凭证的复印件编制记账凭证,登记入账,并按国内的要求编制会计报表,报送国内汇总。

此外,对外经济合作企业年末计提坏账准备金的比例也高于国内其他行业的计提标准;境内外固定资产与低值易耗品的划分标准不同;境外固定资产的使用年限无弹性区间,使用年限比境内同类固定资产的使用年限短;在计算境外固定资产折旧时,可不计算预计净残值,而且在境外无后续项目时,对于折旧尚未提完的施工机械、生产设备,可在项目的最后一年一次提足折旧等。

总之,对外经济合作有许多特殊经济业务的核算。其中在有关章节已经专门讲授的,在此不重复;其中尚未专门讲授,并与目前业务紧密联系的,则在此讲授。

三、对外承包工程成本的核算

对外承包工程分为自营承包与分包承包两大类:由承包企业自行采购材料、设备,自行派人或雇用当地工人进行施工生产的属于自营承包;将承包的工程项目分包给其他建筑公司的属于分包承包。

(一) 自营承包工程成本项目

对外承包工程成本分为直接费用和间接费用两大类。直接费用包括直接人工费、直接材料费、施工机械使用费、其他直接费等;间接费用包括建造费用和其他间接费用(指不能直接记入核算对象的辅助生产费用)。直接费用发生后可直接记入各成本核算对象。间接费用发生后能够认定成本对象的,也可直接记入成本核算对象;不能够认定的,可通过合理分配记入各成本核算对象。

各单位可根据管理需要,视对外承包工程的具体情况,参照施工企业会计核算方法,将成本项目确定为:人员费、材料费、机械使用费、其他直接费和间接费用五项。

1. 人员费

人员费是指从事承包工程施工人员的工资、奖金、津贴、补贴以及社保费用等。

2. 材料费

材料费是指在施工过程中,耗用的构成工程实体的主要材料、其他材料、构配件、半成品的费用和周转材料的摊销及租赁费用。承包工程中包括少量设备也可以在材料费项目中核算。如设备较多,可增设设备费成本项目。

3. 机械使用费

机械使用费是指在施工过程中,使用自有施工机械所发生的机械使用费和租用外单位施工机械的租赁费以及施工机械安装、拆卸和进、出场费。

4. 其他直接费

其他直接费是指在施工过程中使用的水、电、汽费用，材料二次搬运费，临时设施摊销费，生产工具用具使用费，检验试验费，场地清理费等。

5. 间接费

间接费是指不能直接记入成本核算对象的建造费用和辅助生产费用。

承包工程项目如承担设计任务时，可在成本项目中增加“设计费”一项。

（二）自营承包工程成本核算账户

为归集自营承包工程的施工生产费用，计算工程成本，应设置和运用以下会计账户：

1.“生产成本——承包工程支出”账户

本账户核算自营承包工程的实际成本。其借方登记自营承包工程在施工过程中所发生的各项费用，贷方登记已办理工程价款结算的已完工程成本，期末借方余额表示未完工程成本。本账户按成本核算对象和成本项目设置账页进行明细分类核算。

2.“辅助生产费用”账户

本账户核算企业所属不独立核算的辅助生产部门（如机修车间、木工车间、混凝土预制车间、供水站等）为工程施工、生产和提供劳务（如设备维修、木铁件加工、结构件现场制作、施工机械安装、拆卸和临时设施的搭建等）所发生的各种费用。其借方登记辅助生产部门发生的各项生产费用；贷方登记生产完成已验收入库的自制材料物资的实际成本，以及分配记入各受益对象的辅助生产费用；期末借方余额表示辅助生产部门在产品的实际成本。本账户按车间、部门和成本核算对象设置明细账户，并按成本项目分设专栏进行明细核算。

3.“建造费用”账户

本账户核算各个生产部门和现场管理部门为组织和管理生产所发生的各项费用。建造费用一般包括建造现场管理人员工资、折旧费、修理费、低值易耗品摊销、劳动保护费、水电费、办公费、差旅费、运输费、保险费和其他费用。其构成与工业企业会计中的制造费用相似。本账户的借方登记发生的各项建造费用，贷方登记分配记入各受益对象的建造费用。本账户期末一般无余额。本账户应按不同的生产部门和费用项目进行明细核算，并按生产部门的费用计划进行监督和考核。

（三）自营承包工程成本核算程序

对外经济合作企业核算自营承包工程成本时应遵循的步骤是：

（1）确定成本核算对象和成本项目，并设置成本核算的会计账户。

（2）归集自营承包工程的施工生产费用。

① 发生的各项直接费用，直接记入各成本核算对象，即记入“生产成本——承包工程支出”总分类账户和明细分类账户。

② 发生的各项间接费用，可先按地点、部门进行归集，即记入“辅助生产费用”“建造费用”等账户。

③ 月末将“辅助生产费用”“建造费用”账户归集的间接费用，按一定标准分配记入各受益对象，即记入“生产成本——承包工程支出”等账户。

通过上述程序，将应记入各成本核算对象的施工费用，都已归集在“生产成本——承包工程支出”总分类账户和明细分类账户之中。

④ 确定期末未完工程成本，计算并结转已完工程成本。在成本计算期期末，要对未完工程进行盘点，盘点后按一定的方法计算出期末未完工程成本。期末未完工程成本确定以后，计算本期已完工程成本，将本期结算的已完工程成本从“生产成本——承包工程支出”账户转入“主营业务成本”账户。

对外经济合作企业在核算自营承包工程成本时，各项费用在各有关账户中流转的程序可用流程图表示，见图 7-1。

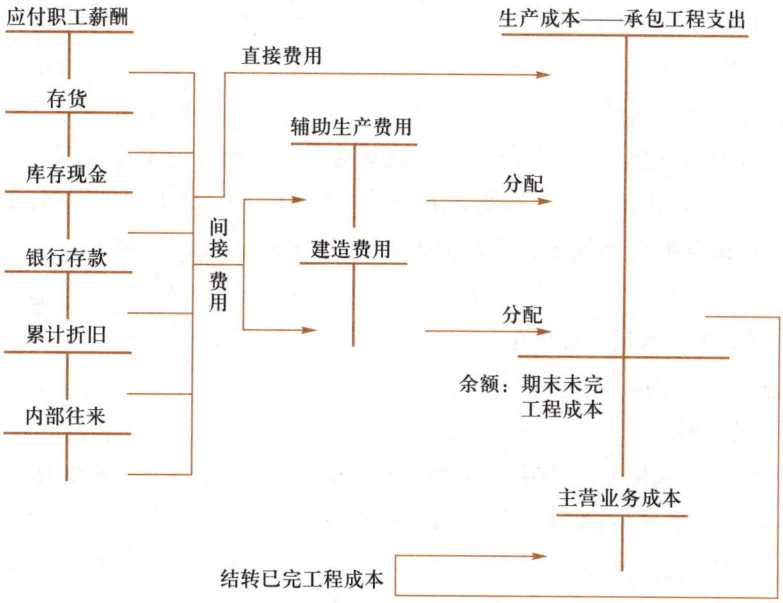

图 7-1 自营承包工程成本核算流程图

（四）自营承包工程实际成本的核算

1. 人员费的核算

人员费主要指直接从事工程项目的生产人员的工资、社会保险及福利费等。包括两部分：一部分是从国内派出的施工人员费，包括支付的国内外工资、奖金、福利费、国际差旅费、人身保险费等；另一部分是从当地雇用工人的人员费，包括工资、奖金、加班费、解雇费等。结算人员费成本时，分两种情况进行：

第一种情况，发生在国内，但应由自营承包工程直接负担的人员费。这些费用即所谓出国人员费。出国人员费是对外经济合作企业派出人员到境外执行任务在境外发生的各种费用。

国内公司的账务处理：

(1) 实际支付时：

借：出国人员费——某国承包工程合同 A

贷:银行存款

(2) 以结算价格转国外项目组或分公司时:

借:内部往来——×国外项目组

贷:其他业务收入——内部结算收入

为了使派出人员的工资水平达到当地同类人员标准,国内可以高于实际支出的出国人员费向国外派驻机构结算。

(3) 结转出国人员成本时:

借:其他业务成本——内部结算成本

贷:出国人员费——某国承包工程合同 A

国外项目组或分公司的账务处理如下:

借:生产成本——承包工程支出(人员费)

建造费用

贷:内部往来——公司

出国人员费用的核算是对外经济合作企业中人员费用核算的重要内容。

第二种情况,发生在国外的人员费。由劳动工资部门根据用工记录,对每个成本核算对象进行计算并向财务部门提供各成本核算对象耗用的各类人员工资明细表,财务部门据此作如下分录:

借:生产成本——承包工程支出(人员费)

贷:应付职工薪酬

2. 材料费的核算

材料费是指在工程施工过程中耗用的构成工程实体或有助于工程实体形成的主要材料、结构件、零配件、半成品、其他材料和周转材料的摊销及租赁费。月末,财会部门应根据审核后的各种领料凭证、退料单、残料交库单等原始凭证,确定各成本核算对象应分摊的材料费,并记入"生产成本——承包工程支出——××"账户的材料费项目内。

具体会计处理如下:

(1) 领用主要材料、结构件、零配件、半成品、其他材料及一次摊销的周转材料时:

借:生产成本——承包工程支出——××(材料费)

贷:存货——主要材料

——其他材料

——周转材料等

(2) 领用分次摊销的周转材料时:

领用时的分录为:

借:待摊费用——在用周转材料

贷:存货——周转材料

分次摊销时的分录为:

借：生产成本——承包工程支出——××（材料费）

贷：待摊费用——在用周转材料

3. 机械使用费的核算

机械使用费是指在施工过程中，使用自有施工机械所发生的机械使用费和租用外单位施工机械的租赁费以及施工机械安装、拆卸和进、出场费。

（1）租用的施工机械，按租赁合同规定的租金，按期结算租赁费，并根据施工机械管理部门提供的各成本核算对象使用的台班数，计算各核算对象应负担的租赁费，并直接记入核算对象。其会计分录为：

借：生产成本——承包工程支出——××（机械使用费）

贷：银行存款

（2）使用自有施工机械又由于机械管理站是否独立核算而影响生产成本中机械使用费的核算方法。

独立核算的机械管理站按结算价格及各成本核算对象使用各类机械的台班数，计算各成本核算对象应负担的机械使用费。其会计分录如下：

借：生产成本——承包工程支出——××（机械使用费）

贷：内部往来——机械管理站

不独立核算的机械管理站按本期各成本核算对象使用各类机械的台班数，由财会部门计算出各类机械单位台班费用后，分配各成本核算对象应负担的施工机械使用费。其会计分录如下：

借：生产成本——承包工程支出——××（机械使用费）

——××（机械使用费）

贷：辅助生产费用——机械管理站

4. 其他直接费的核算

其他直接费是指施工现场使用的水、电、汽费用以及材料二次搬运费、临时设施摊销费、生产工具使用费、检验试验费、场地清理费、工程保险费等项支出。

外购的水、电、汽的支出，根据支付的凭证和各成本核算对象实际耗用的数量记入各核算对象的成本，分录为：

借：生产成本——承包工程支出——××（其他直接费）

贷：银行存款

独立核算的辅助生产部门供应的水、电、汽支出，根据结算价格和各成本核算对象实际耗用的数量记入各成本核算对象的成本，分录为：

借：生产成本——承包工程支出——××（其他直接费）

贷：内部往来——供电

——供水

不独立核算的辅助生产部门供应的水、电、汽支出，财会部门根据各核算对象使用的数量分配各核算对象应负担的成本，分录为：

借：生产成本——承包工程支出——××(其他直接费)

贷：辅助生产费用

临时设施摊销费，一般可直接记入成本核算对象，分录为：

借：生产成本——承包工程支出——××(其他直接费)

贷：其他长期资产——临时设施(摊销)

生产工具、用具等低值易耗品的摊销费，根据摊销方法不同作如下分录：

借：生产成本——承包工程支出——××(其他直接费)

贷：银行存款(外购工具用具)

存货——低值易耗品(领用并一次摊销)

待摊费用——在用低值易耗品(领用并分次摊销)

至于材料二次搬运费、检验试验费、场地清理费、工程保险费等可直接记入成本核算对象，在费用发生时，分录为：

借：生产成本——承包工程支出——××(其他直接费)

贷：银行存款

5. 建造费用的核算

建造费用核算各生产部门和现场管理部门如项目部、施工队为组织和管理生产活动所产生的支出，包括生产管理人员和非直接生产工人的工资、奖金、津贴、补贴以及社会保险等，还有固定资产折旧费、修理费、办公费、差旅费、运输费、水电费、保险费、低值易耗品摊销等。

建造费用应按不同的生产部门(如第一项目部、第二项目部)和费用项目(如工资、折旧费、办公费、水电费)进行明细核算。期末，按各核算对象完成工作量或其他指标(如人员费、材料费、直接费合计等)分配记入各成本核算对象。期末分配后应无余额。

[例 7-1] 第一项目部本期共发生建造费用 200 000 元，该项目部有两个成本核算对象：A 工程、B 工程，这两个核算对象当期的直接费合计分别为 A 工程 1 500 000 元，B 工程3 500 000 元。则建造费用的分配过程为：

① 以直接费为分配标准计算分配率：

$$分配率=\frac{200\ 000}{1\ 500\ 000+3\ 500\ 000}=0.04$$

② 计算各成本核算对象应分配的建设费用：

A 工程 = 1 500 000×0.04 = 60 000(元)

B 工程 = 3 500 000×0.04 = 140 000(元)

③ 相关会计分录为：

借：生产成本——承包工程支出——A 工程(间接费用)　　60 000

——B 工程(间接费用)　　140 000

贷：建造费用　　200 000

6. 辅助生产费用的核算

使用“辅助生产费用”账户核算企业不独立核算的辅助生产部门(如采石场、机修车间、木工车间、混凝土预制车间等)为工程施工、生产提供劳务所发生的各项费用(如人工、材料、固定资产折旧等)。“辅助生产费用”按车间、部门和成本核算对象设置明细账户,并按成本项目分设专栏进行明细核算。辅助生产部门发生的各项费用,先通过“辅助生产费用”账户核算,期末再按一定的方法分配记入各成本核算对象。

假设第一项目部有一个混凝土预制车间,该车间以产品的类别设置成本核算对象,以人员费、材料费、其他直接费、间接费用为成本项目,产品制成后主要供 A、B 两工程使用,期末余额即为车间未转出的产成品或在制的半成品的实际成本。账务处理如下:

(1) 车间在生产过程中发生的可分清成本核算对象的直接生产耗费:

借:辅助生产费用——混凝土预制车间——甲件(人员费)
　　　　　　　　　　　　　　　　　　　　(材料费)
　　　　　　　　　　　　　　　　　　　　(其他直接费)
　　　　　　　　　　　　　　　　　——乙件(人员费)
　　　　　　　　　　　　　　　　　　　　(材料费)
　　　　　　　　　　　　　　　　　　　　(其他直接费)

　贷:应付职工薪酬
　　存货
　　银行存款等

(2) 车间在生产过程中发生的不能分清成本核算对象的间接生产耗费:

发生时:

借:辅助生产费用——混凝土预制车间——间接费用
　贷:累计折旧等

期末按一定方法记入各成本核算对象时:

借:辅助生产费用——混凝土预制车间——甲件(间接费用)
　　　　　　　　　　　　　　　　　——乙件(间接费用)
　贷:辅助生产费用——混凝土预制车间——间接费用

混凝土预制车间生产两种预制件甲和乙。甲件供应 A 工程 50%,B 工程 30%,期末车间库存 20%。乙件供应 A 工程 60%,B 工程 40%。

期末将混凝土预制车间的辅助生产成本按 A、B 两工程使用的数量分配记入各工程成本核算对象时:

借:生产成本——承包工程支出——A 工程(间接费用)
　　　　　　　　　　　　　——B 工程(间接费用)
　贷:辅助生产费用——混凝土预制车间——甲件
　　　　　　　　　　　　　　　　　——乙件

将车间库存20%的甲件转入存货：

借：存货——产成品——甲件

贷：辅助生产费用——混凝土预制车间——甲件

期末“辅助生产费用”账户的借方余额，即为各部门、各车间在产品的实际成本。

（五）工程成本的结转和结算工程支出的核算

为了核算企业本期、本年度实现的利润，应将与各项营业收入口径一致的各项成本支出从“生产成本”等账户中结转进入“主营业务成本”账户。同样，在按合同规定结算承包工程价款收入后，应将与收入口径一致的工程支出从“生产成本——承包工程支出”账户结转至“主营业务成本”账户。结转后“生产成本——承包工程支出”账户的余额为尚未结算的工程成本。

已结算工程价款的工程支出的计算公式为：

$$\text{已结算工程价款的工程支出}=\text{期初未结算工程支出}+\text{本期发生的承包工程成本}-\text{期末未结算工程支出}$$

具体的计算方法与施工企业已完工程成本的计算基本一致，此不赘述。

假设第一项目部计算出本月已结算工程价款的工程支出分别是：A 工程 x_1 元，B 工程 x_2 元，根据计算结果可作会计分录为：

借：主营业务成本——承包工程成本　　x_1+x_2

贷：生产成本——承包工程支出——A 工程　　x_1

——B 工程　　x_2

（六）对外分包工程成本核算

与业主确定一个合理的承包价并签订承包合同后，可按工程项目的专业性质划分出若干个分项工程，然后全部或部分发包给当地建筑工程公司或施工队，称之为全部或部分的分包承包。实行这种分包办法的企业是总承包商，介于业主与分包商的中间。一方面，总承包商与业主签订总承包合同，对业主全面负责；另一方面，又将总承包的任务交给各个分包商，并与分包商签订分包合同，确立双方分包关系，分包商对总承包商负责。

1. 分包工程成本的核算

分包工程成本管理的主要任务是与分包商确定分包工程的分包价。总承包商的工程计划成本是与分包商确定分包价的基础。工程的计划利润是来自承包总价与分包价的差额，因此，分包工程成本管理的重点是如何合理计算分包工程的分包价格。确定分包价格首先确定好分包工程的工程量和人工、材料的计算单价。分包价格原则上是在同业主签订的承包总价的范围内调整一些富余因素，从中取得总承包商的盈利。分包价一经双方确认，成本管理与核算的工作就很少了。只要按合同规定的拨付工程款的办法，进行正常的结算，完工后进行最终结算。

在拨付给分包单位预付款时，应作如下分录：

借：预付账款——预付分包单位款

　　贷:银行存款等

在结算工程款时,应作如下分录:

借:生产成本——承包工程支出——分包工程支出

　　贷:预付账款——预付分包单位款

2. 对外承包工程成本核算应注意的问题

(1) 由于在境外承包工程,派出的管理人员和财会人员比较少,因此工程成本核算应力求简化,只要能满足管理和决策需要就行。譬如,在材料费核算方面可以考虑不进行分次领用分次报耗,而是进场验收后一次直接记入成本核算对象,期末进行盘点后再根据剩余数量调整工程成本。人员费也可将施工机械机上人员的工资和管理人员工资全部列到人员费项下。总之,只要求保持费用原始状态。还应注意的是,预算成本内各成本项目的内容应与实际成本一致,以便考核和分析。

(2) 国内人员工资和国内供应的材料物资价格一般低于国外,因此,国内单位向国外按国际市场价格转账时,差额留在国内作为内部结算利润。

(3) 境外核算要求原始凭证、记账凭证、会计账户、报表都必须符合当地规定,尤其是在当地编制税务报表时,为了达到合理纳税的目的,一般做法是聘请一位当地注册会计师协助,由我方提供原始资料,由注册会计师记账和编制报表,这将有助于各项工作的开展。

四、劳务合作及技术服务成本的核算

随着国际分工的深化,劳务的输出和输入已成为国际经济合作的一个重要组成部分。目前,我国对外开展劳务合作的主要形式,一种是从外国承包商手中分包部分工程中的劳务,这种劳务合作又可分为按工程项目整体承包劳务费用(即不论用工多少,承包劳务价格不变,工程项目盈亏由承包商承担)、按出工天数和约定的报酬单价按日计酬等;另一种是受国外雇主委托派出劳务人员,按商定的每月报酬额按月结算劳动报酬。

技术服务是指按业主要求,派遣技术人员或高级管理人员到国外从事技术或管理工作,如资源勘察、可行性研究、工程设计、指导生产、传授技术、开展咨询、培训人员等服务。技术服务实质上是高层次的劳务合作。技术服务有按项目计算劳务报酬的,也有按每人每月薪金计算技术服务费的。

(一) 劳务合作、技术服务的成本管理

劳务合作、技术服务成本是指对外经济合作企业为提供劳务合作和技术服务而发生的各项支出。企业开展劳务合作和技术服务业务时,在成本管理上主要应注意以下几点:

1. 签好对外合作合同

合同内容要具体,文字表达要清楚,明确合作形式、合作期限、劳动报酬、支付方式、支付时间以及劳务人员其他待遇(如加班、奖金、人身保险、工伤、疾病、劳动保护等)。一般劳务成本应包括:

(1) 劳动力动员安置费;

(2) 出国人员的劳务工资;

(3) 出国人员的加班费和奖金;

(4) 出国人员由外方支付的保险费;

(5) 按合同规定应由外方支付的出国人员国际旅费;

(6) 因外方不能提供食宿,按合同规定支付的住宿、膳食和市内交通费。

对外经济合作企业对外劳务合作、技术服务,大都要同国内派出劳务的地方政府劳动部门或企事业单位合作。因此,在签订对外合同后,还需要与派人单位根据对外合同的要求签订国内合作合同,内容除参照对外合同外,要明确派人单位收取的管理费和支付给出国劳务人员的报酬。

2. 降低成本

劳务合作、技术服务降低成本的主要途径是:按劳务总价承包的项目要严格控制用工数量,通过向劳务人员承包或计件充分调动人的生产积极性,只有少用工,才能获得较好的经济效益。按人按月计酬的劳动合作项目,主要是为了防止劳动力素质差,不能完成所规定的劳动任务。一旦由于达不到合同规定的技术标准而被业主辞退而提前回国,既要影响正常劳务收入,还要赔偿雇主经济损失,所以选派合格的劳务技术人员出国是一项很重要的工作。

(二) 劳务合作、技术服务的成本核算

1. 应设置的会计账户

为了核算和监督劳务合作、技术服务支出,计算劳务合作、技术服务成本,对外经济合作企业应设置以下会计账户:

(1)"生产成本——劳务合作支出"账户。本账户核算对外劳务合作业务的实际成本。其借方登记在劳务合作过程中发生的各项费用,贷方登记已办理结算的已完劳务合作项目的实际成本,期末借方余额表示尚未办理结算的劳务合作项目实际成本。本账户应按成本核算对象设置账页并分成本项目进行明细分类核算。劳务合作一般以一个合同为成本核算对象,成本项目一般设人员费、其他直接费和间接费用三项。

人员费是指劳务人员的国内外薪酬;支付给国内派人单位的包干费或出国人员培训费、动员费;按对外合同规定应由我方支付的国内外差旅费、保险费等。

其他直接费是指除人员费外,其他可以直接记入成本核算对象的费用,如支付给国内派人单位的管理费,出国人员使用的工具用具使用费等。

间接费用是指项目管理人员的薪酬、差旅费、办公费等。

(2)"生产成本——技术服务支出"账户。本账户核算对外技术服务业务的实际成本。其借方登记在技术服务过程中发生的各项费用,贷方登记已办理结算的已完技术服务项目的实际成本,期末借方余额表示尚未办理结算的技术服务项目实际成本。本账户应按成本核算对象设置账页并分成本项目进行明细分类核算。技术服务一般以一个合同为成本核算对象,成本项目一般设人员费、其他直接费和间接费用三项。若承担设计任务时,可在成本项目中增加"设计费"一项。

(3)"建造费用"账户。"建造费用"账户的使用方法与承包工程成本核算时基本相同，此不赘述。

2. 劳务合作、技术服务成本核算程序

对外经济合作企业劳务合作、技术服务的成本核算程序是：

(1) 确定成本核算对象和成本项目，并设置成本核算的账户。

(2) 归集劳务合作、技术服务的各项费用。

① 发生的各项直接费用，如人员费、其他直接费等作为劳务合作、技术服务的直接成本，直接记入各成本核算对象，即记入"生产成本——劳务合作支出(或技术服务支出)"总分类账户和明细分类账户。

② 发生的各项间接费用，如组织和管理劳务合作(或技术服务)人员及其有关业务发生的各项支出，能分清成本核算对象的，应直接记入各成本核算对象的间接费项目内，不能分清成本核算对象的，可先在"建造费用"账户中归集，月末再按一定的分配方法记入"生产成本——劳务合作支出(或技术服务支出)"总分类账户和明细分类账户。

通过上述程序，将应记入劳务合作、技术服务各成本核算对象的费用，都已归集在"生产成本——劳务合作支出(或技术服务支出)"总分类账户和明细分类账户中。

(3) 结转已办理结算的已完劳务合作(或技术服务)项目的实际成本。将本期已办理结算的已完劳务合作(或技术服务)成本自"生产成本——劳务合作支出(或技术服务支出)"账户转入"主营业务成本"账户。

对外经济合作企业在核算劳务合作、技术服务成本时，各项费用在各有关账户中流转的程序可用流程图表示，见图 7-2。

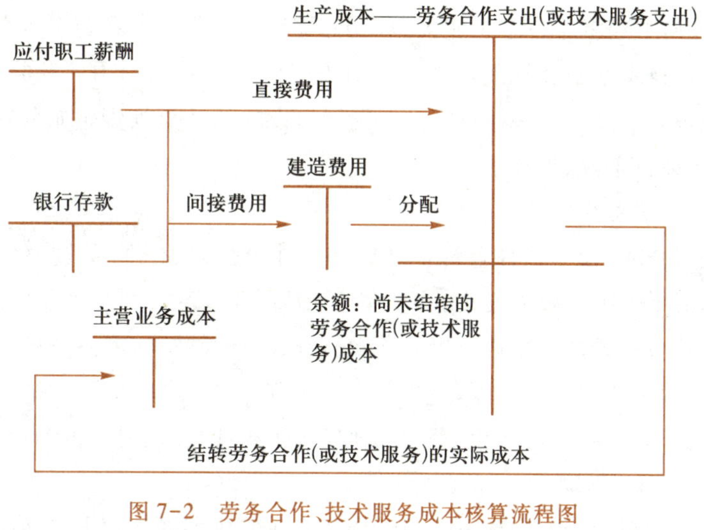

图 7-2　劳务合作、技术服务成本核算流程图

3. 劳务合作、技术服务的成本核算

(1) 人员费的核算。人员费发生时借记“生产成本——劳务合作(或技术服务)支出——××(人员费)”账户,贷记“应付职工薪酬”等账户。

(2) 其他直接费。其他直接费发生时借记“生产成本——劳务合作(或技术服务)支出——××(其他直接费)”账户,贷记“银行存款”等账户。

(3) 间接费用。间接费用发生时能分清成本核算对象的,借记“生产成本——劳务合作(或技术服务)支出——××(间接费)”账户,贷记“银行存款”等账户。间接费用发生时,不能分清成本核算对象的,借记“建造费用”账户,贷记“银行存款”等账户。期末按一定的方法分配记入劳务合作、技术服务各成本核算对象,会计分录为借记“生产成本——劳务合作(或技术服务)支出——××(间接费)”账户,贷记“建造费用”账户。

(4) 结转劳务合作、技术服务项目的实际成本。劳务合作或技术服务项目在结算劳务合作收入或技术服务收入后,应按收入口径将生产成本中劳务合作或技术服务支出结转到营业成本账户中劳务合作成本或技术服务成本中。会计分录为借记“主营业务成本——劳务合作(或技术服务)成本”账户,贷记“生产成本——劳务合作(或技术服务)支出”账户。

第二节 外商投资会计核算

外商投资虽存在于各行各业,但其经济业务中有一些共性特征,主要存在于投入资本、利润分配等方面。

一、外商投资企业的特点

目前,我国外向型经济中许多企业大力走出国门,同时我们也看到许多企业大力吸引外资,提升经营实力、技术水平和管理水平。外商投资依然是我们利用外资的重要途径,外商投资企业依然较多。依照中国法律批准在中国境内设立的外商投资企业分别是中外合资经营企业、中外合作经营企业、外资企业。

(一) 中外合资经营企业

中外合资经营企业(以下简称合营企业),是由外国公司、企业和其他经济组织或个人,按照平等互利的原则经中国政府批准,在中华人民共和国境内,同中国公司、企业或其他经济组织共同举办的股权式合营企业。双方共同出资、共同经营,按照各自的出资比例共担风险、共负盈亏。合营企业的主要特点有:

(1) 合营企业一方为外国公司、企业、其他经济组织或个人,另一方为中国公司、企业或其他经济组织。

(2) 合营企业的形式为有限责任公司。合营企业的投资者必须来自两个或两个以上的国家或地区,在合营企业的注册资本中,外国合营者的投资比例一般不低于25%,合营企业各方所负的责任,以各自认缴的出资额为限。

(3) 合营企业各方共同参与企业经营管理。按合营协议设立董事会,由合营各方协商确定董事会成员。董事长和副董事长由董事会选举产生。董事会根据平等互利原则决定合营企业的重大问题。

(4) 合营企业的收益由各方共享,其获得的利润,按税法规定交纳所得税后,扣除合营企业章程规定的储备基金、职工奖励及福利基金、企业发展基金留存后,净利润根据合营各方注册资本的比例进行分配。合营企业的经营亏损由各方共担。

(二) 中外合作经营企业

中外合作经营企业(简称合作企业),是由外国企业和其他经济组织或个人按平等互利的原则提供资金,我国企业或其他经济组织提供合作条件,按合同的约定分配收益、承担亏损,在中国境内共同举办的一种契约式合作经营企业。合作企业的主要特点有:

(1) 合作企业一方为外国公司、企业、其他经济组织或个人,另一方为中国公司、企业或其他经济组织。

(2) 合作企业不一定是法人企业,符合我国法律关于法人条件的规定的,可依法取得法人资格。即中外合作者可以设立具有独立法人资格的合作企业,以该法人的全部财产为限对债务承担责任;也可以设立不具有独立法人资格的合作企业,由合作各方对企业的债务承担连带责任。

(3) 合作企业在合同中约定投资或者合作条件、收益或产品的分配、风险和亏损的分担、经营管理的方式和合作企业终止时的财产归属等事项。即合作企业不是按投资比例而是按合同规定享受收益、分担风险,是契约式企业。

(4) 合作企业应设立董事会或联合管理机构,依照合作企业合同或章程规定,决定合作企业的重大事项。这样,在其管理方式上更为机动灵活,可以在合作初期由外方负责经营管理,逐渐转为由中方负责经营管理;还可以由中方负责经营管理,外方派出具有丰富管理实践经验的人员进行协助。

(5) 合作企业中的外方合作者可以按合同规定提前收回投资。如:可以提高外方合作者的收益分成比例;采用缩短固定资产折旧期的方式,保证外方提前收回投资。合同期满,企业的一切财产也可按合同规定自动归中方所有,并由中方继续经营管理。

(三) 外资企业

外资企业是国外企业和其他经济组织或个人,按我国法律规定,在我国境内举办的外商独资企业。其主要特点是:

(1) 企业全部资本均来自外国投资者。外资企业的投资可以是独资,也可以是国外几家企业或个人联合投资。

(2) 外资企业不一定是法人企业,符合中国法律规定的,可依法取得中国法人资格。

(3) 外资企业不包括外国企业和其他经济组织在我国境内设立的分支机构。这些分支机构属于外国企业,不在此列。

外商投资的股份有限公司也可以是外商投资企业形式的一种。

二、做好外商投资会计工作的注意事项

相比之下，进行外商投资企业会计工作应注意以下情况：

（一）记录形式方面

1. 外商投资企业的会计记录往往采用两种文字

外商投资企业设在我国境内，因此一切会计凭证、账簿、报表都应用中文书写。但为了便于外国投资者了解企业经营状况，参与经营管理，外商投资企业在自制的凭证、账簿、报表上同时印好对照的中外两种文字，有关重要说明也要用两种文字书写。

2. 记账本位币的采用较灵活

我国企业常常以人民币作为记账本位币，而外商投资企业如果外币业务较多，用人民币作为记账本位币不方便时，可采用某种外币（一般应是国家外汇管理局公布汇价的外币）作为记账本位币，以人民币作为辅助记录，年末除编制外币会计报表外，还应编制外币折合成人民币的会计报表。

（二）核算内容方面

1. 投入资本

企业投资者为国内企业和国外的企业和经济组织及个人。我国投资者投资的形式多为厂房设备、土地使用权等，外商的投资形式多为外币现金、先进技术设备、专有技术和工业产权等。

2. 外汇业务

外商投资企业生产的产品由于企业具有良好的销售渠道而多是销售到国外。因此，外商投资企业在生产经营过程中，与国外发生的经济往来较多，外汇业务可能比一般国内企业更多。

3. 利润分配

利润分配因企业形式而异。合资经营企业利润分配按合资各方的出资进行，实现的利润按税法规定交纳所得税，按合同、章程提取储备基金、企业发展基金、职工福利基金和奖励基金，剩余的净利润经董事会会议讨论决定分配方案后按出资比例在投资各方进行分配。合作经营企业利润分配按合同规定的各种方式进行。外资企业税后利润归外国投资者所有，汇出利润时必须向指定银行和外汇管理局提交完税证明等。这些与国内企业利润分配有一定的差异，会计处理及手续有所不同。

三、外商投资企业投入资本的核算

（一）外商投资企业的资本构成

1. 投资总额

投资总额是指外商投资企业的投资各方，根据合同、协议及企业章程所规定的生产经营内容和规模商定的，需要投入的基本建设资金和生产流动资金的总和。从其来源渠道看，投资总额由注册资本和借入资金两部分构成。外商投资企业注册资本与投资总额应保持合理的比例（见表7-1），具有比一般企业更加重要的意义。

确定投资总额中注册资本的比例，往往是中外合资企业、中外合作企业在进行可行性研究过程中谈判的焦点之一。因为在筹资问题上，中外合营者之间存在差异。中方需要引进外资，在各方出资比例一定的条件下，注册资本比例大，引进的外资会多些；从外商角度看，往往主要考虑投资风险。银行借款是以合营企业的名义借的，一般从中国的银行借入，向国外金融机构借款多数也要中国银行担保。企业一旦无力偿还债务，中国的银行就成了第二债务人，而外国投资者对超过其认缴额度外的不承担责任。如果企业无力偿还中国的银行借款，中国的银行就要蒙受损失。也即资本金比例过小时，中国方面承担的风险相对大些。

表 7-1 外商投资企业注册资本占投资总额比例

投资规模（投资总额）	注册资本占投资总额的最低比例	备注
300 万美元以下	70%	
300 万～1 000 万美元	50%	其中投资总额在 420 万美元以下的，不得低于 210 万美元
1 000 万～3 000 万美元	40%	其中投资总额在 1 250 万美元以下的，不得低于 500 万美元
3 000 万美元以上的	1/3	其中投资总额在 3 600 万美元以下的，不得低于 1 200 万美元

2. 注册资本

这里的注册资本是指外商投资企业成立时，在中国工商管理部门注册登记的出资各方法定认缴的出资总额。合营企业的资本由合营各方按合同规定的比例出资，外国合营者的投资比例一般不低于 25%。合作企业出资各方按合同规定出资。外资企业由一个或几个外国投资者按合同规定出资。

出资各方应在合同中规定出资期限，并应按合同规定的出资期限缴清各自的出资。合同规定一次缴清出资的，应当从营业执照签发之日起六个月内缴清。合同规定分期缴付出资的，出资各方第一期出资，不得低于各自认缴额的 15%，并且应当在营业执照签发之日起三个月内缴清。

由于存在出资期限，一定时期内外商投资企业的实收资本总额，不一定等于其注册资本的总额。只有当投资各方按规定缴足认缴的出资额后，企业的实收资本才等于注册资本。

投资各方按合同分期缴入资本时，一般应分期按出资比例认缴，以便使实收资本保持与注册资本相同的出资比例。各方缴入资本时，在“实收资本”账户登记。至于注册资本，只在“实收资本”账户的上端作备忘记录，不必单独记账。

为了防止各方无限期地拖延缴纳认缴的资本金，合同中还应注明逾期未缴或未缴清的应支付迟延利息或赔偿损失。

（二）投入资本的方式及作价

投入资本的方式可以是现金、实物、工业产权、专有技术等，即投入资本的形式包括现金投资、实物投资和无形资产投资。中方合营者可以场地使用权进行投资。

1. 现金投资

现金投资指出资各方用外币、人民币作为投入资本。现金的投资额取决于在实物投资、无形资产投资之外，还需要多少资金来满足企业日常周转的需要。我国法规中对现金出资比例未作规定，出资各方可在合同中协议商定。

2. 实物投资

实物投资指出资各方用建筑物、厂房、机器设备、运输工具及其材料物资等作价出资。外方投资者出资的机器设备和材料物资必须符合下列三项条件：① 企业生产必不可少的；② 我国不能生产或虽能生产，但价格过高或在技术性能和供应时间上不能保证需要的；③ 作价不得高于同类机器设备或材料物资当时的国际市场价格。

3. 无形资产投资

无形资产投资即出资各方用专有技术及专利权、商标权、版权、场地使用权和其他特许权等无形资产作价出资。外方投资者的无形资产投资应提交有关资料，其中包括专利证书、商标注册证书的复印件，工业产权或专有技术的有效状况及技术特性、实用价值，作价的计算依据等资料，以及与中方合资者签订的作价协议等有关文件。外方出资的无形资产必须符合下列条件之一：① 能生产我国急需的新产品或出口适销产品；② 能显著改进现有产品的性能、质量和提高生产效率；③ 能显著节约原材料、燃料、动力。我国投资者可用场地使用权作价投资。我国财务制度规定，除场地使用权以外的其他无形资产投资一般不能超过注册资本的 20%。

现金投资按实际出资额作价，将不同的货币按合同规定的汇率折合成记账本位币。实物投资一般应按国际市场价格作价。无形资产中的工业产权原则上也应按国际市场价格计算，场地使用权一般可按场地面积、使用年限和企业所在地政府规定的场地使用费标准综合计算作价。

由于对投资的作价会直接影响到出资各方的切身利益，出资各方缴付出资额后，应由中国注册会计师进行验资，并出具验资报告作为证明，然后由企业据以发给各方出资证明。

（三）投入资本的核算

外商投资企业投入资本的核算，主要是根据合同、章程的规定，核算投资各方投入资本的情况。应设置“实收资本”账户进行核算，该账户属所有者权益类账户，贷方登记企业实际收到的投资者投入的资本额及增加的再投资额，借方登记资本的减少额。通常外商投资企业在经营期间不得减少注册资本，所以资本的减少只有在企业解散清算时发生。“实收资本”账户要注明注册资本总额，各方认缴比例，实际认缴情况。“实收资本”账户要按投资者的名称设置明细账户进行核算，“实收资本”明细账户的格式见表 7-2。从该系列明细账户中可以了解到出资各方认缴额、实缴额和未缴额的详细情况。

记账本位币按双方合同的规定处理，如合同规定的注册资本为人民币，记账本位币就是人民币，则外方投资应按即期汇率折合成人民币入账；如合同规定的注册资本为美元，则记账本位币可以是人民币或美元，当记账本位币为美元时，中方投资应按即期汇率折合成美元入账。按即期汇率将资产和实收资本入账后，不论汇率如何变动，均不能对资本进行调账。

表 7-2 实收资本明细分类账户

单位： 核准注册资本： 出资比例： 认缴注册资本：

年		凭证号	摘要	借方金额			贷方金额			余额		
月	日			外币	汇率	人民币	外币	汇率	人民币	外币	汇率	人民币

1. 原始投资的核算

（1）现金投资的核算。我国《企业会计准则》规定，以历史成本计量的外币非货币性项目，仍采用交易发生日的即期汇率折算，不改变其记账本位币金额。这包括两层含义，一是实收资本不按合同汇率记账，即合同汇率只规定投资额，而会计对投资的确认计量则按即期汇率折算，外币投入资本与相应的货币性项目的记账本位币金额之间不产生外币资本折算差额；二是各资产负债表日不对实收资本进行再次确认计量。

投资者投入外币现金，记账中应按业务发生当日的即期汇率（也称市场汇率）折算为记账本位币记账。

按照企业收到出资额时的即期汇率折算时，如果记账本位币与注册时所登记的货币不一致且投资人缴入出资额的时间不同，在“实收资本”账户中，应当按照第一次收到出资额时的即期汇率折合。投资人如果分期出资，其各期出资都应按照第一次收到出资额时的即期汇率折合。

［例 7-2］ 某公司由中国甲公司与美国 B 公司合资创建，合同约定以人民币为记账本位币。甲公司投入人民币 800 000 元，B 公司投入 200 000 美元，当日市场汇率为 1 美元 =6.3 元人民币。

借：银行存款——人民币户　　800 000

　　贷：实收资本——甲公司　　800 000

借：银行存款——美元户　　（USD200 000×6.3）1 260 000

　　贷：实收资本——B 公司　　1 260 000

（2）实物投资的核算。在实物投资的情况下，企业应按合同规定，以出资各方协商确定，并经检验核实的实物清单中所列金额和收到的日期作为记账依据。出资各方投入的实物都应开列各方签字同意的财产估价清单，详细记录各项实物数量和协商确定的价值，要附有协议文件和注册会计师的验资报告，并经企业负责验收的人员验收无误后签字证实，才能据以入账。

［例 7-3］ 设例 7-2 中的合资企业收到甲公司以厂房及一批设备进行投资的手续，双方协定厂房总价 2 000 000 元，已折旧 30%；设备总价 1 200 000 元，已折旧 20%。

借：固定资产——厂房	2 000 000	
——设备	1 200 000	
贷：实收资本——甲公司		2 360 000
累计折旧		840 000

［例 7-4］ 设例 7-2 中的合资企业收到 B 公司用新设备及原材料进行的投资，新设备作价 300 000 美元，原材料作价 20 000 美元，当日市场汇率为 1 美元=6.3 元人民币。

借：固定资产——设备	1 890 000	
原材料	126 000	
贷：实收资本——B 公司		2 016 000

（3）无形资产投资的核算。出资各方以无形资产投资时，企业应按合同商定的金额和时间入账。

［例 7-5］ 设合资企业办妥甲公司以场地使用权进行的投资，协商作价 900 000 元。

借：无形资产——场地使用权	900 000	
贷：实收资本——甲公司		900 000

［例 7-6］ B 公司以工艺技术资料等专有技术投资，经协商作价 200 000 美元，当日市场汇率为 1 美元=6.2 元人民币。

借：无形资产——工业产权及专有技术	1 240 000	
贷：实收资本——B 公司		1 240 000

上述例题中注册资本为人民币，记账本位币也为人民币。外商投资企业也可用外币作注册资本，并用外币作记账本位币。下面举例说明：

［例 7-7］ 某外商投资公司，以美元为注册资本，以人民币为记账本位币。收到中方投资 1 660 000 元人民币，外方投资 400 000 美元，当日市场汇率为 1 美元=6.25 元人民币。

借：银行存款——人民币户	1 660 000	

贷:实收资本——中方 1 660 000

借:银行存款——美元户 (USD400 000×6.25)2 500 000

贷:实收资本——外方 2 500 000

如以美元为记账本位币,则不同之处在于"实收资本——中方"也要用美元金额记录:

中方投资人民币的美元金额=1 660 000÷6.25

=265 600(美元)

借:银行存款——人民币户 (RMB1 660 000)USD265 600

贷:实收资本——中方 USD265 600

借:银行存款——美元户 USD400 000

贷:实收资本——外方 USD400 000

2. 增资的核算

外商投资企业在经营期内可以按规定增资。增资的来源一是新增投资,二是用企业提取的企业发展基金、储备基金或未分配利润转增资本。

新增投资与原始投资处理相同。

外商投资企业用盈余公积中的企业发展基金、储备基金以及用未分配利润转增资本时,作如下会计分录:

借:盈余公积——储备基金

——企业发展基金

利润分配——未分配利润

贷:实收资本——中方某公司(出资比例或协议规定)

——外方某公司(出资比例或协议规定)

同时,应调整注册资本记录。

3. 投资者转让资本的核算

投资者由于某种原因确实无意继续经营时,可将资本全部转让或部分转让,转让时应取得合资者的同意,而且,合资者有权优先购买。

转让时,作如下会计分录:

借:实收资本——某某(出让者)

贷:实收资本——某某(转入者)

同时,应调整注册资本记录。

需注意的是,如转让全部资本,出让者是外方,转入者是中方,则企业性质就变为内资企业。

4. 归还投资的核算

根据《中华人民共和国中外合作经营企业法》规定,"中外合作者在合作企业合同中约定合作期满时合作企业的全部固定资产归中国合作者所有的,可以在合作企业合同中约定外国合作者在合作期限内先行收回投资的办法。"

如合同中有上述规定,企业可分期归还外国合作者的投资,这意味着实收资本的减少。在会计处理上,为了全面反映企业实收资本的原始情况,归还投资时不直接冲销“实收资本”账户,而是设置“已归还投资”账户,作为“实收资本”账户的备抵账户,核算企业归还投资者投资的情况。在资产负债表中,该项目作为减项列在“实收资本”项目下。

归还投资时,作如下分录:

借:已归还投资

　　贷:银行存款(或其他资产)

如以利润归还投资,同时要作如下分录:

借:利润分配——利润归还投资

　　贷:盈余公积——利润归还投资

四、外商投资企业利润分配的核算

(一)利润分配的原则

外商投资企业实现的利润,应当按税法规定缴纳所得税,缴纳所得税后的利润,应按以下原则进行分配:

(1)外商投资企业应当先提取企业储备基金、企业发展基金、职工奖励基金和职工福利基金。其中,储备基金的提取比例不得低于税后利润的10%,累计提取数额达到注册资本的50%时,可以不再提取;职工奖励基金、职工福利基金和企业发展基金的提取比例由企业自行确定。

(2)企业储备基金主要用于弥补亏损;企业发展基金主要用于扩大企业生产经营或者按照企业章程规定转作投资人的增资;职工奖励基金和职工福利基金一般用于职工非经常性奖励和补贴,购建、修缮职工住房等集体福利。企业在以前年度亏损未弥补之前,不得进行各项利润分配。

(3)企业按照规定提取上述各项基金以后的利润余额,可以按照章程、投资合同或者投资比例在投资者之间进行分配。其中,投资人在出资中违约,且未依照国家有关出资管理规定纠正,并承担违约责任的,不得参与利润分配。

(4)企业应当于年度终了,并经注册会计师查账验证后,进行利润分配。企业一般不得预分利润,但对于经营管理好、没有到期债务,按照规定预缴所得税后,仍有较大部分利润的,经企业主管部门和同级财政部门批准,可以预分一部分利润。企业以前年度可供分配而未分配的利润,可于年度中间进行利润分配,也可以并入以后年度的利润中一并进行分配。

利润分配的顺序是:① 弥补以前年度亏损;② 提取储备基金、企业发展基金、职工奖励基金和职工福利基金等;③ 向投资者分配利润。

(二)各项基金的提取和使用

1. 储备基金的提取和使用

储备基金是企业的一项准备金,主要用于弥补企业亏损。平时只用于垫补企业流动资金的不足，如果连续五年实现的利润不足以弥补亏损时，经董事会讨论可用储备基金弥补亏损。储备基金也可用于扩大企业生产的增资。

［例 7-8］ 某合营企业税后净利为 1 340 000 元。

① 将利润转账：

借：本年利润　　1 340 000

　贷：利润分配——未分配利润　　1 340 000

② 按 10% 提取储备基金：

借：利润分配——提取储备基金　　134 000

　贷：盈余公积——储备基金　　134 000

③ 如董事会确定将一部分储备基金弥补亏损，则：

借：盈余公积——储备基金　　××××××

　贷：利润分配——其他转入　　××××××

2. 企业发展基金的提取和使用

企业发展基金是企业为了发展生产而提取的一项基金，是资本积累的一部分。提取企业发展基金主要用于扩大生产经营，经董事会决议并取得有关部门的批准同意，可用于转增资本。如董事会决定按 10% 提取企业发展基金，则作如下会计分录：

借：利润分配——提取企业发展基金　　134 000

　贷：盈余公积——企业发展基金　　134 000

3. 职工奖励基金和职工福利基金

职工奖励基金和职工福利基金是专门用于职工奖励和举办职工集体福利的一项专款，是企业对职工的一项负债。

［例 7-9］ 续前例 7-8。

① 董事会决定按 8% 提取职工奖励基金和职工福利基金：

借：利润分配——提取职工奖励及福利基金　　107 200

　贷：应付职工薪酬——职工奖励及福利基金　　107 200

② 支付职工奖金 80 000 元：

借：应付职工薪酬——职工奖励及福利基金　　80 000

　贷：银行存款　　80 000

③ 用职工福利基金购买音响一套，用于职工娱乐，支付 10 000 元：

借：应付职工薪酬——职工奖励及福利基金　　10 000

　贷：银行存款　　10 000

外商投资企业的职工福利基金用于职工福利，形成的房屋、设施不得作为企业的财产。

（三）中外合资经营企业股利的分配

合营企业的税后利润扣除三项基金，再加上以前年度未分配利润，可用于分配股利，由董事会决定分配股利的金额，各投资者按出资比例分得相应股利。

[例 7-10] 接例 7-8，假如企业上年末未分配利润为 20 000 000 元，董事会决定用 1 000 000元用于发放股利，注册资本中，中方占 40%，外方占 60%。

① 计算应付股利时：

借：利润分配——应付普通股股利	1 000 000	
贷：应付股利——中方		400 000
——外方		600 000

② 发放股利时：

借：应付股利——中方	400 000	
——外方	600 000	
贷：银行存款		1 000 000

（四）中外合作企业经营成果的分配

中外合作企业按合同约定的方式和比例分配利润，可以采取按净利润分成、按产品或产值分成等分配方式。

1. 只分配利润，外方合作者不先收回投资

这些分配利润的合同约定有多种多样的方案，应在拟定的合同中明确。

(1) 按合作各方出资额的比例分配。这种分配方案与中外合资经营企业类同。当然，这要求合作各方承担的投资责任全部表现为各自的出资额，即要将非现金投资协商确定作价后实施。

(2) 按约定的分配比例分配。合作双方在全面权衡各方的投资、承担的责任和风险等因素后，商定一个比例，在企业合同中订明，作为分配各年度利润的依据。而且还可以在合作经营期间实施不同的分配比例。如规定最初二八开，出资额还齐后实行五五开，直到合作期满。

(3) 先向外方分配按其出资额计算的利息，然后按约定比率分配。即在分配利润时，先按企业合同中规定的利率（可以浮动）计算外方合作者出资额的应计利息，分配给外方。分配后若有余额，再按约定的比例在中外合作者之间进行分配。这里计算的利息仅是一种分配标准，并不是税前列支的利息费用。这种分配方案往往用于外方合作者出资额远远超过中方的情况。

(4) 对利润分配和亏损分担约定不同的比例。如果在合同中没有专门订明亏损分担的不同比例，企业亏损时合资双方将按分配利润的比例分担亏损。

净利润分成是提取储备基金、企业发展基金、职工奖励及福利基金之后，按合同约定的比例在投资者之间分配净利润。在上述分配情况下，外方合作者的权益可在合作期满、企业

清算后作价转让给中方合作者。

其利润分配的会计处理与合资经营企业相同。

2. 先归还外方合作者投资,再分配利润

(1) 主要使用的账户。先归还投资,实际上就要减少外方合作者的出资额。但是,由于外方合作者不能因先收回投资而改变企业合同中原来所承担责任的规定,为此要专门开设一个备抵账户,即"已归还投资——外方合作者"账户。

(2) 合作经营先归还外方投资的核算。这样分配利润的合同约定也有多种方案,应在拟定合同时明确,并根据实际情况进行会计处理。

其一,逐年按固定资产的折旧额归还投资,同时分配利润。即逐年按固定资产的折旧额归还投资后,再按约定的利润分配比例分配利润。投资额全部收回后,也可以改按合同中规定的另一比例分配利润,直到合作期满。这种方案主要适用于外方合作者仅以固定资产投资的情况。

[例 7-11] 中外合作经营企业盛德运输公司在合同中约定,外方合作者于 20×8 年 1 月 1 日以空调大客车投入资本 USD86 800,汇率为 6.6,折合人民币 572 880 元;投资将按折旧额先行收回,合作期 3 年期满时大客车无偿归中方所有;不预计残值,故每年折旧额为 190 960 元,由企业按投资时的入账汇率折算为美元付给外方合作者(即外方承担汇率变动风险);中外合作者按 60%:40%的比例分享盈亏。又假设该公司年初未分配利润为37 868元,本年度的利润总额为 186 782 元,应交所得税为 28 122 元。经董事会决定,从当年税后利润中提留 10%作为储备基金、10%作为企业发展基金、5%作为职工奖励及福利基金后,从可供分配给投资人利润中提出 120 000 元按规定比例分配给中外合作者。假设于年末支付上述利润分配额和外方收回的投资额,当日市场汇率为 1 美元=6.65 元人民币。

① 在结账前按折旧额归还外方合作者的投资额时:

借:已归还投资——美元户 (USD28 933×6.6)190 960

财务费用 1 444

贷:银行存款——美元户 (USD28 933×6.65)192 404

由于以上分录是在结账前作,故分录中财务费用所反映的汇兑损失已包括在前述本年利润的计算中。

② 按年度利润计算出应交所得税时:

借:所得税 28 122

贷:应交税费——应交所得税 28 122

③ 结转本年度净利润总额时:

借:本年利润 158 660

贷:利润分配——未分配利润 158 660

④ 从"未分配利润"中提留三项基金:

借:利润分配——提取储备基金 15 866
——提取企业发展基金 15 866
——提取职工奖励及福利基金 7 933
贷:盈余公积——储备基金 15 866
——企业发展基金 15 866
——职工奖励及福利基金 7 933

⑤ 根据董事会决议,从可供分配的利润中拿出 120 000 元作为股利分配给中外合作者时:

借:利润分配——应付普通股股利 120 000
贷:应付股利——人民币户(中方) 72 000
——美元户(外方) (48 000÷6.65=USD7 218.05)48 000

⑥ 支付各方股利时:

借:应付股利——人民币户(中方) 72 000
——美元户(外方) (48 000÷6.65=USD7 218.05)48 000
贷:银行存款——人民币 72 000
——美元户 (48 000÷6.65=USD7 218.05)48 000

其二,按一定的年限(比如前 5 年)约定每年归还的投资额。其中,对以固定资产投资的部分,往往按折旧额计算;对投入的流动资金,则往往从利润中先行归还,然后按约定的比例参与利润分配。也即按折旧额并以利润归还外方出资,而后分配利润。具体处理可参照例 7-11 进行。

3. 按产品或产值分成

中外合作企业还可以采用产品或产值分成的方式。产品或产值分成,即按合同约定的比例向投资者分配产品或收入,作为投资的归还。

这种分成方式一般应在合作合同中注明:外方合作者承担技术装备等作业条件和某部分作业及有关支出,中方合作者提供场地等作业条件和某部分作业及支出,双方各自承担与作业相关的风险;双方按协商的某产品分成比例分成,各自组织销售并承担有关的费用及支出;外方分成所得的产值达到何种数额后,所提供的技术装备等资产无偿归中方所有并继续用于经营;双方组成联合管理委员会,管理委员会工作中发生的与管理作业有关的支出为联合费用,双方投入等量的周转金支付联合费用,联合费用按产品分成比例由中外合作者分担。

联合管理委员会内分设三套账,一套为联合账簿,一套为中方账簿,一套为外方账簿。联合账簿记录周转资金的收支、相应的联合费用,并分配联合费用。

中外各方账簿分别记录各自原资产、负债、资本,各自发生的成本、费用及税金支出,分配转入的联合费用,以及分得产品的销售收入。通过各自的费用与收入的配比,计算各自的利润，分别缴纳各自的所得税。

这些财务分配处理，为实现引进资金、技术、管理经验创造了条件。

思维导图

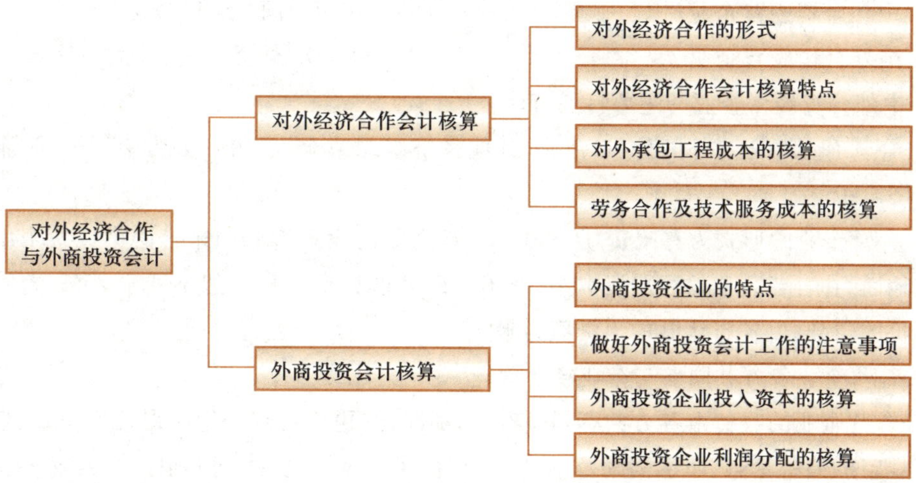

同步测试

一、单选题

1. 对外经济合作企业的经济业务主要是在国外发生的，因此只能用（　　）作为记账本位币。

A. 美元　　B. 英镑　　C. 人民币
D. 一种当地币或通用币　　E. 欧元

2. 对外经济合作企业一方面要遵守我国的法律、法规和制度等，另一方面其境外分支机构还要遵守（　　）的法律、法规、会计准则或财会制度。

A. 国际上　　B. 联合国
C. 各地区　　D. 驻在国或地区

3. 外商投资企业的注册资本中，外国合营者的投资比例一般不低于（　　）。

A. 10%　　B. 20%　　C. 25%
D. 30%　　E. 35%

二、多选题

1. 我国对外经济合作主要有以下（　　　　）形式。

A. 承包工程　　B. 劳务合作　　C. 技术服务
D. 房地产开发　　E. 饮食服务业等

2. 对外经济合作企业会计核算的特点有（　　　　）。

A. 记账本位币不同、外币业务量大、结算业务复杂

B. 成本费用、营业收入的种类多

C. 会计报表汇编方法不同

D. 财务成果分配形式不同

E. 遵守多个国家的法规制度

3. 依照中国法律批准在中国境内设立的外商投资企业分别是(　　)。

A. 中外合资经营企业

B. 国外跨国公司

C. 中外合作经营企业

D. 外资企业

4. 中外合资经营企业的主要特点有(　　)。

A. 合营企业一方为外国公司、企业、其他经济组织或个人,另一方为中国公司、企业或其他经济组织

B. 合营企业的形式为有限责任公司。合营企业的投资者必须来自两个或两个以上的国家或地区,在合营企业的注册资本中,外国合营者的投资比例一般不低于25%,合营企业各方所负的责任,以各自认缴的出资额为限

C. 合营企业各方共同参与企业经营管理

D. 合营企业的收益由各方共享,其获得的利润,按税法规定交纳所得税后,扣除合营企业章程规定的储备基金、职工奖励及福利基金、企业发展基金,净利润根据合营各方注册资本的比例进行分配。合营企业的亏损由各方共担

5. 中外合作经营企业是由外国企业和其他经济组织或个人按平等互利的原则提供资金,我国企业或其他经济组织提供合作条件,按合同的约定分配收益、承担亏损,在中国境内共同举办的一种契约式合作经营企业。合作企业的主要特点有(　　)。

A. 合作企业一方为外国公司、企业、其他经济组织或个人,另一方为中国公司、企业或其他经济组织

B. 合作企业不一定是法人企业,符合我国法律关于法人条件的规定的,可依法取得法人资格

C. 合作企业在合同中约定投资或者合作条件、收益或产品的分配、风险和亏损的分担、经营管理的方式和合作企业终止时的财产归属等事项

D. 合作企业应设立董事会或联合管理机构,依照合作企业合同或章程规定,决定合作企业的重大事项

E. 合作企业中的外国合作者可以按合同规定提前收回投资

6. 外资企业是国外企业和其他经济组织或个人,按我国法律规定,在我国境内举办的外商独资企业。其主要特点是(　　)。

A. 企业全部资本均来自外国投资者。外资企业的投资可以是独资,也可以是国外几家企业或个人联合投资

B. 外资企业不一定是法人企业,符合中国法律规定的,可依法取得中国法人资格

C. 外资企业不包括外国企业和其他经济组织在我国境内设立的分支机构。这些分支机构属于外国企业,不在此列

D. 外商投资的股份有限公司也可以是外商投资企业形式的一种

7. 外商投资企业的特殊核算内容主要包括(　　　　)。

A. 各种资产　　B. 投入资本　　C. 外汇业务

D. 利润分配　　E. 各种负债

8. 在外商投资企业,外方投资者出资的机器设备和材料物资必须符合下列(　　　　)三项条件。

A. 企业生产必不可少的

B. 无实物形态

C. 我国不能生产或虽能生产但价格过高或技术性能和供应时间不能保证需要的

D. 作价不得高于同类机器设备或材料物资当时的国际市场价格

9. 在外商投资企业,外方出资的无形资产必须符合下列条件之一(　　　　)。

A. 能生产我国急需的新产品或出口适销产品

B. 能显著改进现有产品的性能、质量和提高生产效率

C. 能显著节约原材料、燃料、动力

D. 我国投资者可用场地使用权作价投资

三、判断题

1. 对外经济合作企业是指以国际劳务合作业务为主业的企业。(　　)

2. 对外经济合作企业是指以进行国外房地产开发为主业的企业。(　　)

3. 外商投资企业的会计记录往往采用两种文字。(　　)

4. 外商投资企业的记账本位币的采用较灵活。(　　)

5. 外商投资企业投资者为国内企业和国外的企业和经济组织及个人。我国投资者投资的形式多为外币现金、先进技术设备、专有技术和工业产权等,外商的投资形式多为厂房设备、土地使用权等。(　　)

6. 由于存在出资期限,一定时期内外商投资企业的实收资本总额,不一定等于其注册资本的总额。(　　)

四、会计分录题

1. 某对外经济合作企业境外项目组有一自营承包工程 A。

(1) A 工程在本月施工过程中领用材料物资价值如下(单位:元):

主要材料　85 000　　结构件　15 000　　其他主要材料　5 000

周转材料　10 000(本月摊销 1 000)

(2) A 工程在施工过程中支付国外人员费用如下:

结转国内公司转来的生产工人、现场管理人员国内工资 20 000 元。

支付国外人员费用 40 000 元。

用银行存款支付施工机械租赁费用 4 000 元。

用银行存款支付工程保险费 6 000 元。

分配建造费用 15 000 元。

假设月初、月末均无未完工程，本月施工的分部分项工程全部向发包方结算，结转本月已结算工程实际成本。

2. 某国内公司向沙特阿拉伯某工程派遣900名建筑工人，其中，直接生产工人800人，辅助生产工人60人，管理人员40人。按合同规定，公司每人每月以600元人民币的包干经费支付给派出单位，作为其出国人员的国内工资等费用。现按每人每月900元的结算价格向国外项目组结算。试按以下要求进行处理：

（1）公司按月支付包干经费的分录。

（2）以结算价格转国外项目组。

（3）公司结转出国人员成本。

（4）项目组结转出国人员国内工资。

3. 中方甲公司与境外A公司合资组成甲A公司，注册资本为1 650万元人民币，甲公司和A公司各出资50%，分期出资。

（1）收到第一期出资：甲公司厂房500万元，已折旧20%；设备250万元，已折旧20%；场地使用权100万元。A公司投资设备50万美元；商标使用权8万美元；专有技术12万美元。当日市场汇率为1美元=6.3元人民币。

（2）收到第二期出资，甲公司现金125万元；A公司设备20万美元，现金30万美元。当日市场汇率为1美元=6.3元人民币。

4. 某合资企业2019年度税后净利润为7 000 000元，上年未分配利润60 000元。

（1）按净利润的10%提取储备基金。

（2）按净利润的10%提取企业发展基金。

（3）按净利润的8%提取职工奖励及福利基金。

（4）用5 100 000元发放投资者利润，中方60%，外方40%。

要求：根据以上资料，编制相关会计分录。

8

第八章

旅游饮食服务业会计

知识目标

- 了解旅游饮食服务企业与一般商业活动的异同
- 了解旅游饮食服务企业会计核算的基本部分和特殊部分
- 了解旅游饮食服务企业业务活动中取得收入的方式方法
- 了解旅游饮食服务企业营业成本费用的发生情况

技能目标

- 能够开展旅行社营业收入的核算工作
- 能够开展饭店营业收入的核算工作
- 能够开展旅行社营业成本的核算工作
- 能够开展餐饮业营业成本的核算工作
- 能够开展饭店客房营业成本的核算工作

素养目标

- 通过学习“一带一路”的重要性，树立学生的文化自信
- 积极弘扬中华优秀传统美食和美景，提高学生的审美能力和人文素养

引言

第三产业是指再生产过程中为生产和消费提供各种服务的行业，即除第一产业（农业）和第二产业（工业）以外的其他各行业。第三产业包括：商业、旅游业、饮食业、交通运输业、邮电通信业、房地产业、金融业、咨询业、公用事业等。这个范围还在不断扩大。

饮食业指为顾客加工制作饮食品，并提供就地消费的场所、设备和服务的行业，包括各种饭店、菜馆、小吃店、酒楼等。

旅游饭店可分为国际旅游饭店和一般旅游饭店。其中国际旅游饭店除了给国外访客提供住宿上的需求外，还以其高雅的格调、精美的餐具、丰富的世界美食和完善的服务，吸引大量本地的客源；加上饭店的场地大、设备齐全、员工专业水准高，因此可同时兼具美食宴会、婚丧喜庆、展示会议等其他功能，充分发挥餐饮的边际效用，引导餐饮潮流。

旅游饮食服务业是旅游业、饮食业和有关服务行业的总称，包括旅行社、饭店（宾馆、酒店）、度假村、游乐场、餐馆、洗染、修理等各类服务企业等。旅游饮食服务业的会计工作既有如商业企业按照《企业会计准则》实施的大量内容，还有针对其特有经营特点的核算。

第一节 旅游饮食服务经营概述

一、旅游饮食服务业的主要业务

旅游企业是以旅游资源和服务设施为条件，通过组织旅行游览活动向旅客出售劳务的服务性企业。其主要业务是招揽游客，组织游览从中获得报酬。旅游企业具有投资少、收效快、利润较高的特点。

饮食企业是以提供各种餐饮服务而获得盈利的服务性企业，主要业务是加工生产各种膳食产品，出售、销售各种饮料食品并提供有关服务。其特点是既加工生产，又进行销售，同时还提供服务；其产品的生产过程往往就是产品的销售过程乃至消费过程；其生产周期快，产品花样繁多，数量零星。

服务企业是为人们提供各种技术性或非技术性服务或劳务的企业。如修理店、干洗快熨店、理发美容店、照相馆、搬家公司、咨询公司、大众浴池等。其经营特点是只提供各种服务或劳务而收取服务费。

二、旅游饮食服务业的经营管理特点

旅游饮食服务业经营中以服务为中心，辅之以产品生产与流通，直接为消费者服务。这些经营业务与管理具有以下特点：

（一）综合性

旅游活动是一种新型高级的综合性消费。为满足国内外旅游者在物质、文化生活上的享受，提供食、住、行、买、观光、游览、娱乐等方面的综合服务，旅游业、饮食服务业必然形成相互联系、相互交融的服务体系。这些服务活动涉及有关旅行社、大饭店、游乐场所、餐饮服务场所以及航空、铁路、文物、园林、工艺、美术等部门或行业。旅游饮食服务业中的许多服务也与人民日常生活息息相关，使企业对进行多种经营有浓厚的兴趣，其经营涉及面广，业务内容复杂多样。

（二）针对性

旅游和饮食服务都可以从事生产、零售、服务三种业务。如酒店在主营餐饮、客房服务外，往往还设小卖部，经营零售商品；旅游公司在提供旅游服务外，可能还有附属工厂，生产工艺美术品出售给旅游者。

（三）非均衡性

旅游业受季节影响，旅游旺季收入较高，旅游淡季收入相对较少；饮食业食品的销售价格往往随食品原材料的季节性变动而变动。

（四）特殊性

饮食业产品的品种规格及质量标准复杂，产品一般不入库，随时生产随时销售。

（五）涉外性

旅游企业、大饭店经常组织国内旅客到国外旅游，接待国外旅客到国内旅游。

这些独具特色的旅游饮食服务经营业务，对业务管理、财务活动都有重要影响。合理组织适应经营管理需要的费用核算、成本核算、收入核算具有十分重要的意义。

第二节 旅游饮食服务业收入的核算

一、旅游饮食服务业营业收入的内容

在旅游饮食服务业，营业收入的内容广泛、复杂。旅游饮食服务业营业收入的内容包括：

（一）旅行社营业收入

这类收入有综合服务收入、组团外联收入、零星服务收入、劳务收入、票务收入、地游及加项收入、其他收入等。

（二）饭店、宾馆、旅店营业收入

这些企业的营业收入有客房收入、商品销售收入、车队收入及其他收入等。饭店、宾馆的营业收入中还有餐饮收入。

（三）酒楼、餐馆等饮食业的营业收入

这些收入内容包括餐费收入、冷热饮收入、服务收入及其他收入等。

（四）理发、浴池、照相、洗染、修理、咨询等服务收入

这类企业的收入主要是各种服务收入及其他收入等。

（五）游乐场、歌舞厅的营业收入

这些收入主要包括门票收入、各项服务收入及其他收入等。

（六）度假村的营业收入

度假村的营业收入主要包括客房收入、餐饮收入、旅游商品销售收入、娱乐收入及其他收入等。

旅游饮食服务企业营业收入的特点是：不分主营业务收入与其他业务收入。凡企业在营业中所取得的收入一律记入"营业收入"账户。与营业无关的收入记入"营业外收入"账户。这主要是由于旅游饮食服务业所经营的劳务、服务的种类繁多，营业内容广泛，企业无法从收入大小或经营面的宽窄来确定哪些是主营业务，哪些是附营业务。会计核算针对这一情况，将企业取得的业务收入一律作为企业的营业收入。

二、旅游饮食服务业营业收入的核算

旅游饮食服务企业进行各项营业收入核算应设置"营业收入"账户。其贷方记录企业实现的各类营业收入，借方记录当期发生的销售折让、销售退回，期末贷方余额全部转入"本年利润"账户。营业收入按企业的收入类别设置明细账进行核算。这些明细账可以是饮食业营业收入、饭店营业收入、旅行社营业收入、服务业营业收入等。如在酒楼，也可以是餐费收入、冷热饮收入、服务收入等。下面介绍旅游饮食服务业营业收入的核算指标。

（一）旅行社营业收入

旅行社主要进行招徕、联系、安排、接待旅游者的各项工作。旅行社根据其经营内容又可分为组团社、接团社。组团社是指享有外联权的，主要从事招徕、联系、安排业务的旅行社，即组织国内外旅游者旅游的旅行社。由于组团社有外联权，又称一类社。接团社是指负责接待旅行团队的旅行社，也称二类社。

旅行社的营业收入是指旅行社为旅游、观光、度假、参观者提供各项服务取得的收入。这些收入主要包括：

（1）组团外联收入，即组团社向境外旅游团（者）收取的团费。

（2）综合服务收入，即旅行社在组织包价旅游时向旅游者收取的综合服务费用。

（3）零星服务收入，即旅行社接待零散旅游者和承办委托服务事项所得的收入。

（4）劳务收入，即非组团社为组团社提供境内全程导游、翻译工作所得报酬。

（5）票务收入，即旅行社代办国际联运客票、国内客票的手续费收入。

（6）地游及加项收入，指接团社向旅游者要求增加计划外的当地旅游项目及风味餐等收取的费用。

（7）其他服务收入。

旅行社核算其营业收入要根据其经营业务的情况和特点在"营业收入"账户下设置"综合服务收入""组团外联收入""零星服务收入""劳务收入""票务收入""地游及加项收入""其他收入"等二级账户。企业还可以在二级明细账户之下设置三级明细账户。如"综合服务收入"二级账户之下设置"房费收入""餐费收入""车费收入""陪团费收入""杂费收入"等。还应注意的是，组团社与接团社的服务内容不完全相同，所以其营业收入核算应适应经济活动的具体情况。

1. 组团社营业收入的核算

组团社的主要经营活动是组织境外旅游者来华旅游。因此，组团社与国外旅游机构之间会发生许多款项往来的结算业务。针对这一经营活动特点，企业就应组织"对外结算"的核算。

（1）组团社对外结算的一般程序。第一步，根据"旅行团计划"，编制"报价单"。旅行团计划是指旅行团的旅游日程及具体项目等计划。旅行团计划包括名称、国别、人数、抵离时间、抵离城市、交通工具、接待标准等内容。组团社的外联部门应根据旅行团计划，参照综合服务费构成表，计算该旅行团每人的综合服务报价及全团报价，编制"外联团预算明细表"（见表 8-1），由企业财务部门审核无误后，按固定汇率折合成外币对外报价。

表 8-1　××旅行社

外联团预算明细表

国别：　　　　　　　　　　　　　　　　　　　　年　月　日

<table>
<tr><td>组团社</td><td>团号：</td><td>人数</td><td>天数</td></tr>
<tr><td rowspan="3">各地综合
服务费</td><td colspan="3">类区：</td></tr>
<tr><td colspan="3">类区：</td></tr>
<tr><td colspan="3">类区：</td></tr>
<tr><td>合计　　元</td><td colspan="3"></td></tr>
<tr><td rowspan="2">飞机费
合计　　元</td><td>元</td><td>元</td><td>元</td></tr>
<tr><td>元</td><td>元</td><td>元</td></tr>
<tr><td rowspan="2">火车费
合计　　元</td><td>元</td><td>元</td><td>元</td></tr>
<tr><td>元</td><td>元</td><td>元</td></tr>
<tr><td rowspan="2">汽车趟公里费
合计　　元</td><td>元</td><td>元</td><td>元</td></tr>
<tr><td>元</td><td>元</td><td>元</td></tr>
</table>

续表

<table>
<tr><td>各地房费
合计　　元</td><td colspan="2"></td><td>单间费</td><td></td></tr>
<tr><td>各地门票、游江、杂技、风味餐费</td><td colspan="2" rowspan="2"></td><td>保险费、调剂费</td><td></td></tr>
<tr><td>合计　　元</td><td>合计</td><td>元</td></tr>
<tr><td rowspan="3">总计　　元</td><td rowspan="2">汇率</td><td colspan="2">减免</td><td rowspan="2">团队实际报价（FFC）</td><td rowspan="2">备注</td></tr>
<tr><td>人数</td><td>金额</td></tr>
<tr><td>折合美元
加元</td><td></td><td></td><td></td><td></td></tr>
</table>

总经理室审核：　　　　部门负责人：　　　　经手人：

第二步，审核旅客汇款水单。国外旅行社接受报价后，应通过中国银行汇款到国内旅行社。中国银行办妥收款后，应通知组团社旅费收妥的情况。中国银行通知旅行社入账的存款单据称为“汇款水单”。“汇款水单”是旅行社财务部门进行账务处理的重要凭据。财务部门接到“汇款水单”后，记入相应的旅游团的往来账户。

第三步，编制结账单。组团社组织境外旅游团结束旅行后，根据旅游团的来华人数及实际旅游项目等，编制“结算账单”（见表 8-2），送交财务部门入账。填制收款原始凭证或付款原始凭证，连同“结算账单”一并汇往国外有关旅行机构，通过中国银行退还余额或收取欠款。

表 8-2　××旅行社结算账单

日期：

<table>
<tr><td>贵方旅行社名称</td><td colspan="3"></td></tr>
<tr><td>旅行团名称及代号</td><td colspan="3"></td></tr>
<tr><td>访华日期</td><td colspan="3">自　　年　月　日　至　　年　月　日</td></tr>
<tr><td>人　数</td><td></td><td>每人旅行费用报价</td><td></td></tr>
<tr><td>随员减免</td><td></td><td>取消费</td><td></td></tr>
<tr><td>应收费用总计</td><td></td><td>实际收到费用总计</td><td></td></tr>
<tr><td colspan="4">尚余（欠）费用</td></tr>
<tr><td colspan="4">备注：</td></tr>
</table>

审核人：　　　　经手人：

（2）组团社营业收入的账务处理。核算组团社的对外结算业务要使用“营业收入”“应收账款”“财务费用”等账户。根据旅行社经营特点,还应在“应收账款”账户下设置“应收国外结算款”“应收国内结算款”“应收港澳结算款”“应收联社结算款”等明细账户;在“财务费用”账户下设置“汇兑损益”明细账户。

当企业接到汇款水单时,应借记“银行存款”账户,贷记“应收账款”账户;当企业收到“结算账单”时,应按其金额借记“应收账款”账户,贷记“营业收入”账户。如果有多收款的退还,应根据实际金额借记“应收账款”账户,贷记“银行存款”账户;如果有补收结算款时,应借记“银行存款”账户,贷记“应收账款”账户。

[例 8-1] 某组团社某日收到国外某旅行社 9 000 美元的汇款水单,当日银行买入价为 1 美元等于 6.50 元人民币。市场汇率为 1 美元等于 6.60 元人民币。应作会计分录如下:

借:银行存款 58 500
　财务费用——汇兑损益 900
　贷:应收账款——应收国外结算款(×旅行社) (USD9 000×6.60)59 400

[例 8-2] 假如上述国外旅行社组织的旅游团在我国境内结束旅程并离境。该旅行社业务部填制“结算账单”交财务部,其中组团外联收入 65 000 元,加项游览及地方风味收入8 000 元,共计 73 000 元,财务审核无误后作会计分录如下:

借:应收账款——应收国外结算款(×旅行社)
　(USD11 060.61×6.6)73 000
　贷:营业收入——组团外联收入 65 000
　　——地游及加项收入 8 000

[例 8-3] 国内组团社将多收的 512 美元退回国外某旅行社。当日银行卖出价为 1 美元等于 6.51 元人民币。账面汇率 6.6。应作会计分录为:

借:应收账款——应收国外结算款(×旅行社) (USD512×6.6)3 379.2
　贷:银行存款 3 333.12
　　财务费用——汇兑损益 46.08

2. 接团社营业收入的核算

接团社的主要业务之一是按照组团社安排的旅行团活动计划提供导游、住宿、用餐、交通、购物、娱乐等一系列服务。接团业务结束后,接团社应与组团社等接待单位进行各项往来款项的结算。

(1) 接团社结算的一般程序。接团社在旅行团离开本地后,应及时向组团社报送账单,即旅游团费用“结算通知单”。账单一般由财务部门根据组团社发来的旅行团计划、接团社自己编制的接待计划、地陪人员填制的旅游团在当地详细活动情况表,按照结算标准或双方协议价格编制。账单一式两份，一份寄给组团社财务部门，组团社财务部门在收到接团社的“结算通知单”后，应仔细审核并及时结清往来款项；另一份接团社财务部门留存入账。

（2）接团社营业收入的账务处理。接团社营业收入主要有由组团社按拨款标准及双方协议价格拨付来的费用。这些费用主要是综合服务费、餐费、房费、城市间交通费、加项服务费、陪同劳务费等。当接团社向组团社发出“结算通知单”后，无论款项收到与否，都应确认营业收入。其会计分录为：

借：应收账款——应收国内结算款

　　贷：营业收入——综合服务收入

收到款项后再作收款的会计分录。

［例 8-4］ 某接团旅行社某日为外地一组团旅行社派出全程陪同一人，收入劳务费 3 000 元。本接团社同时还组织散客就地一日游，收取费用 6 500 元。款项存入银行。

借：银行存款	9 500	
贷：营业收入——劳务收入		3 000
——地游及加项收入		6 500

（二）饭店营业收入

这里的饭店是指大酒店、宾馆。饭店是集旅游业、饮食服务业特点于一身的综合性服务企业。大酒店、宾馆等饭店提供的服务项目很多，既有客房服务，还有餐饮服务，还可提供各种会议、开展科技文化交流、进行商务活动等方面的场所及服务，还可开展诸如理发美容、健身娱乐、汽车出租、商品供应、电信电话、旅游观光、外币兑换、洗衣服务等业务。由于饭店顾客住店或接受服务的时间短，来得快，走得快，所以饭店的财务工作应该做到：信用政策明确，记账准确，走账迅速，结算清楚。

1. 饭店收费的基本方式

饭店收费的基本方式有两种，即集中收费和分散收费。

（1）集中收费。集中收费指客人住店期间发生的各项费用。首先凭记账卡记账，待客人离店时，总服务台的结算处根据记账卡等的记录统一办理结算。这种收费方式是先提供服务，后收费，属于事后结算。其特点是收费集中，利于加强内部控制，也方便顾客。但容易出现漏账、跑账情况。为改善这种方式，企业往往采取在客人入住时收取部分保证金，待客人离店时进行统一结算。集中收费的程序是：

① 登记。客人入住饭店首先在总服务台办理住宿手续，填写“住宿登记表”和记账卡。为客人建立档案，防止和减少客房收入的潜在损失。

② 预收保证金。预收部分房租保证金，离店时结算，或预收费用在结算时多退少补。此举可有效地减少收入损失。

③ 建立消费账户，及时入数。饭店为散客、团体住客建立消费账户，在饭店计算机系统中分配账号，及时把客人的各项消费数输入户头，作为客人结算的原始依据。

④ 结账。确认客户离店情况,检查记账卡资料,询问客人有没有最新消费,填写或打印账单,审核无误后交客人确认,根据客人选定的付款方式结算。

⑤ 编表交款。每天结束时清点现金,整理账单,编制“营业日报表”(见表 8-3)和“内部缴款单”,核对后交财务部门。

⑥ 稽核。即稽核员对上述账单资料进行检查核对。大饭店的收入稽核一般分为夜间稽核和日间稽核。全天的营业结束后,夜间是收入稽核工作的最好时间。夜间稽核员核对无误后,编制“营业日报表”汇总客房、饮食、有关服务等经营数据。日间稽核员对“营业日报表”核对无误后,在表上签字,作为核算依据,并于第二天上午指定时间(一般 9:00 前)报送总经理室。

表 8-3 营业日报表

日期: 星期: 编表: 复核:

项目	当日		本月累计		去年同期实际累计
	实际	计划	实际	计划	
一、客房					
1. 客房出租收入					
2. 房间服务费					
客房收入合计					
二、餐饮					
1. 中餐					
2. 西餐					
3. 酒吧					
4. 送餐					
5. 宴会部					
6. 餐饮服务费					
7. 杂项					
餐饮收入合计					
三、其他营业收入					
1. 洗衣					
2. 房间小酒柜					
3. 车务					
4. 电话					
5. 杂项					
其他营业收入合计					
收入总计					
业务资料统计					

第八章

续表

项目	当日		本月累计		去年同期实际累计
	实际	计划	实际	计划	
客房出租率(%)					
客房总数					
可供出租房间					
已出租房间					
平均房租					
住客人数					
食客人数					
食客平均消费					
结算状况统计					
现金					
信用卡					
支票					
总台客人记账					
单位记账					

(2) 分散收费。分散收费指客人住店期间发生的各项费用,分别由各服务部门的收银员负责收取。各服务部门的收银员在每天交班时,应将当天客人消费的账单及现金及时送交总服务台的结算处,并由总服务台结算处统一汇总当天的营业收入。采用这种收费方式,是在提供服务的同时即收取现金或支票等,属于现收结算。其特点是收费管理比较严谨,但收费分散,加之以现金结算,不方便顾客。

2. 饭店营业收入的核算

饭店的营业收入主要包括客房收入、餐饮收入等,下面分别介绍其核算方法。

(1) 客房收入的核算。客房收入在饭店的营业收入中占了很大比重。在我国的各类饭店,其客房收入一般都占总收入的50%左右,有的甚至更高。客房经营情况的好坏,主要由反映客房出租情况的客房出租率和反映收入情况的租金收入率表达。客房出租率和租金收入率是反映饭店经营状况的重要指标。

① 客房出租率和租金收入率的计算。客房出租率又称客房利用率或开房率,是指已出租客房占可以出租客房的比例。客房出租率高,说明住店客人多,反之则表明客人少,空房多。其计算公式如下:

$$客房出租率=\frac{计算期客房实际出租间天数}{可出租客房数量\times计算期天数}\times100\% \qquad (公式\ 8.1)$$

［例 8-5］　某饭店某月份可供出租的房间是 100 间，当月有 15 天出租了 100 间，还有 15 天只出租了 70 间，当月共出租 2 550 间天（100×15+70×15），当月的客房出租率是（假设该月份有 30 天）：

$$\frac{100\times15+70\times15}{100\times30}\times100\%=85\%$$

可供出租的客房数量在一般情况下是不变的，如有特殊情况，则应将暂时不能出租的客房从可供出租的房间总数中扣除。如果本例 100 间客房中，当月因装修工程而有 30 间客房停止出租 5 天，则该饭店当月的客房出租率为：

$$\frac{100\times15+70\times15}{100\times30-30\times5}\times100\%=89.47\%$$

租金收入率是指在一定时期内饭店客房实际收到房租总额占应收房租总额的比例。租金收入率反映一定时期内饭店客房收入的水平。

客房出租率只能反映客房的利用情况，还不能全面反映客房收入和经营情况。在客房出租率完全相同的两个月内，其客房的收入情况可能并不相同。这是因为饭店有时会给予某些顾客不同程度的优惠。比如，给旅行团以九折的优惠，给重点客人或饭店邀请的客人以不同程度的折扣，给某些客人免费等。在这种情况下，客房的出租率可能较高，但实际收入并不很高。此外，在旅游旺季，客人多，客房紧张，因此当客房的客人在当晚结账退房后，饭店可能将客房再次出租。这时的客房出租率可能是 100%，但其相应的租金收入率可能还超过 100%。

客房租金收入率是衡量客房收入水平的一个重要指标。在计算客房出租率的同时，还应计算客房租金收入率。

$$\text{客房租金收入率}=\frac{\text{报告期实收客房租金}}{\text{报告期应收客房租金}}\times100\% \qquad \text{（公式 8.2）}$$

$$\text{报告期应收客房租金总额}=\sum(\text{某类可供出租客房数}\times\text{该类客房日租金}\times\text{报告期天数}) \qquad \text{（公式 8.3）}$$

［例 8-6］　某饭店有客房 100 间，其中甲等客房 10 间，每天租金 300 元；乙等客房 40 间，每天租金 200 元；丙等客房 50 间，每天租金 100 元。某月客房实际租金收入为 494 400 元，则该月客房租金收入率可计算如下：

$$\text{该月客房租金收入率}=\frac{494\ 400}{30\times(10\times300+40\times200+50\times100)}\times100\%=103\%$$

本例的客房租金收入率超过了 100%，反映饭店在这个经营期间不但基本没有折扣，而且还有某天内一间客房两次出租的情况。

一般说来，客房租金收入率可能高于客房出租率。如果客房出租率过低而收入率长期高于出租率，则说明房租价格定得过高，实际上达不到这个水平，为了有利经营，应该把价格调低。相反，如果客房的出租率和收入率都很高，则可通过市场分析后，适当调高客房的租金，以保证饭店有更大的经济效益。

② 客房收入的核算程序。根据收入确认的原则，客房收入的入账时间是客房实际出租时间。饭店出租客房实质上是将一定时间内的客房住宿使用权卖给客人。客房一经出租，即客人办完入住手续，则不论房租收到与否，都应作为销售处理。

客房收入的入账价格具有很大的灵活性。饭店的客房价格有标准房价、淡季价、旺季价、优惠价、团体价、折扣价等。因此，客房实际出租的价格才是客房营业收入的入账价格。

一般情况下，饭店总服务台负责办理与住店客人之间的客房租金结算业务。客人住店时，应到总服务台预交住店保证金，客人离店时再到总服务台办理结算。总服务台应于每日终了时编制“营业日报”和“内部缴款单”，并与当日进款额及房费收据存根等一并交到饭店财务部。饭店财务部审核无误后据以进行账务处理。

账务处理的一般情况是：按预收的保证金借记“库存现金”账户，贷记“预收账款”账户；按当日应收客房租金借记“应收账款”账户，贷记“营业收入”账户；按当日结账客人交付的现金，借记“库存现金”账户，贷记“应收账款”账户；当日结账客人交付有保证金的，应冲减其应付租金，借记“预收账款”账户，贷记“应收账款”账户。

[例 8-7] 某日营业结束，钰鑫饭店财务部收到总服务台转来的“营业日报”（见表 8-4）、“内部缴款单”及现金 4 250 元。

表 8-4 营 业 日 报

填制单位： 年 月 日 单位：元

营业项目	预收保证金	今日新欠	今日交付	今日结欠	冲转预收保证金
一楼客房	100	1 000	800	1 000	
二楼客房	150	2 000	2 300	600	
三楼客房	200	1 100	700	800	
合计	450	4 100	3 800	2 400	300

注：今日新欠 = 今日应收客房租金；

今日结欠 = 往日结欠 + 今日新欠 - 今日交付，今日结欠表明已经确认的营业收入但尚未收到货币资金的客房收入。

① 根据住店客人预交的保证金：

借：库存现金 450

　　贷：预收账款——客房保证金 450

② 根据当日实现的营业收入金额：

借：应收账款 4 100

　　贷：营业收入——客房收入 4 100

③ 根据结账客人交付的房金及应冲转的预收款：

借：库存现金　　3 800

　　预收账款——客房保证金　　300

　　贷：应收账款　　4 100

（2）餐饮收入的核算。在通常情况下，饭店在为住店客人提供住宿服务的同时，也为住店客人提供饮食服务，而且还为不住店的顾客提供酒席、宴会等饮食服务。饭店通过提供各种饮食服务取得的收入，称为餐饮收入。饭店必须加强餐饮业务的核算与管理。餐饮食品价格管理、餐饮收入的核算、餐饮成本的核算等是其主要内容。

① 餐饮食品售价的确定。餐饮食品售价与餐饮收入及企业经济效益密切相关。餐饮食品的价格既不能定得过低，也不能随意定得过高，必须进行专门的工作加以确定。餐饮食品销售价格的确定可采用毛利率法、成本加成率法。

毛利率法，也称内扣毛利率法。它是在饭店预先确定的餐饮食品平均毛利率的基础上，计算确定每种餐饮食品销售价格的一种方法。计算公式为：

$$\text{某种餐饮食品价格}=\frac{\text{该餐饮食品定额成本}}{1-\text{平均毛利率}} \qquad \text{（公式 8.4）}$$

［例 8-8］　某饭店餐厅制作一份腰果虾仁的定额成本为 16 元，饭店规定餐饮食品平均毛利率为 50%，则：

$$\text{腰果虾仁售价}=\frac{16}{1-50\%}=32\text{（元）}$$

成本加成率法。它是在饭店规定的成本加成率的基础上计算确定餐饮食品销售价格的一种方法。计算公式为：

$$\text{餐饮食品销售价}=\text{定额（或标准）成本}\times(1+\text{成本加成率}) \qquad \text{（公式 8.5）}$$

［例 8-9］　饭店餐厅制作一份腰果虾仁的定额成本为 16 元，饭店规定餐饮食品定价使用的成本加成率为 100%，则：

$$\text{腰果虾仁售价}=16\times(1+100\%)=32\text{（元）}$$

通过例 8-8 和例 8-9 的计算也反映出，餐饮食品的毛利率同成本加成率是相互联系的。实际上，这两个比率可以相互转换，即确定了毛利率就确定了成本加成率；确定了成本加成率实质上也确定了毛利率。它们的相互计算关系为：

$$\text{成本加成率}=\frac{\text{毛利率}}{1-\text{毛利率}}\times100\% \qquad \text{（公式 8.6）}$$

$$\text{毛利率}=\frac{\text{成本加成率}}{1+\text{成本加成率}}\times100\% \qquad \text{（公式 8.7）}$$

饭店可以参考上述两种方式，采用毛利率法或成本加成率法，计算每种餐饮食品的销售价。

正确计算每种餐饮食品的销售价，还要考虑饮食服务形式等因素，确定合理的毛利率或成本加成率。饮食服务形式有三种，即自助形式、柜台服务、到桌服务。自助形式是顾客根据自己的需要到柜台上来买食品，自己端到餐桌用餐；柜台服务是顾客到柜台前买饮食品，然后由服务员送到顾客所在餐桌上，供顾客食用；到桌服务是服务员到各个餐桌上去订饮食品，然后由服务员将顾客所要饮食品送到餐桌上。不同的服务方式收费标准不同。

餐饮服务收费标准主要取决于餐饮食品本身质量好坏、加工粗细、服务方式，还要考虑餐厅的格调、面积、设计、布置、灯光、室温、舒适程度，以及服务员的外表、服装打扮、服务质量等多种因素。饭店应根据实际情况，确定合理的饮食品价格体系，达到既为顾客接受，又能取得更多收入的目的。

② 餐饮收入的核算程序。为了方便住店客人，正确组织餐饮收入核算，饭店一般都采取发行内部有价票券的方式为客人提供餐饮服务。有价票券有两种，一种是一次性使用的票券，另一种是多次循环使用票券。

一次性使用票券。它是指只能使用一次，饭店根据经营中客人使用的需要发行，且于使用后就作废的票券。饭店发行此类票券时，应根据收到的实际发售价款，借记“库存现金”账户，贷记“其他应付款”账户；每日根据收回的票券金额，借记“其他应付款”账户，贷记“营业收入”账户。

多次循环使用票券。它是指可供客人多次周转、循环使用的票券。采用多次循环使用票券时，企业要根据这个情况增设“库存有价票券”和“发行有价票券”账户。

[例 8-10] 某饭店发行 10 000 元内部多次循环使用餐券。当月售出 7 000 元餐券，当月收回 6 500 元餐券。

① 发行时：

借：库存有价票券	10 000	
贷：发行有价票券		10 000

② 当月售出餐券时：

借：库存现金	7 000	
贷：库存有价票券		7 000

③ 当月收回餐券时：

借：库存有价票券	6 500	
贷：营业收入——餐饮收入		6 500

当多次循环使用票券作废时，借记“发行有价票券”账户，贷记“库存有价票券”账户。

餐厅内供应饮料等一手钱一手货的交易，应在每日营业终了时，由餐厅编制“营业日报”“内部缴款单”，连同现款一并转交财务部门。财务部门根据审核无误的“营业日报”“内部

缴款单"、现款及有关凭证，借记"库存现金"或"银行存款"账户，贷记"营业收入"账户及相应的明细账。

饭店财务部门、餐饮部财务组还应定期将餐饮收入同厨房使用原材料、餐厅用各种饮料的有关记录加以核对，检查厨房原材料的消耗与收入的合理关系及领用的手续、程序是否健全。

（三）饮食业营业收入核算

饮食业是指专门从事饮食品生产、销售并为消费者提供一定服务的企业。这类企业主要包括酒楼、餐馆、快餐店、西餐店、冷饮店、小吃店等。其业务也带有综合服务性质，既从事各类熟食品的加工生产，也进行熟食品的销售活动，还提供一定的配套服务。饮食业提供的服务及收款方式有以下几种：

（1）及时结清，即一手钱一手货收款方式，适用于早点业务。

（2）出售筹码。这是顾客到收款处交钱，拿到取货小票或筹码后凭以到取货处领取食品的方式，适用于小吃店、快餐店。

（3）开单收款。由服务员根据顾客需要开出点菜单，客人用餐后由服务员凭单收款，适用于服务到桌的正餐业务。

（4）预订宴席。由宴请个人或单位饭前预订，饭后根据账单进行结算，适用于大中型酒楼及饭店。

（5）自助餐饮。客人到酒楼及饭店自选所需的各类食品，结束用餐后按每人固定价格结算。有时，酒楼饭店也将结算时间规定为入门时刻。

饮食业经营的主要内容有三项：一是自己加工烹饪食品菜肴出售；二是经营各种饮料、烟酒；三是提供场所、用具及其他服务。因而营业收入主要有餐费收入、冷热饮收入、服务收入及其他收入等。每日终了，各营业部应编制"营业日报"和"内部缴款单"，连同所收现金一并交给财务部门。财务部门审核点验无误后，据以进行账务处理，其核算与饭店餐饮一手交钱一手交货类同。

（四）服务业营业收入核算

服务业主要指修理、理发、浴池、洗染、照相、咨询等各类服务企业。服务业的特点是：提供的服务一般都带有一定的技艺性；相对旅游业和饭店来说，业务较单一；业务发生比较频繁，营业收入数额零散，按服务项目及一定水平的标准分别收费。

由于各类服务企业提供的业务都是提供带有一定技艺性的劳务并按标准收费这一共同特点，决定了各类服务企业的收费方式有一定的相似之处。实际工作中，根据各企业提供的服务项目不同和管理上的要求，通常可以使用以下收费方式。

1. 先提供服务，后收费

在洗染业、修理业的一些业务，服务员在接活时，填制"洗染单"或"修理单"等一式三联。其中，一联留存，一联交顾客作取货凭证，另一联作为工作联，随物品进行传递，待顾客取货时再按标准收费。一般适用于收费标准事前不易确定的服务。

2. 先收费，后提供服务

在修理业，有些业务对于修理的物品及内容有规定的收费标准，因此可在接活时先收取费用，日后再进行修理。

3. 即时收费

绝大部分服务企业均采取这种收费与提供服务同时发生的方式。这种收费方式表现为：收费后立即提供服务，或提供服务后立即收费。

不论企业采取什么收费方式，每天营业终了，营业部都应根据收据存根编制“营业日报”，连同收入的现金送财务部门审核、入账。服务业的营业收入也按服务收入的种类设置明细账进行核算。如果企业提供的服务业务比较单一，可以不设置明细账。

[例 8-11] 洁诚洗染店财务部某日收到“营业日报”，其中接活 35 件，应收洗染费 700 元；交活 50 件，收到现金 1 000 元，款项如数交来。

① 接收业务：

借：应收账款——×单位　　700

　　贷：营业收入　　700

② 交活：

借：库存现金　　1 000

　　贷：应收账款——×单位　　1 000

[例 8-12] 留真照相馆某日照相收入 600 元，其中原照收入 240 元，冲晒收入 210 元，加印收入 150 元。财务部门根据“营业日报”作如下会计分录：

借：库存现金　　600

　　贷：营业收入——原照收入　　240

　　　　　　　　——冲晒收入　　210

　　　　　　　　——加印收入　　150

第三节 旅游饮食服务业成本的核算

旅游饮食服务业的成本核算受其经营方式影响，有同商业企业基本相同的地方，也有其特点。

旅游饮食服务企业提供劳务中发生的劳动耗费主要是人工费和经营过程中的物化劳动耗费。旅游饮食服务企业将企业成本中的能按受益原则细化的各项费用，归集到各成本核算对象，核算营业成本。其余不能直接按受益原则认定的费用，均作为期间费用处理。这样，其期间费用的范围就较大。例如，为简化饭店核算，可以仅仅对餐饮部、商品部耗用原料、燃料，出售商品核算营业成本；对其余各种服务性经营活动不核算营业成本，发生的费用作为期间费用处理，分别记入“销售费用”“管理费用”“财务费用”账户。

一、旅游饮食服务业营业成本的内容、分类

旅游饮食服务企业的营业成本是指其在经营过程中发生的各项直接费用，包括直接材料、代收代付费用、商品进价、其他直接费用。

（一）直接材料

不同企业的直接材料的内容不同，在旅游饮食服务企业内也是如此。如饭店的餐饮部和餐馆，其生产经营的直接材料指粮食、副食、调料等原材料；修理、洗染等服务企业，则直接材料主要指其耗用的原材料、辅助材料、零配件等。

（二）代收代付费用

代收代付费用指旅行社已计入营业收入总额的各种代收代付费用，如房费、餐费、交通费、票务费、行李托运费、文娱费、专业活动费、签证费、陪同费、保险费、机场费、宣传费等。这部分费用在发生时是能够直接认定成本核算对象（如某旅游团）的，故旅游企业将其作为直接费用，计入营业成本。

（三）商品进货成本

商品进货成本包括国内购进商品进货成本和国外购进商品进货成本。国内购进商品进货成本是指购进商品原价和有关运杂费用；国外购进商品进货成本是指商品进价、进口税金、支付外贸企业代理进口手续费和有关运杂费用等在购进中发生的实际成本。

（四）其他成本

其他成本指企业出售无形资产、存货（不包括商品）的实际成本。

二、旅游饮食服务业营业成本的核算

在旅游饮食服务企业，核算生产经营中的各种直接费用，归集营业成本使用“营业成本”账户。为了便于营业成本与营业收入相互配比，应在“营业成本”账户下按类别分别设置与“营业收入”相同的明细账户，分别核算旅行社营业成本、餐饮业营业成本、服务业营业成本等。

（一）旅行社营业成本的核算

旅行社的营业成本是指直接用于接待旅游团队，为其提供各项服务所支付的费用。各种旅行社发生的广义的营业费用包括两个部分。一部分是代收代付的费用，另一部分是旅行社自身经营活动中发生的各项费用。代收代付费用发生时直接记入“营业成本”账户，因为它是可以明确成本核算对象的费用；而经营中的各项费用发生时直接记入“销售费用”账户，因为它们难以被区分和分配到有关的成本计算对象上去，只能作为企业成本中的期间费用核算。

[例 8-13] 某旅行社计算应支付本月员工的工资,工资汇总表上金额为 9 300 元。据此应作的会计分录为:

借:销售费用 9 300

贷:应付职工薪酬 9 300

[例 8-14] 某组团社本月据费用结算通知单,向甲接团社支付综合服务费 35 000 元,又向乙旅游团支付全程陪同费 3 000 元,餐费 3 200 元,交通费 1 100 元,行李托运费 900 元。应作的会计分录为:

借:营业成本——甲接团社(综合服务费) 35 000

——乙旅游团(陪同费) 3 000

——乙旅游团(餐费) 3 200

——乙旅游团(交通费) 1 100

——乙旅游团(行李托运费) 900

贷:银行存款 43 200

例 8-14 是该组团社在月末及月末前能够正常接到费用结算通知单情况下的账务处理。如果在月末结算时营业收入已入账,但尚未收到接待单位的费用结算通知单,为了将本月费用与本月收入进行配比,正确计算本月的营业成本,可按协议价格或计划价格预提营业成本。具体做法是:

(1) 根据计划收费标准计算求得某旅游团的计划成本数额,结转营业成本:借记"营业成本"账户,贷记"预提费用"账户。

(2) 日后,接到接团社转来的该团结算通知单,开出转账支票支付该笔费用时:借记"预提费用"账户,贷记"银行存款"账户。

[例 8-15] 某接团社本月接待丙旅游团,取得营业收入 31 000 元。该月为丙旅游团代付各项费用合计 24 000 元。接团社尚未收到组团社划拨的款项。

① 旅行团离开本地确定营业收入时:

借:应收账款——应收国内结算款(丙组团社) 31 000

贷:营业收入——综合服务收入 31 000

② 代付各项费用时:

借:营业成本——丙旅行团 24 000

贷:预提费用 24 000

③ 月末,结转营业成本时:

借:本年利润 24 000

贷:营业成本——丙旅行团 24 000

（二）餐饮业营业成本的核算

餐饮业营业成本包括本企业加工生产各种餐饮制品发生的原材料成本及商品的进价成本。商品进价成本的核算在商业企业会计中已经介绍，此不赘述。这里集中介绍餐饮企业原材料成本的主要核算方法。

餐饮业的食品原材料是个大类，在饭店、酒楼、度假村的原材料中占很大比重，有较大特点。食品原材料包括以下几类：

（1）粮食类。它指制作主食的大米、面粉、糯米等。

（2）副食类。它指鸡、鸭、鱼、肉、蛋和各种蔬菜等。它们属于鲜活类材料，应随时采购，随时消耗。

（3）干菜类。它指木耳、香菇、干鱼翅、干海参等。

（4）调味品类。它指油、盐、酱、醋、味精、辣椒、花椒、老姜、调料等。它们又可分为：① 入库管理类。它指能较长时间储存，可大量购进的粮油、干货、调味品等。② 不入库管理类。它指应该少量地随购随用的，不能长时间储存的鲜活材料。

1. 领料制下的成本核算方法

实行领料制的餐饮业，对厨房、操作间领用每种原材料等都需要填制“领料单”并按领料的数额，借记“营业成本”账户，贷记“原材料”账户。月份终了，应按厨房、操作间等实际盘点的结存原材料数额，办理假退料手续调整营业成本，并于下月初再将假退料数额冲回。

根据餐饮业的实际情况，月末也可不对厨房、操作间结存的原材料办理假退料手续，而将实际盘点得到的原材料数额保留在“营业成本”账户中，如此则应根据下面的公式计算出本月耗用的原材料总成本，据此结转营业成本：

$$\text{本月耗用原材料总成本}=\begin{matrix}\text{月初厨房或}\\\text{操作间结存}\end{matrix}+\text{本月领用}-\begin{matrix}\text{月末厨房或}\\\text{操作间结存}\end{matrix}\qquad\text{（公式 8.8）}$$

［例 8-16］　天鹅餐馆实行领料制，根据 2022 年 7 月 20 日发料汇总表（见表 8-5）汇总的本旬领料单表明的情况，该企业 7 月 20 日应作会计分录如下：

	借方	贷方
借：营业成本	25 970	
贷：原材料——粮食类（大米）		3 450
——粮食类（面粉）		3 420
——副食类（蔬菜）		4 800
——副食类（鱼肉）		14 300

第八章

表 8-5 天鹅餐馆发料汇总表

2022 年 7 月 20 日

名称	数量(千克)	单价(元/千克)	金额(元)	备注
大米	2 300	1.50	3 450	
面粉	1 900	1.80	3 420	
蔬菜			4 800	
鱼肉			14 300	
合计			25 970	

复核： 制表：

采用领料制的餐饮业，为保证餐饮成本核算的真实准确，企业会计管理中应注意以下问题：

(1) 建立健全领料制度。对日常原材料的出、入库房，要严格履行手续。入库要填制“入库单”或“收料单”，出库要填制“领料单”；制表、复核专人进行，定期抽查职责履行情况，实行岗位轮换制度。

(2) 加强月末盘点工作。月末厨房、操作间中尚未投入使用的原材料、尚未加工完成的餐饮食品的价值是计算本期耗用原材料实际成本的关键。它们的价值都是通过盘点确认，所以企业月末应做好盘点工作。

2. 非领料制的成本核算方法

采用非领料制成本核算方法的餐饮业，日常对厨房、操作间等部门领用的原材料，只办理业务登记手续，不填制“领料单”，对领用的原材料也不作账务处理，到月末根据实际盘点的原材料结存数额倒挤计算出本月耗用原材料的成本。其计算公式为：

$$\text{本期耗用的原材料总成本}=\text{月初结存}+\text{本月领用}+\text{本月购进}-\text{月末结存} \quad (\text{公式 } 8.9)$$

月末，企业根据倒挤出的原材料耗用成本，借记“营业成本”账户，贷记“原材料”账户。

非领料制成本核算法下，日常发生的材料都不通过“营业成本”账户记账，比较简单。值得注意的是，它往往不能区分损失和成本，容易掩盖工作失误及人为因素造成损失和浪费的问题。这种方法仅能在没有条件和能力建立原材料库房，或经营规模小，没有必要建立原材料库房的小型餐饮企业使用。

(三) 其他业务营业成本的核算

1. 饭店客房营业成本的核算

客房经营业务是饭店的主要经营项目。饭店的客房营业成本核算从理论上讲，也应该将其耗费通过一定的核算方法和程序计入营业成本，从而便于将客房营业收入与其成本费用相互配比，确定经营成果。

但是，由于饭店的客房具有一次性投资较大，日常经营中耗费物资较少，营业周期较短，各类经营业务间相互交叉等情况使得直接费用和间接费用不易划分，客房营业成本核算困难，计算求得的营业成本也不会准确。因此，企业往往采用简化核算的方式，即饭店存在客房营业成本，但不核算营业成本，而只将其作为费用来核算。因此只使用“销售费用”账户核算其费用消耗。

客房部的费用主要有工资、维修费、低值易耗品摊销、物料用品消耗、洗涤费用等。客房部的费用发生后记入“销售费用”账户。与客房部有关的服务项目发生的费用，也记入“销售费用”中客房部明细账上。与客房部有关的服务项目主要是行李、预订、开房等工作。

客房部门销售费用核算中应促进客房管理，主要工作是：首先，建立和健全客房原始记录。主要应做好客房入住记录、物料用品消耗记录、客房设备维修记录。其次，与客房经营有关的费用支出，都应计入客房部门的费用中。再次，加强客房消耗品的管理。

在客房部门销售费用等核算的基础上，可以计算考核客房部门的营业损益。客房部门营业损益的计算公式为：

客房部门利润＝客房营业收入－客房税金及附加－客房销售费用　　（公式 8.10）

其计算方法是：

（1）汇集客房的营业收入；

（2）计算确定应纳税金；

（3）汇集、结转客房部门的销售费用；

（4）计算客房利润。

2. 服务业营业成本核算

服务业营业成本包括修理业的零配件；照相业的相纸；洗染业的染料、助染料、洗涤材料、织补材料；浴池耗用的燃料等。服务业在生产经营中使用的各种材料，一经领用即计入营业成本，不管其是否已经投入使用。

［例 8-17］　某修理服务部从库房领用修理用零件 15 件，单价 60 元，计 900 元。

借：营业成本　　900

　　贷：原材料——零配件　　900

［例 8-18］　留真照相馆本月耗用原材料 4 000 元，销售照相器材等商品的进价成本为2 400 元。月末确定本月营业成本时：

借：营业成本　　6 400

　　贷：原材料　　4 000

　　　　库存商品　　2 400

服务业中的其余情况，比照以上方法处理，此不赘述。

思维导图

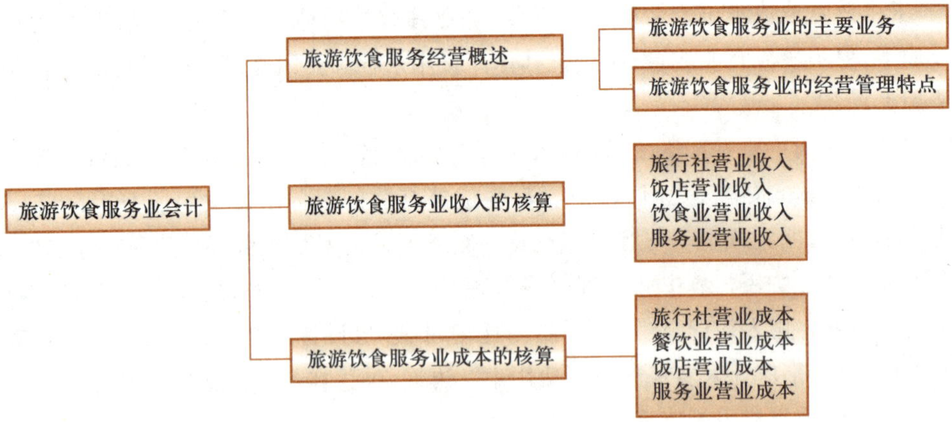

同步测试

一、单选题

1. 旅游饮食服务业是以提供各种旅游服务，餐饮服务，修理、咨询等服务而获取盈利的服务性的（　　）。

A. 非营利组织　　B. 政府机构　　C. 盈利性企业　　D. 一大类行业

2. 旅游企业是以旅游资源和服务设施为条件，通过组织旅行游览活动向旅客出售劳务的服务性企业，其主要业务是（　　），从中获得报酬。

A. 招揽游客，组织购物　　B. 招揽购物，组织游览

C. 招揽游客，组织游览　　D. 组织游览，进行解说

3. 旅游饮食服务企业经营特点是以服务为中心，辅之以（　　），直接为消费者服务。

A. 教育与服务　　B. 产品生产与流通

C. 产品设计与生产　　D. 流通与售后服务

4. 旅游活动是一种新型高级的综合性消费。为满足国内外旅游者在物质、文化生活上的享受，提供食、住、行、买、观光、游览、娱乐等方面的综合服务，旅游业、饮食服务业必然形成（　　）的服务体系。

A. 相互独立、相互交融　　B. 相互联系、相互竞争

C. 相互竞争、相互交融　　D. 相互联系、相互交融

二、多选题

1. 饭店（酒店）集中收费方式的基本程序是（　　　　），编表交款和稽核。

A. 登记　　B. 预收保证金

C. 建立消费账户，及时入数　　D. 结账

2. 饭店的营业收入主要包括（　　　　）等。

A. 财务收入　　B. 客房收入　　C. 餐饮收入　　D. 旅游收入

3. 饮食业专门从事饮食品生产、销售并为消费者提供一定服务。其服务收款方式有(　　)。

A. 及时结清　　B. 开单收款　　C. 预订宴席

D. 出售筹码　　E. 自助餐饮

4. 服务业主要指修理、洗染、咨询等各类服务,可以使用以下(　　)收费方式。

A. 先服务,后收费　　B. 先收费,后服务

C. 即时收费　　D. 分期收费

5. 为简化饭店核算工作,可以仅仅对餐饮部、商品部耗用原料、燃料,出售商品作为营业成本核算;对其余各种服务性经营活动不核算营业成本,发生的费用作为期间费用处理,分别记入(　　)账户。

A. 销售费用　　B. 管理费用　　C. 生产费用　　D. 财务费用

6. 旅游饮食服务企业经营特点是以服务为中心,辅之以产品生产与流通,直接为消费者服务。这些经营业务与管理具有(　　)的特点。

A. 综合性　　B. 针对性　　C. 非均衡性

D. 特殊性　　E. 涉外性

三、判断题

1. 旅行社经营业务只有组团业务。　　(　　)

2. 旅行社营业收入也应分为主营业务收入与其他业务收入。　　(　　)

3. 旅游饮食服务的销售费用与营业成本可以不区分。　　(　　)

4. 饭店客房成本核算十分复杂。　　(　　)

5. 餐饮食品价格的确定主要使用毛利率法和成本加成法。　　(　　)

6. 大饭店只使用集中收费方式。　　(　　)

四、计算题

1. 金陵饭店 6 月份可供出租的房间是 150 间,当月有 15 天出租了 150 间,另有 5 天出租了 120 间,还有 10 天只出租了 90 间。请计算当月的客房出租率是多少。

2. 长春饭店有客房 180 间,其中甲等客房 20 间,每天租金 300 元;乙等客房 90 间,每天租金 200 元;丙等客房 70 间,每天租金 100 元。某月客房实际租金收入为 895 400 元,试计算该月客房租金收入率。

3. 重庆人民宾馆推出清蒸甲鱼这道上等名菜,每个清蒸甲鱼用 0.5 千克的甲鱼一只,其他配料若干。该宾馆采购甲鱼的单价为每千克 200 元,所用配料计 3 元。该宾馆经理室规定毛利率为 40%,请计算该菜品的销售价格。

五、会计分录题

1. 青年旅行社是组团社,本月据费用结算通知单,向泰安某接团社拨付综合服务费 45 000 元,又向乙旅游团支付全程陪同费 6 400 元,餐费 4 200 元,交通费 2 100 元,行李托运

费 800 元。

2. 华山旅行社是个接团社，某日接待的青年旅行社丙旅游团已经离开本地，取得营业收入 35 300 元。当日为丙旅游团代付各项费用合计 16 300 元。华山旅行社尚未收到青年旅行社划拨的款项。

3. 长江旅行社是个组团社，某日收到美国某旅行社 10 000 美元的汇款水单，当日银行买入价为 1 美元等于 6. 55 元人民币，市场汇率为 6. 6。

4. 假如上述美国某旅行社组织的旅游团在我国境内结束旅程并离境。长江旅行社业务部填制“结算账单”交财务部，其中组团外联收入 69 000 元，加项游览及地方风味收入 11 000元，当日外汇牌价为 1 美元等于 6. 52 元人民币，账面汇率为 6. 6。财务部结账并将多余款项退还国外某旅行社。

5. 嘉陵江旅行社是个接团社，某日为外地一组团旅行社派出全程陪同一人，收入劳务费 5 000 元。本接团社同时还组织散客就地一日游，收取费用 8 300 元。款项存入银行的回单收到。

6. 某组团社于月末计算全月营业成本时，尚未接到已离境的旅游团（已结束旅行计划）接待服务单位的“结算通知单”等单据。财务部门根据计划收费标准，先计算预提成本。其各项预提成本数额为：综合服务费 18 600 元，全程陪同劳务费 1 900 元，地游及加项费 2 240 元，其他费 450 元。

日后接到接团社转来的该团结算通知单，总金额为 23 300 元。经审核，其中综合服务费、劳务费、其他服务费与计划标准相符，地游及加项费比计划标准多出 110 元。经财务审核并报经理批准，同意按“结算通知单”拨付款项。

7. 某日营业结束，隆鑫饭店财务部根据总服务台转来的“营业日报”反映，当日预收保证金计 600 元，当日新欠 5 400 元，当日交付 5 000 元，结账客人中已预交保证金 500 元。“内部缴款单”反映缴纳现金 5 100 元。

8. 假设颐和园饭店有客房部和餐饮部两个营业部门。2022 年 4 月 1 日客房部领用物料用品 830 元。餐饮部摊销应由本月份负担的从待摊费用转来的分期摊销低值易耗品 350 元。

9. 颐和园饭店月末计算应付职工薪酬。工资及社保等费用分配汇总表中列出：公司管理人员工资 25 600 元，社保等费用 3 584 元；客房部人员工资 13 800 元，社保等费用 1 932 元；餐饮部人员工资 25 900 元，社保等费用 3 626 元。

10. 申城饭店某月饭店发售一次性使用餐券 5 000 元，收回 4 600 元。

11. 昆明饭店发行 10 000 元内部多次循环使用餐券。当月售出 5 000 元餐券，当月收回 4 300 元餐券。

12. 隆鑫饭店财务部门接到车队送来当日“派车单”“车费收据”及现金 2 500 元。

13. 力帆饭店的康乐中心某日的营业额为 1 270 元。假设该饭店的康乐中心是凭卡消费，事后定期结算。财务部门根据康乐中心的“营业日报”做账。

14. 大众餐馆实行出售筹码交易方式。在当日营业终了时,由餐厅编制“营业日报”“内部缴款单”,连同现款 6 814.45 元一并送交财务部门。

15. 海南海鲜酒楼接受预订宴席,某日为客人提供婚宴服务等各种宴会,当日收入总额为 82 200 元,其中餐费收入 45 000 元,各类酒、饮料等的收入 35 200 元,主持婚礼等的服务收入 2 000 元。顾客交来现金 8 000 元,使用长城卡的计 74 200 元。

16. 洁诚洗染店财务部某日收到“营业日报”,其中接活 60 件,应收洗染费 1 200 元;交活 51 件,收到现金 1 020 元,款项如数交来。

17. 小天鹅酒楼实行领料制,2022 年 6 月 10 日“发料汇总表”表明,本旬领料情况为:大米 3 500 元,面粉 3 900 元,鱼肉 46 800 元,蔬菜 5 800 元,调料等 1 800 元,干海参等干菜类 16 500 元。

要求:根据以上资料,编制相关会计分录。

9

第九章 交通运输会计

知识目标

- 了解交通运输企业主要经营活动的特点
- 理解交通运输企业会计核算与工业企业会计核算不同的原因
- 了解交通运输企业会计核算的主体部分和特殊部分
- 了解交通运输企业存货的特殊性
- 了解交通运输企业主要经营活动使用的会计科目

技能目标

- 能够进行交通运输企业主要经营活动收入的会计核算
- 能够进行交通运输企业存货的会计核算
- 能够进行交通运输企业运输成本的会计核算
- 能够进行交通运输企业有关间接费用的会计核算
- 能够进行包括资产、负债、所有者权益在内的整个企业的会计核算

素养目标

- 通过了解我国交通运输的发展，增强学生的民族自豪感和民族自信心
- 培养学生践行“以人为本”的社会主义核心价值观和担当精神，协力传播交通运输安全发展的正能量

引言

交通运输业指国民经济中专门从事运送货物和旅客的社会生产部门。交通运输业是第三产业的重要组成部分。交通运输业包括:公路运输、铁路运输、水路运输、航空运输等(如管道运输)。

随着经济的发展,居民的收入水平将逐步提高。在居民收入水平很低时,居民把收入主要花费在食物、住房等生活必需品上。随着收入水平的进一步提高,总支出中用于食物支出的比重将下降。在收入达到高水平时,用于旅游、娱乐、服饰等支出的比重将增加。目前,我国在交通基础设施、交通运输等方面已经有了较好的发展,将对经济发展产生推动作用。

交通运输主要有铁路运输、海洋和内河运输、航空运输、公路运输和管道运输等方式。这些运输方式各有其技术经济特征以及由此决定的在营运活动和经营管理上的特殊性。交通运输行业具有运输过程的流动性、运输服务的特殊性、运输经营过程基本相同等共性。本章通过对公路运输这一典型经济业务核算的介绍,阐述针对经营活动特点和相应管理特点进行的会计核算。

第一节 交通运输业存货的核算

一、交通运输业存货的分类

存货是指企业在生产经营过程中,为销售或耗用而储备的各种物资。不同行业的企业,存货的种类和内容有所不同。交通运输业的存货可分为以下几类:

(一)燃料

燃料包括各种用途的液体燃料、固体燃料和气体燃料,以及可以用作燃料的废料。由于燃料有特殊的保管要求,运输企业通常设有单独的燃料库或加油站,其收发凭证与其他存货有所区别。

(二)材料

材料包括钢材、木材、化工材料、润滑材料等,主要是指运输工具和装卸机械等的维护和修理所耗用的材料,也包括辅助生产部门零配件制造和工业性作业所消耗的主要材料和辅助材料。

(三)备品配件

备品配件包括为修理运输工具、装卸机械及其他机器设备用的各种零配件和备品。

(四)轮胎

轮胎包括车辆、装卸机械用的轮胎。

(五)低值易耗品

低值易耗品主要包括各种工具用具,虽然属于劳动手段,但价值较低,使用年限短(一般不超过一年),故列入存货。

这五大类存货中,核算上有特殊要求的是燃料和轮胎,其余存货核算按目前财务会计规范要求,与工业等行业基本相同。本节主要阐述燃料、轮胎的核算。

二、交通运输燃料的核算

燃料购进的核算与工业企业存货的购进相同,不再赘述。在此主要阐述营运车辆耗用燃料的核算。

营运车辆耗用燃料是指营运车辆在营业性运输中直接耗用的燃料。一般大、中型运输企业多设有专为本企业加油的加油站,也有些企业在石油供应部门设置的加油站加油,经营长途运输业务的企业,还常在外地的加油站加油。因此,营运车辆耗用燃料的核算,有其比较特殊的管理方法和领发凭证手续。

(一)营运车辆车存燃料的管理办法

营运车辆投产后,在出车运行之前,必须领用一定数量的燃料储存于油箱内。这部分燃料是车存燃料,其领用数不能计为消耗量,行车消耗燃料要于每月月末进行计算。为了加强对车存燃料的管理,正确计算行车燃料消耗量,应采用适当的方法对车存燃料进行管理。其管理方法有以下两种:

1. 满油箱制车存燃料管理

在实行满油箱制时,车辆投产后即由车队根据油箱容积填制领油凭证到油库加满油箱作为车存燃料。领油凭证由发油油库保存,并可视需要作出备查记录。车存燃料只是燃料存储场所和保管者的变更,仍由油库统一管理,包括在燃料实存数内,财会部门一般不作会计处理。在每次加油时补足车存燃料的原领用数,使车存燃料成为一个固定数。每月月末,都要加满油箱。车存燃料不能作为已消耗了的燃料处理,车辆送厂大修或报废时必须如数收回。这些业务,油库均应在燃料明细账上进行记录。

2. 盘存制车存燃料管理

不采用满油箱制时,车辆投产后也需领用一定数量的燃料存储油箱备用,形成了车存燃料。这种车存燃料领用凭证手续与满油箱制相同,按车号作出领用备用油数量记录。但是,这种方法不能像满油箱制那样,可以在每次加油时补足车存燃料的原领用数使车存燃料成为一个固定数,而必须经过每月月末盘存油箱存油量,才能掌握车存燃料的实有数。每次测量油箱时,不可避免地会有一些营运车辆车存燃料实有数多于或少于原领用数。在这种情况下,车存燃料不是一个固定数,需要每月月末测量结算后补足原领备用油数或收回超过原领备用油数(按假退料手续转作新领行车用油),才能恢复原领备用油数。如不进行补、收清理,则实地测量结果就是月底的车存燃料数。采用这种办法应在“燃料”账户下设置“车存燃料”明细账进行核算。

(二)行车消耗燃料的领用凭证手续

营运车辆领用行车消耗燃料,必须填制一定的领用凭证,作为核算发出燃料的依据,也为考核燃料消耗定额的完成情况提供原始记录。我国各地运输企业根据车辆运行条件和油库分布、设施情况,分别采用下述几种凭证:

1. 路单领油记录和行车燃料领发记录

车辆领用行车燃料以行车路单为依据,路单内有“领油记录”栏。每日或每次行车回队后到油库加满油箱时,由发油人在领油记录栏填列领油数量并予以签章。同时,在油库所设的“行车燃料领发登记表”内填写发出燃料数量,由领用驾驶员签章。实行满油箱制时,领油记录是统计核算行车燃料的凭证,其领油量即为实际消耗量。油库登记的“行车燃料领发登记表”是油库结算燃料发出数量的凭证。应当指出,由于路单内的“领油记录”和“行车燃料领发记录表”这两个凭证不是复写的,要特别注意填写时保持一致,以免造成两个核算结果不相等。

“行车燃料领发登记表”可以每车每月一张设置,序时登记,如表 9-1 所示;也可以多车一张、固定车号、每日汇总,如表 9-2 所示。

这种办法适用于车队大多数车辆能每日返回本队油库加油,并实行满油箱制的单位,手续比较简单。不需要另外填写领用燃料的凭证,油库不用再另外登记燃料明细账。既便于油库随时掌握燃料的发出、结存情况,又能及时核算每辆车的消耗情况。

表 9-1 行车燃料领发登记表

燃料品名: 车号:

计量单位: 驾驶员:

年 月

日期	行车路单号	加油数量		领油人签章	附记
		本次	累计		
1					
2					
3					
⋮					
30					
31					

表 9-2 行车燃料领发登记表

燃料品名：

计量单位： 年 月 日

车号	路单号	加油数	领油人签章
合计			

2. 路单套写领油收据

这种凭证是在行车路单上固定印制的两联套写领油收据，如表 9-3 所示。车辆领油后，发油人把领油数量套写在两联收据上。正面一联留在路单上作为核算行车燃料消耗量的依据，背面一联撕下作为油库核算发出燃料数量的凭证，每月月末将其整理列表附送领油车辆所属单位。

表 9-3 路单领油两联套写收据

领油记录

队别	
车别	
路单号	
日 期	年 月 日
油	升
油库名称	
发油人签章	

（路单正面留底联）

领油收据

运输公司	
队别	
车别	
路单号	
日期	年 月 日
油	升
油库名称	
领油人签章	

（路单背面油库留存联）

采用这种凭证手续制度，车辆可以在企业约定的任何油库加油，油库完全根据调度部门签发的行车路单供油，实行满油箱制和盘存制均可采用。

3. 路单贴附燃料领用凭证

这种方法是将燃料领用凭证贴附在行车路单上。燃料领用凭证一式三联，如表 9-4 所示，由发油油库填写。第一联油库存查，第二联领油车队核对签认，第三联随行车路单交回车队。这种方法，实行满油箱制和盘存制均可采用。

表 9-4 燃料领用凭证

编号：

发油库：　　　　　　　　　　　　　　发油人：

<table>
<tr><td>领油日期</td><td>月　　日</td><td rowspan="3">领油数量</td><td>汽油　　　L</td></tr>
<tr><td>领油企业</td><td></td><td>柴油　　　L</td></tr>
<tr><td>车队</td><td></td><td>机油　　　L</td></tr>
<tr><td>车号</td><td></td><td colspan="2">领油驾驶员：　　　（签章）</td></tr>
</table>

4. 定额油票

定额油票即以票面印有固定数额的油票作为行车燃料领用凭证。按月发给驾驶员，各车固定每月使用，月末收回未用部分，另发新票。采用这种办法，必须根据行车需要核定好每车每月的耗油量。

（三）行车耗用燃料的核算

1. 行车耗用燃料实际耗用量的计算

实行满油箱制时，在月初和月末都加满油的情况下，车辆当月各次加油的累计数就是当月实际耗用数，根据燃料发出凭证汇总即可得出。

实行盘存制时，车辆每月领用的数量不一定是其耗用量，要经过实际测量每辆车月末车存数，然后进行计算：

当月耗用数=月初车存数+本月领用数−月末车存数　　（公式 9.1）

2. 行车耗用燃料的核算

（1）实行满油箱制的企业，每月编制燃料发出凭证汇总表，据以进行会计处理，作如下会计分录：

借：劳务成本——运输成本

　　贷：燃料

如燃料采用计划成本计价，则：

借：劳务成本——运输成本

　　贷：燃料

　　　　材料成本差异

（2）实行盘存制的企业，由于车存燃料不固定，核算时分别设置“库存”和“车存”两个明细账户。

［例 9-1］ 运输企业营运车辆期初车存燃料价值为 5 400 元。

① 本月领用燃料价值 85 000 元：

借：燃料——车存　　85 000

　　贷：燃料——库存　　85 000

② 月末测量车存燃料价值 5 800 元，计算出本月实际耗用量为：

$$5\ 400+85\ 000-5\ 800=84\ 600（元）$$

借：劳务成本——运输成本　　84 600

　贷：燃料——车存　　84 600

三、轮胎的核算

轮胎是价值比较大、使用期限比较长的消耗品，需专设“轮胎”账户进行核算。轮胎的购进与其他存货的购进相同，不再赘述。在此，主要阐述在用轮胎的核算。

在用轮胎的核算有两种方法，一种方法是一次摊销法，即对新车的车装轮胎不单独进行核算，当车装轮胎损坏，需要更换新胎时，领用轮胎的费用直接计入运输成本；另一种方法是按行驶里程提取轮胎费用，即将车辆总值中原来装配轮胎的价值，结合轮胎的磨损情况以摊提的方法计入运输成本，以提取的轮胎摊提费作为更换新轮胎的资金。

这两种方法在实际工作中都有应用。第一种方法比较简便，但不符合轮胎的使用规律，不利于轮胎的定额管理。当一次领用轮胎价值较大时，影响运输成本的均衡性；第二种方法比较复杂，但可以比较准确地反映轮胎的使用和磨损情况，即只要轮胎投入使用，就要计算其磨损价值并计入运输成本，而不是等到轮胎更换时，才将领用新胎的价值计入运输成本。其次，计入每期运输成本的轮胎费用比较均衡，使各期成本具有可比性；再次，轮胎使用里程的长短同其运输成本中的轮胎费用成反比，只要对轮胎实行科学的定额管理，认真考核报废轮胎的使用里程，并采取各种有效的技术组织措施，有助于延长轮胎的使用里程，同时，也可以促进运输成本中轮胎费用的降低。采用这种方法，必须制定合理的轮胎使用里程定额，并建立健全轮胎使用里程记录。下面分别说明这两种核算方法。

（一）一次摊销法

这种方法对车辆原装轮胎不作会计处理，领用新胎、报废时，进行相应会计处理。

［例 9-2］　本月领用轮胎价值 1 400 元。

借：劳务成本——运输成本　　1 400

　贷：轮胎　　1 400

如按计划成本计价，则：

借：劳务成本——运输成本

　贷：轮胎

　　材料成本差异

［例9-3］ 本月报废轮胎两条，残料作价80元入库。

借：材料　　80

　　贷：劳务成本——运输成本　　80

如一次领用轮胎数额较大时，先记入“待摊费用”账户，再进行摊销：

借：待摊费用

　　贷：轮胎

每月摊销时：

借：劳务成本——运输成本

　　贷：待摊费用

（二）按行驶里程提取轮胎费用

按行驶里程提取轮胎费用，即在新车投入营运时，就预提轮胎费用。

1. 轮胎费用摊提率的确定

轮胎费用摊提率即单位行驶里程应提取的轮胎费用，是轮胎价值与行驶里程的比率。轮胎价值主要指：轮胎的实际成本（或计划成本、成本差异）。轮胎的行驶里程是指由新到报废的里程。

轮胎费用摊提率可有以下计算方法：

（1）
$$\text{轮胎费用摊提率}=\frac{\text{轮胎实际（或计划）成本}-\text{残值}}{\text{轮胎使用里程定额}\div 1\ 000} \quad \text{（公式 9.2）}$$

（2）
$$\text{轮胎费用摊提率}=\frac{\text{轮胎实际（或计划）成本}-\text{残值}}{\text{轮胎平均使用里程定额}\div 1\ 000} \quad \text{（公式 9.3）}$$

2. 轮胎摊提费用的计算

轮胎摊提费用在每月月末根据行车统计资料计算：

$$\text{轮胎实际行驶胎公里}=\text{营运车辆总行驶里程}\times\text{车装轮胎条数} \quad \text{（公式 9.4）}$$

$$\text{轮胎摊提费用}=\text{轮胎实际行驶胎公里}\times\text{轮胎费用摊提率} \quad \text{（公式 9.5）}$$

3. 报废轮胎超亏定额里程差异的调整

轮胎报废时，根据轮胎卡片记录可计算出轮胎的实际行驶里程，与计算轮胎费用摊提率时所确定的定额行驶里程存在一定的差异，需要调整运输成本。

实际行驶里程大于定额行驶里程时，称为超驶，按实际行驶里程计提的轮胎摊提费大于“轮胎实际（或计划）成本-残值”，即多提了轮胎摊提费，报废时应冲减运输成本。反之，实际行驶里程小于定额行驶里程时，称为亏驶，按实际行驶里程计提的轮胎摊提费小于“轮胎实际（或计划）成本-残值”，即少提了轮胎摊提费，报废时应补提轮胎摊提费，增加运输成本。

$$\text{超（亏）行驶里程摊提费差异额}=\text{轮胎费用摊提率}\times\text{超（亏）里程} \quad \text{（公式 9.6）}$$

4. 轮胎的核算

［例 9-4］ 某企业月末编制的“轮胎摊提费计算表”见表 9-5。假设该企业有 A、B 两种货车，C、D 两种客车。本月 A 型货车报废轮胎两条，超驶 80 000 胎公里，残料 130 元；D 型客车报废轮胎三条，亏驶 60 000 胎公里，残料 220 元入库。

计算本月应提轮胎摊提费如表 9-5 所示。

表 9-5 轮胎摊提费计算表

年 月 单位：元

成本分类		车辆厂牌	轮胎规格	每车装胎	摊提率（元/千胎公里）	总车公里（千车公里）	总胎公里（千胎公里）	报废轮胎超(-)亏(+)里程	应计摊提费千胎公里	摊提费
货车	A			6	6.8	400	2 400	-80	2 320	15 776
	B			6	7.5	200	1 200		1 200	9 000
客车	C			6	6.2	300	1 800		1 800	11 160
	D			6	7.8	250	1 500	60	1 560	12 168

根据轮胎摊提费计算表，作会计分录如下：

借：劳务成本——货车 24 776

——客车 23 328

贷：待摊费用——轮胎摊提费 48 104

报废轮胎残料入库时：

借：材料 350

贷：劳务成本——货车 130

——客车 220

［例 9-5］ 本月发出新轮胎价值 60 000 元。

借：待摊费用 60 000

贷：轮胎 60 000

如轮胎按计划成本计价，同时调整材料成本差异：

借：劳务成本 ×××

贷：材料成本差异 ×××

车装轮胎已包括在车辆价值中计提折旧，当新车投入使用后，每月按车装轮胎计提轮胎摊提费，实际上是“双重计提”。车装轮胎报废时，领用新胎的价值可以抵消摊提的轮胎摊提费，而新轮胎又可按行驶里程计提轮胎摊提费。因此，车辆报废时应冲减车装第一套轮胎摊提的轮胎费用。作会计分录如下：

借:待摊费用(车装第一套轮胎的待摊费用)

贷:劳务成本

第二节 交通运输业营运成本的核算

成本核算也是运输企业会计核算的重点和特点所在。

一、交通运输成本核算的特点

交通运输经营特点决定了交通运输成本核算有以下几方面的特点:

(1) 运输成本即为销售成本。运输企业的运输过程既是生产过程又是销售过程,不存在库存产成品,所以其运输成本就是销售成本。

(2) 不需要在产成品和在产品之间分摊生产费用。运输生产不形成有形的产品,而是提供运输劳务,运输成本就是运输劳务的耗费。

(3) 运输成本中的主要项目是运输过程中耗用的燃料费、轮胎费及运输工具的折旧费、修理费等。

(4) 一般交通运输的成本计算期也是按月计算成本,但是远洋运输由于航行距离和航行时间长,可按航次计算成本。

二、交通运输成本计算对象

汽车运输企业的主要业务是向用户提供客运劳务和货运劳务,从理论上讲,应将劳务种类作为成本计算对象。客运劳务主要由客车完成,货运劳务主要由货车完成。虽然客车也有少量的货运业务(如行李、非经常性零担运输等),但对成本影响不大。而按车型归集成本较简便,所以在汽车运输企业一般均以客车运输和货车运输为成本计算对象。车型比较复杂的汽车运输企业,根据需要还应分别以不同燃料、不同厂牌、不同载重量(载客量)的客车运输和货车运输为成本计算对象。另外,特种大型车、集装箱专用车、零担专用车、冷藏车、罐车等也需单独作为成本计算对象。

水运运输成本一般以船舶类型或单船为成本计算对象。

装卸成本一般以专业作业区或货种为成本计算对象。

堆存业务一般以作业区、仓库、堆场设备等为成本计算对象。

三、营运成本核算账户的设置

(一)“劳务成本”账户

营运成本的核算设置“劳务成本”一级账户,借方登记运输、装卸、堆存等劳务中发生的各项费用，贷方登记转入“主营业务成本”的劳务成本。设置以下二级账户：

1.“运输成本”账户

本账户核算沿海、内河、远洋和汽车运输企业经营旅客、货物运输业务所发生的各项费用支出。其借方登记运输过程中发生的各项可以直接计入运输成本的费用（如工资、燃料、轮胎等），以及由“营运间接费用”和“辅助营运费用”转来的应计入运输成本的费用，贷方登记转入“主营业务成本”的运输成本。

2.“装卸成本”账户

本账户核算海、河港口企业和汽车运输企业因经营装卸业务所发生的费用。其借方登记从事装卸业务发生的各项可以计入装卸成本的费用，贷方登记转入“主营业务成本”的装卸成本。

3.“堆存成本”账户

本账户核算企业因经营仓库和堆场业务所发生的费用。其借方登记经营堆存业务所发生的各种费用，贷方登记转入“主营业务成本”的堆存支出。

4.“辅助营运成本”账户

本账户核算运输企业辅助生产部门在进行辅助生产过程中发生的各种费用。其借方登记辅助生产过程中发生的各种费用，贷方登记分配转入各成本计算对象的费用。

（二）“营运间接费用”账户

“营运间接费用”账户核算企业营运过程中发生的不能直接计入成本核算对象的各种间接费用。其借方登记发生的各种间接费用，贷方登记分配转入各成本计算对象的间接费用。

四、交通运输营运成本核算程序

进行营运成本核算首先要做好成本核算的基础工作，即建立健全成本核算的原始记录，这是进行成本核算的依据。在分析各种费用记录的基础上，按各成本计算对象归集费用，计算成本。成本计算的流程有以下几步：

（1）按成本计算对象归集可以直接记入“劳务成本”下的“运输成本”“装卸成本”“堆存成本”的各种直接费用；

（2）归集应计入“营运间接费用”的各种费用，并在各成本计算对象之间进行分配；

（3）归集辅助生产过程中发生的各项费用，并在各成本计算对象之间进行分配；

（4）计算运输、装卸、堆存业务的总成本和单位成本。

五、交通运输营运成本的核算方法

（一）运输成本的核算

1. 汽车运输的成本项目

汽车运输的成本项目划分为车辆费用（即直接费用）和站队经费（即营运间接费用）两大类共 12 个项目，具体内容如下：

首先是车辆费用,指运输车辆从事运输生产所发生的直接费用,包括以下项目:

(1) 工资总额及社会保险等,指按规定支付给营运车辆驾驶员、助手和随车售票人员的工资,及按上述工资总额和规定的标准计算的社会保险等。

(2) 燃料和燃材料节约奖,指营运车辆运行中所耗用的各种燃料,以及按规定计入营运车辆成本的燃料和材料节约奖。

(3) 轮胎,指营运车辆耗用的轮胎。

(4) 保修,指营运车辆进行日常保养和小修理所发生的工料费用、修复旧件费用和行车耗用的机油费用。

(5) 大修,指营运车辆大修理所发生的费用。

(6) 折旧,指营运车辆按规定计提的折旧费。

(7) 车船税,指企业按规定向税务机关交纳的营运车辆使用税。

(8) 行车事故损失,指营运车辆在运行过程中,因行车肇事所发生的扣除保险公司承担部分事故损失。因车站责任发生的货损货差事故损失以及由于不可抗拒的原因而造成的非常损失,均不包括在内。

(9) 其他费用,指营运车辆在运行过程中发生的除上述费用以外的其他费用。如行车杂支、随车工具、篷布绳索费、防滑链条费、过路费、过桥费、过隧道费、过渡费、中途故障救济费、车辆牌照和检验费、司机和助手劳保用品费、车辆清洗费、冬季预热费、司机途中住宿费等。

其次是站队经费,是指车队、车站为管理和组织运输生产所发生的各项管理费用和业务费用等营运间接费用,包括车队、车站人员的工资及社会保险等、耗用的材料费、房屋建筑物及设备的折旧费、工具用具费、保险费等。

站队经费按规定办法分配计入运输成本。

2. 车辆费用的归集和分配

汽车运输成本以车辆种类为成本计算对象,车辆费用即各类车辆在运输生产过程中发生的直接费用,按有关原始凭证直接计入客车或货车运输成本。有少数不能直接计入的,按一定方法分配计入客车或货车运输成本。现将车辆费用的归集方法说明如下:

(1) 工资及社会保险等。根据“工资分配汇总表”和“社保费等费用分配表”中分配的各类成本的金额计入。驾驶员和助手一般有固定的车辆,其工资和社保等由各自的成本计算对象负担。客车乘务员的工资,由客车成本负担。没有固定车辆的驾驶员和助手,以及后备驾驶员和助手的工资及社保等按营运车日的比例在客车成本和货车成本之间进行分配。计算方法如下:

$$\text{每一车日的分配额}=\frac{\text{应分配的驾驶员及助手的工资及社保等}}{\text{各种车辆总车日}} \quad (\text{公式 }9.7)$$

$$\text{客车(或货车)应分配金额}=\text{客车(或货车)总车日}\times\text{每一车日分配额} \quad (\text{公式 }9.8)$$

［例 9-6］ 某运输公司月末计算分配本月工资并计算社保费等。其中，客车驾驶员及助手的工资为 120 000 元，社保费等 16 800 元；货车驾驶员及助手的工资为 96 000 元，社保费等 13 440 元。根据“工资分配汇总表”和“社保费等费用分配表”：

借：劳务成本——运输成本——客车（工资及社保费等）　136 800
　　　　　　　　　　　　——货车（工资及社保费等）　109 440
　贷：应付职工薪酬　246 240

（2）燃料和燃材料节约奖。燃料根据“燃料发出凭证汇总表”及“车存燃料消耗情况表”中各分类成本耗用的燃料金额计入客车和货车成本。营运车辆在外部油库加油的，其加油数量不作为本企业购入和发出处理，应在发生时直接作为运输成本，借记“运输成本——客车（或货车）”账户，贷记“银行存款（或应付账款）”账户。燃材料节约奖在发生时直接计入有关成本。

［例 9-7］ 月末汇总计算各类车辆耗用的燃料，其中，客车耗用 620 000 元，货车耗用 540 000 元。

借：劳务成本——运输成本——客车（燃料）　620 000
　　　　　　　　　　　　——货车（燃料）　540 000
　贷：燃料　1 160 000

（3）轮胎。营运车辆车装轮胎，如果采用一次摊销法，则领用时直接计入成本；分期摊销时，则每月从“待摊费用”转入运输成本。如果采用按行驶里程计提轮胎费用的方法，则根据每月编制的“轮胎摊提费计算表”计入运输成本。

［例 9-8］ 月末编制“轮胎摊提费计算表”计算本月应计提的轮胎摊提费。其中，客车应计提轮胎摊提费 15 600 元，货车应计提轮胎摊提费 13 400 元。

借：劳务成本——运输成本——客车（轮胎）　15 600
　　　　　　　　　　　　——货车（轮胎）　13 400
　贷：待摊费用——轮胎摊提费　29 000

（4）保修。保修包括车辆的日常保养和小修。日常保修费用一般较小，发生也比较频繁，所以，一般在发生时直接计入成本。如果一次发生金额较大，也可先计入待摊费用，在一定期间内摊销计入保修成本。

车队修理班组对本队车辆进行保修时，保修人员的工资及社保费等，根据“工资分配汇总表”和“社保费等费用分配表”中的相应金额计入各自成本；保修所领用的各种材料、零配件等根据“材料发出凭证汇总表”中各分类成本领用的金额计入各自成本；辅助生产部门对营运车辆进行保修时，根据“辅助营运费用分配表”中分配的金额计入各自成本；在外单位保修时，根据付款的凭证计入各自成本。

第九章

[例 9-9] 根据月末的“工资分配汇总表”和“社保费等费用分配表”，本月客车队保修班组人员的工资 1 600 元，社保费等 224 元；货车队保修班组人员的工资 1 200 元，社保费等 168 元。

首先，根据月末的“工资分配汇总表”和“社保费等费用分配表”：

借：劳务成本——运输成本——客车（保修）　　1 824

　　　　　　　　　　　——货车（保修）　　1 368

　贷：应付职工薪酬　　3 192

其次，根据月末编制的“材料发出凭证汇总表”，本月日常保修领用材料如下：客车用 3 000 元，货车用 2 400 元。

借：劳务成本——运输成本——客车（保修）　　3 000

　　　　　　　　　　　——货车（保修）　　2 400

　贷：材料　　5 400

（5）大修。车辆大修费用较大，间隔期较长，将其计入固定资产成本，通过折旧方式摊销。

（6）折旧。折旧即每月计提的营运车辆的折旧。营运车辆的折旧可采用年限平均法、工作量法或加速折旧法。目前常用的是工作量法，其计算方法如下：

$$千车公里折旧额=\frac{原值-预计净残值}{行驶里程定额\div 1\ 000} \quad （公式 9.9）$$

$$月折旧额=月行驶里程（千车公里）\times 千车公里折旧额 \quad （公式 9.10）$$

[例 9-10] 月末编制“营运车辆折旧计算表”，本月客车应计提折旧 14 800 元，货车应计提折旧 12 200 元。

借：劳务成本——运输成本——客车（折旧）　　14 800

　　　　　　　　　　　——货车（折旧）　　12 200

　贷：累计折旧　　27 000

（7）车船税。按额定吨位和规定的每吨税额计算应交纳的车船税。

[例 9-11] 计算客车应交纳的车船税 2 100 元，货车应交纳的车船税 1 980 元。

借：劳务成本——运输成本——客车（车船税）　　2 100

　　　　　　　　　　　——货车（车船税）　　1 980

　贷：应交税费——应交车船使用税　　4 080

（8）行车事故损失。企业的营运车辆，在营运过程中因碰撞、翻车、碾压、落水、失火、机械故障等原因造成的人员伤亡、牲畜死亡、车辆损坏、物资毁损等行车事故所发生的修理费、救援费和善后费用，以及支付外单位人员的医药费、丧葬费、抚恤费、生活费等事故费用损失，根据付款的凭证直接计入有关分类成本；收到的保险赔偿等赔偿款项，应冲减事故费用。

(9) 其他费用。行车工具、篷布、防滑链条等，按“材料发出凭证汇总表”分别计入各分类成本，如一次领用金额较大时，可先记入“待摊费用”，然后再分期摊销计入成本，或采用“五五摊销法”摊销计入成本。其他费用在发生时，根据付款的凭证直接计入成本。

[例 9-12]　本月客车摊销工具费 610 元，货车摊销工具费 580 元；客车报销各种杂费460 元，货车报销各种杂费 480 元。

借：劳务成本——运输成本——客车（其他费用）　1 070

——货车（其他费用）　1 060

贷：待摊费用　1 190

库存现金　940

3. 营运间接费用的归集和分配

营运间接费用即站队经费，包括车站、车队人员的应付职工薪酬、办公用品费、水电费、差旅费、工具用具费、固定资产折旧及修理费、保险费等。在“营运间接费用”一级账户下按车队、车站设置明细账户进行核算。发生各项费用时：

借：营运间接费用——某车队（或某车站）

贷：应付职工薪酬

银行存款

待摊费用

材料

累计折旧等

对于车队经费，如分别设置客车队、货车队，可直接转入运输成本；如为客货车混合车队，应按车辆费用（直接费用）或营运车日的比例进行分摊。计算公式如下：

$$车队经费分配率=\frac{车队经费总额}{车辆费用总额（或总营运车日）}\qquad（公式 9.11）$$

客车（或货车）应负担车队经费＝车队经费分配率×某车车辆费用（或营运车日）（公式 9.12）

车站经费应先按运输业务的车辆费用、装卸业务和其他业务的直接费用的比例进行分摊；由运输业务负担的车站经费再按营运车日分摊计入客车、货车成本。计算公式可参照车队经费分配的公式。

[例 9-13]　本月客车队经费为 36 000 元，货车队经费为 31 000 元；车站经费中客车应负担 12 000 元，货车应负担 8 000 元。

借：劳务成本——运输成本——客车（车队经费）　48 000

——货车（车队经费）　39 000

贷：营运间接费用——客车队　36 000

——货车队　31 000

——车站　20 000

第九章

4. 辅助营运费用的归集和分配

运输企业的辅助营运费用主要是企业不进行独立核算的辅助生产部门为本企业车辆、装卸机械等设备进行保养、修理，或制造零星配件而发生的辅助生产费用。

辅助营运费用包括生产工人的工资及社保费等、材料费、其他直接费、车间经费等。辅助营运费用可按分类法计算成本，如“客车三级保养”“货车三级保养”“客车小修”“货车小修”“装卸机械保修”等。其成本计算方法可参照工业企业成本的计算方法。发生各种费用时：

借：劳务成本——辅助营运成本——××

贷：应付职工薪酬（材料、银行存款、累计折旧等）

月末计算结转各完工作业、产品的成本。

［例 9-14］ 月末计算辅助生产部门已完工的作业成本，客车保修费用为 2 000 元，货车保修费用为 1 600 元。

借：劳务成本——运输成本——客车（保修） 2 000

——货车（保修） 1 600

贷：劳务成本——辅助营运成本——客车保修 2 000

——货车保修 1 600

5. 计算运输成本

根据例 9-6～例 9-14 资料，运输企业在每月月末编制“运输成本计算表”。汽车运输成本计算表见表 9-6，计算运输成本。

需要说明的是，实行单车租赁的汽车运输企业，计算成本时可不包括工资及福利费、修理费等。

千换算吨公里是将千人公里换算成千吨公里，即 10 千人公里 = 1 千吨公里。

表 9-6 汽车运输成本计算表

××汽车运输公司　　　　年　月　　　　单位：元

项　目	行次	本期实际数			本年累计数		
		合计	客车	货车	合计	客车	货车
一、车辆费用	1	1 492 812	803 514	689 298			
1. 应付职工薪酬	2	246 240	136 800	109 440			
2. 燃料及燃材料节约奖	3	1 160 000	620 000	540 000			
3. 轮胎	4	29 170	15 720	13 450			
4. 保修	5	12 192	6 824	5 368			
5. 大修	6	12 000	6 200	5 800			
6. 折旧	7	27 000	14 800	12 200			

续表

项目	行次	本期实际数			本年累计数		
		合计	客车	货车	合计	客车	货车
7. 车船税	8	4 080	2 100	1 980			
8. 行车事故损失	9						
9. 其他费用	10	2 130	1 070	1 060			
二、车队经费	11	87 000	46 828.21	40 171.79			
三、运输总成本	12	1 579 812	850 342.21	729 469.79			
四、周转量(千换算吨公里、千人公里、千吨公里)	13	2 524	1 304	1 220			
五、单位成本(元/千换算吨公里、千人公里、千吨公里)	14	625.92	652.10	597.93			

根据表 9-6 所示的“汽车运输成本计算表”结转运输成本。会计分录为：

借:主营业务成本　　1 579 812

　贷:劳务成本——运输成本——客车　　850 342.21

　　　　　　　　　　　——货车　　729 469.79

(二) 装卸成本的核算

装卸成本的核算在“劳务成本——装卸成本”账户下按“作业区”或“货物种类”设置明细账,分别以作业区或货种为成本计算对象归集所发生的费用。成本计算单位为“千操作吨”。

1. 直接费用

直接费用指为进行装卸作业所直接发生的各项费用,包括:

(1) 工资及社保费等,指应付给装卸机械司机及助手、装卸工人的工资及按工资的一定比例计算的社保费等。

根据“工资分配汇总表”和“社保费等费用计算表”中的分类项目计入各分类装卸成本。不能分清成本计算对象的,按工作日或完成的工作量分摊计入各分类成本。

(2) 燃料和动力,指装卸机械在运行和操作过程中所耗用的燃料(汽油、柴油)、电力等,也包括燃材料节约奖。

燃料可参照汽车耗用燃料的计算方法,计算实际耗用量计入成本;电力可根据供电部门的收费凭证或企业的分配凭证计入成本。

(3) 轮胎,指装卸机械用的轮胎、轮胎翻新费和零星修补费。

装卸机械的轮胎不宜采用行驶里程摊提法,应在领用时一次计入成本,如一次集中领用金额较大时,可先记入“待摊费用”,然后按月分摊计入成本;翻新费及零星修补费在发生时根据支付凭证直接计入成本。

(4) 保修,指装卸机械进行保养和修理所发生的各种费用。由装卸机械的保修工或保修班组进行保修时，发生的人工费、材料费以及装卸机械在运行操作过程中耗用的机油、润滑油等，根据“工资分配汇总表”“社保费等费用计算表”“材料发出凭证汇总表”等凭证直接计入成本；由辅助生产部门进行保修时，根据“辅助营运费用分配表”中分配的金额计入成本。

(5) 大修，指装卸机械的大修理费用。装卸机械的大修理费与运输车辆的大修理费处理相同。

(6) 折旧，指装卸机械按规定提取的折旧。装卸机械的折旧可采用年限平均法、工作量法或加速折旧法计提。采用工作量法时，以“千操作吨”为工作量。计算方法与运输车辆的折旧类似。

(7) 工具，指装卸机械耗用的工具费。工具可在领用时一次计入成本，如一次领用金额较大，可先记入“待摊费用”，再按月分摊计入成本。工具修理费可在发生时直接计入成本。

(8) 劳动保护费，指装卸业务使用的劳保用品，防暑、防寒、保健饮料，以及劳保安全措施所发生的费用。劳动保护费在发生时根据有关凭证直接计入成本。

(9) 外付装卸费，指付给外部装卸人员的报酬及外租装卸机械的租赁费。外付装卸费在发生时根据有关付款凭证直接计入成本。

(10) 事故损失，指装卸作业中，由于装卸队责任所造成的应由本期装卸成本负担的事故损失，包括货物损失、损坏车辆设备所支付的修理费以及外单位人员人身伤亡事故所支付的各种费用。事故损失根据事故费用的有关凭证计入成本。

(11) 其他费用，指不属于上述各项费用的装卸直接费。

2. 间接费用

间接费用指装卸队、装卸作业区或车站发生的，应由装卸成本负担的间接费用。间接费用发生时记入“营运间接费用”，月末分配计入装卸成本。

装卸成本的核算与运输成本的核算类似，不再详细阐述。发生各项应计入装卸成本的费用时：

借：劳务成本——装卸成本——某作业区（或货物）

　　贷：应付职工薪酬

　　　　劳务成本——辅助营运成本

　　　　营运间接费用等

装卸成本计算表如表 9-7 所示。

表 9-7 装卸成本计算表

年 月　　　　单位：元

项目	行次	本月实际	本年累计
一、直接费用			
1. 应付职工薪酬			
2. 燃料及动力			

续表

项目	行次	本月实际	本年累计
3. 轮胎			
4. 保修			
5. 大修			
6. 折旧			
7. 工具			
8. 劳动保护费			
9. 外付装卸费			
10. 事故损失			
11. 其他费用			
二、间接费用			
三、装卸总成本			
四、装卸作业量（千操作吨）			
五、单位成本（元/千操作吨）			

根据装卸成本计算表结转装卸成本。其会计分录为：

借：主营业务成本

　　贷：劳务成本——装卸成本

（三）堆存成本的核算

堆存成本是指企业从事仓库和堆场业务所发生的成本费用。在"堆存成本"二级账户下按"仓库"或"堆场"设置明细账户，分别以"仓库"或"堆场"为成本计算对象归集堆存业务发生的各项费用。成本计算单位为"千堆存吨"或"千堆存吨天"。

1. 直接费用

直接费用指仓库、堆场因经营堆存保管业务而发生的直接费用。

（1）工资及社保费等，即仓库、堆场从事堆存业务的工作人员的工资以及按规定计算的社保费等。根据"工资分配汇总表"和"社保费等费用计算表"中的有关数据计入成本。

（2）材料费，指仓库、堆场从事堆存业务耗用的各种材料。根据"材料发出凭证汇总表"中的有关数据计入成本。

（3）堆存工具摊销，指应由本期堆存成本负担的油布、防风网罩、垫仓板等堆存工具的摊销额。可编制"堆存工具摊销表"分配应计入本期堆存成本的工具费。

（4）动力及照明费，指仓库、堆场耗用的照明费，冷藏库、机械化作业仓库所耗用的动力费，包括外购的动力、照明用电费及由本企业供电、变电部门结算或分配的费用。根据有关支付凭证或电费分配表计入成本。

（5）折旧费，指堆存仓库及其他建筑物、设备按照规定提取的折旧。一般采用年限平均法计算折旧。

（6）修理费，指上述固定资产的日常保修费及大修理费。处理方法与运输成本中的修理费处理相同。

（7）租赁费，指租入堆存场所或设备所支付的租金。按支付凭证直接计入成本。

（8）劳动保护费，指用于堆存业务作业中职工的劳动保护费，包括劳保用品、劳保措施、保健津贴等，领用或发生时直接计入成本。

（9）事故损失，指堆存业务中，因堆存方责任而造成的货物丢失、损坏、变质、错交等事故损失。发生时根据有关支付凭证直接计入成本。

（10）其他费用，指不属于以上项目的堆存直接费。

2. 堆存间接费

堆存间接费指堆存仓库、堆场发生的不能直接计入堆存成本的费用。如堆存仓库、堆场的管理人员的工资及社保费等、办公用品费、水电费等。发生时记入“营运间接费用”，月末分配计入各堆存成本计算对象。

堆存成本的核算与运输装卸成本类似，不再详细阐述。发生各种费用时：

借：劳务成本——堆存成本——某仓库（或堆场）

　　贷：应付职工薪酬

　　　　银行存款

　　　　营运间接费用等

堆存成本计算表与前述运输成本计算表和装卸成本计算表类似，不再赘述。

思维导图

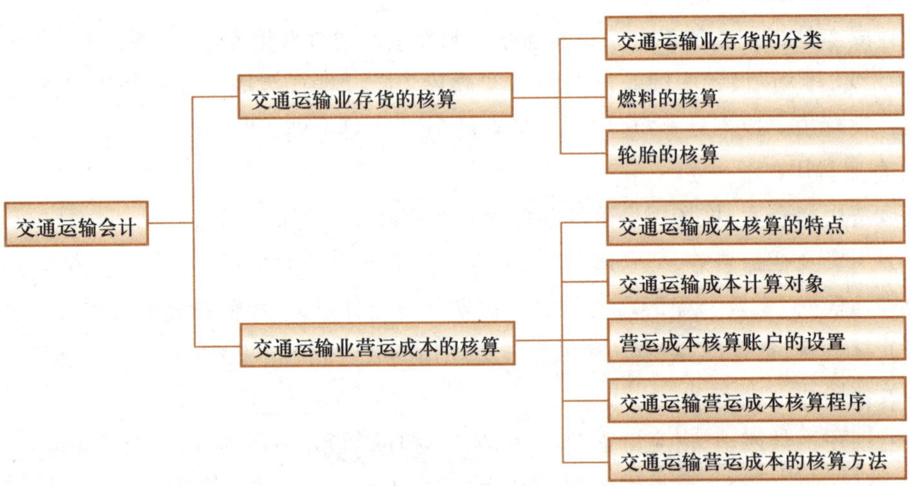

同步测试

一、单选题

1. 交通运输业的轮胎价值比较大，使用期限比较长，需要使用（　　）账户进行核算。

A. 材料　　B. 原材料　　C. 库存材料

D. 周转材料　　E. 轮胎

2. 交通运输业的在用轮胎的核算有两种方法，一种方法是一次摊销法，即对新车的车装轮胎不单独进行核算，当车装轮胎损坏，需要更换新胎时，领用轮胎的费用直接计入运输成本。另一种方法是(　　)。

A. 直线法　　B. 吨公里法　　C. 产量法
D. 按行驶里程提取轮胎费用　　E. 加速折旧法

3. 远洋运输，由于航行距离和航行时间长，可按航次计算成本。一般交通运输的成本计算应该按(　　)计算成本。

A. 车次　　B. 月份　　C. 季度
D. 年度　　E. 台班

4. 汽车运输成本从理论上讲应按劳务种类为成本计算对象，而按车型归集成本较简便。所以在汽车运输企业一般均以(　　)为成本计算对象。

A. 船舶类型或单船　　B. 客车运输和货车运输　　C. 各种单台运输车辆
D. 各个汽车运输队　　E. 各个汽车驾驶员

二、多选题

1. 交通运输行业经营活动具有(　　)等共同特点。

A. 运输过程的流动性　　B. 运输服务的特殊性　　C. 运输经营过程基本相同
D. 固定资产价值特别巨大　　E. 全部不交税

2. 交通运输业特殊存货主要包括(　　)等。

A. 商品　　B. 燃料　　C. 轮胎
D. 备品备件　　E. 在产品

3. 汽车运输中营运车辆的车存燃料管理采用(　　)等方法。

A. 领用报销制　　B. 满油箱制车存燃料管理　　C. 盘存制车存燃料管理
D. 实用实销制　　E. 永续盘存制

4. 在汽车运输业，行车消耗燃料的领用凭证手续主要包括(　　)。

A. 路单领油记录和行车燃料领发记录
B. 定额油票
C. 路单套写领油收据
D. 路单贴附燃料领用凭证
E. 实地盘存制

三、判断题

1. 交通运输业燃料购进的核算与工业企业燃料购进的核算完全不相同。　　(　　)

2. 营运车辆投入运行后，在出车运行之前，必须领用一定数量的燃料储存于油箱内。这部分燃料是车存燃料，其领用数应该直接计为消耗量。　　(　　)

3. 运输企业的运输过程既是生产过程又是销售过程，不存在库存产成品，所以其运输

成本就是销售成本。 （ ）

四、会计分录题

（一）练习轮胎的核算

1. 资料：

某运输企业轮胎核算采用按行驶里程计提轮胎摊提费的方法，本月发生如下业务：

（1）领用轮胎计划成本 2 000 元，成本差异率 1%。

（2）本月客车行驶 120 千车公里，车装轮胎 6 条，货车行驶 100 千车公里，车装轮胎 6 条，客车报废轮胎两条，超驶 2 千车公里，客车轮胎费用摊提率为 8 元/千胎公里，货车轮胎费用摊提率为 8 元/千胎公里。

（3）报废轮胎材料 180 元入库。

2. 要求：根据以上资料作必要的计算并作出会计分录。

（二）练习运输成本的核算

1. 资料：

某运输公司有客车和货车两个车队，本月客车行驶 200 千车公里，完成周转量 8 470 千人公里；货车行驶 180 千车公里，完成周转量 740 千吨公里。发生有关费用如下：

（1）计算应付职工薪酬，客车司机和助手工资 82 000 元，货车司机和助手 74 400 元；按 52%计提社保等费用。

（2）客车耗用燃料 430 000 元，货车耗用燃料 340 000 元。

（3）客车领用保修材料 860 元，货车领用保修材料 640 元；辅助营运费用分配转来客车保修费3 400 元，货车保修费 2 800 元。

（4）计提车辆折旧：客车折旧率为 80 元/千车公里，货车折旧率为 75 元/千车公里。

（5）摊销轮胎摊提费：客车 8 元/千胎公里，货车 8 元/千胎公里。

（6）应交车船税：客车 1 600 元，货车 1 460 元。

（7）支付各种行车杂项开支：客车 1 020 元，货车 980 元。

（8）摊销本月工具费：客车 460 元，货车 380 元。

（9）分配“营运间接费用”：客车负担 6 800 元，货车负担 2 400 元。

2. 要求：请根据以上资料进行必要计算并作会计分录。

10

第十章 银行会计

知识目标

- 认识金融体系的概况
- 了解一个国家、一个地区的银行类别
- 了解商业银行经营活动的特点
- 了解商业银行会计凭证体系的特点
- 了解商业银行手工会计账簿体系及电算化会计账簿体系的特点

技能目标

- 能够进行吸收存款业务的会计核算
- 能够进行发放贷款业务的会计核算
- 能够进行本行款项存出的会计核算
- 能够进行他行款项存入的会计核算
- 能够进行结算业务的会计核算

素养目标

- 培养学生诚信的职业素养
- 引导学生形成正确的消费观念，加强防范金融诈骗的意识
- 让学生明确出租、转让账户给他人的危害及承担的法律责任

第十章

引言

金融业是指进行金融服务的特殊行业。金融业包括:银行业、证券业、保险业、信托业、租赁业、财务公司等。

商业银行是以经营存款、贷款为主要业务,并以获取利润为目的的货币经营企业。我国经营时间较长的商业银行主要有:中国工商银行、中国银行、中国建设银行、中国农业银行、中国交通银行等。近年来,我国各地新成立的商业银行较多,如民生银行、上海浦发银行、重庆银行、华夏银行等。目前,村镇银行等小银行也已十分常见。

我国常见的金融企业包括各类银行、证券公司、保险公司、信托投资公司、期货公司、基金管理公司、租赁公司、财务公司等。存款业务、贷款业务及其相联系的有关业务是银行业的主要业务。对银行的金融活动进行会计核算,有许多不同于其他类型企业的特殊技术。学习对银行业典型经营活动进行会计核算具有重要意义。

第一节 银行会计基础

一、银行会计凭证的特点

(一)较多地使用单式凭证

单式凭证是指同一笔业务的借方、贷方科目要分别放入两张或两张以上的记账凭证中。这也是在一张凭证中只放一个科目的记账凭证使用体制。单式凭证具有传递方便,便于分工记账,便于综合整理,便于装订保管等优点。同时,也有不能集中反映经济业务全貌,不利于事后考查某项业务的全面情况及其对应关系的缺点。

(二)凭证种类多

银行的基本凭证较多,主要包括:现金付出传票、现金收入传票、转账借方传票、转账贷方传票、表外科目收入传票、表外科目付出传票等。此外,还有许多特定凭证。

特定凭证是根据各种业务的特殊需要而设置的各种专用凭证。这类凭证由银行设计和印刷,办理业务时,由外部单位提交银行。凭证采用一次套写数联,外部单位和银行分别联次使用,凭以处理业务和记载账务。特定凭证分别是:结算凭证、联行凭证、贴现凭证、储蓄凭证等。这些凭证普遍留有盖科目章的地方,使用这些特定凭证,可以节约再编制凭证的时间,从而提高工作效率;银行和客户都使用同一份凭证处理和记载账务,有利于保持双方账务的一致,减少差错;专门记录了每笔业务的详细情况,可以完整清晰地反映每笔经济业务。

（三）银行凭证传递环节多

银行所办理的业务，其业务凭证不仅要在银行内部的各个部门之间传递，而且有的还要在异地传递，或者在地区间的各行传递。

（四）会计凭证的要素更多

银行会计凭证具备的要素包括：凭证名称；年、月、日；款项来源；用途或摘要，附件张数；有关收、付款单位（个人）的户名和账号；有关收、付款单位（个人）相应开户银行的名称和行号；单位按照有关规定的印章；银行及有关人员的印章；会计分录和凭证编号。银行以特定的原始凭证代替记账凭证是常见的。

二、银行账务组织的特点

（一）明细核算账务组织

1. 分户账

分户账是明细核算的主要形式。它按单位或资金性质立户，根据传票逐笔、连续登记，是各科目的详细记录。分户账的主要作用是据以办理具体业务核算，并与有关存贷款单位进行账务核对。

分户账的格式，根据是否计息以及怎样计息等账务处理特点，需要有下列四种：

（1）甲种账（表10-1）。设有借方发生额、贷方发生额、余额三栏，适用于不计息的账户，以及用于银行内部的账户，或使用余额表计息的账户。

表10-1　甲　种　账

（　　　　　）账

户名：　　　账号：　　　领用凭证记录：　　　本账总页数：　　　本户页数：

年		摘要	凭证号码	对方科目代号	借方	贷方	借或贷	余额	复核盖章
月	日				（位数）	（位数）		（位数）	

会计：　　　　　记账：

（2）乙种账（表10-2）。设有借方发生额、贷方发生额、余额、积数四栏，适用于在账页上计息的账户。

表 10-2 乙 种 账

( )账

户名： 账号： 领用凭证记录： 利率： 本账总页数： 本户页数：

年		摘要	凭证号码	对方科目代号	借方	贷方	借或贷	余额	日数	积数	复核盖章
月	日				（位数）	（位数）		（位数）		（位数）	

会计： 记账：

(3) 丙种账(表 10-3)。设有借方发生额、贷方发生额、借方余额、贷方余额四栏，适用于借方、贷方双方反映余额的账户。

表 10-3 丙 种 账

( )账

户名： 账号： 领用凭证记录： 利率： 本账总页数： 本户页数：

年		摘要	凭证号码	对方科目代号	发生额		余额		复核盖章
					借方	贷方	借方	贷方	
月	日				（位数）	（位数）	（位数）	（位数）	

会计： 记账：

(4) 丁种账(表 10-4)。设有借方发生额、贷方发生额、余额、销账四栏，适用于逐笔记账、逐笔销账的一次性核算的需要。

表 10-4 丁 种 账

( )账

本账总页数： 本户页数：

年		摘要	凭证号码	对方科目代号	贷方	销账			借方	借或贷	余额	复核盖章
月	日				（位数）	年	月	日	（位数）		（位数）	

会计： 记账：

分户账的登记，必须在经济业务发生后，按照凭证的传递程序，根据凭证逐笔记载，并结出余额。记账时要防止错记、漏记、透支等现象发生，切实核对户名、账号、印鉴、余额等；账页上首规定应填事项，按规定填写；采用复写账页的分户账，每记满一页后应及时将对账单撕下交有关单位对账。

2. 现金收入、付出日记簿

现金收入、现金付出日记簿（表 10-5、表 10-6），是记载和控制现金收入、付出数字的序时账簿。它是由出纳员根据现金收入、付出传票逐笔记载，营业终了各自结出合计数的明细记录。由于银行收支两条线分离等特殊要求，现金收入、付出日记簿的格式也有特点。

表 10-5　现金收入日记簿

柜组名称：　　　　　　　　　　　　　年　　月　　日

凭证号码	科目代号	户名或账号	项目代号	金额 （位数）

表 10-6　现金付出日记簿

柜组名称：　　　　　　　　　　　　　年　　月　　日

凭证号码	科目代号	户名或账号	项目代号	金额 （位数）

3. 余额表

余额表是核对总账与分户账余额，并据以计算利息的重要工具，是明细核算的重要组成部分。余额表分为计息余额表和一般余额表两种。

（1）计息余额表（表 10-7）。按月、按科目分户设置，每日营业终了，根据各科目分户账的最后余额抄列，遇有节假日及当日未发生借贷方业务的账户，根据上日余额填列。余额表上每日各账户余额的合计数应与同科目总账余额核对相符。旬末、月末要分别结出 10 天、20 天及全月合计，并与同科目总账同期余额累计积数核对相符。如遇应加或应减积数要分别填入应加、应减积数栏以保证正确计算利息。

表 10-7　计息余额表

年　　月

科目名称：　　　　科目代号：　　　　利率：　　　　共　页　　　　　　　　第　页

账号 / 户名 / 余额 / 日期				复核 盖章
户名				
余额	（位数）	（位数）	（位数）	
…… 10 天小计				

续表

日期 \ 账号 / 户名 / 余额				复核盖章
	(位数)	(位数)	(位数)	
…… 20天小计 ……				
本月合计				
至上月底未计息积数				
应加积数				
应减积数				
至结息日累计应计积数				
至本月底累计未计息积数				
结息日计算利息数				

(2) 一般余额表。它适用于不计息科目抄制各科目账户余额时使用,栏目内容有科目代号、户名、摘要、余额,根据分户账的各自余额编制。

(二) 综合核算账务组织

银行的综合核算是按会计科目对银行业务进行的总括核算。综合核算具有反映银行业务全貌、各类资金变动情况,并控制各科目分户账余额的作用。综合核算能为编制各种会计报表,考核和反映经济情况提供必要的数据。

1. 科目日结单

科目日结单(表10-8)是每一个会计科目当日的借、贷方发生额和传票张数的汇总记录,也是据以监督明细账户发生额、轧平当日账务、登记总账的依据。

表10-8 ( )科目日结单

年 月 日 附件 张

借方		贷方	
传票张数	金额	传票张数	金额
	(位数)		(位数)
现金 张 转账 张		现金 张 转账 张	
合计 张		合计 张	

科目日结单的编制方法是：每日营业终了，将传票按科目进行整理，将同一科目的传票，分别现金收入（贷方）付出（借方）传票，转账借方、贷方传票分别加计合计数填入科目日结单的有关栏目中，并将传票张数填入相应栏目。

现金科目日结单与其他科目日结单的编制方法不同，主要有两种方式：第一种方式是根据其他科目日结单中的现金借方合计数，反方向填入现金科目日结单的贷方；再根据其他科目日结单中的现金贷方合计数，反方向填入现金科目日结单的借方。第二种方式是根据现金收入、付出日记簿编制现金科目日结单。其编制方法是：根据现金收入日记簿的合计数填入现金科目日结单的借方；根据现金付出日记簿的合计数填入现金科目日结单的贷方。各科目日结单的借方合计与贷方合计数应相等，表明当日业务处理正确。

2. 总账

总账（表 10-9）是按科目立户记载，进行总分类核算，反映资金变动总括情况的账簿。银行使用的总账是每个科目每月设置一张，设有借方发生额、贷方发生额、借方余额、贷方余额四栏；总账的正面上端列有前期历史资料，背面列有发生额合计、余额合计等内容。

表 10-9 总　账

科目名称：

<table>
<tr><td colspan="2" rowspan="2">年　月</td><td colspan="2">借方</td><td colspan="2">贷方</td></tr>
<tr><td colspan="2"></td><td colspan="2"></td></tr>
<tr><td colspan="2">上年底余额</td><td colspan="2"></td><td colspan="2"></td></tr>
<tr><td colspan="2">本年累计发生额</td><td colspan="2"></td><td colspan="2"></td></tr>
<tr><td colspan="2">上月底余额</td><td colspan="2"></td><td colspan="2"></td></tr>
<tr><td rowspan="3">日　期</td><td colspan="2">发生额</td><td colspan="2">余额</td><td rowspan="3">核对盖章
复核员</td></tr>
<tr><td>借方</td><td>贷方</td><td>借方</td><td>贷方</td></tr>
<tr><td>（位数）</td><td>（位数）</td><td>（位数）</td><td>（位数）</td></tr>
<tr><td>1
2
……
10 天小计</td><td></td><td></td><td></td><td></td><td></td></tr>
<tr><td>……
10 天小计
……
31 日</td><td></td><td></td><td></td><td></td><td></td></tr>
<tr><td>月计</td><td></td><td></td><td></td><td></td><td></td></tr>
<tr><td>自年初累计</td><td></td><td></td><td></td><td></td><td></td></tr>
<tr><td>本期计息积数</td><td></td><td></td><td></td><td></td><td></td></tr>
<tr><td>本期累计未计息积数</td><td></td><td></td><td></td><td></td><td></td></tr>
</table>

每日营业终了，根据相同科目日结单的借、贷方发生额合计数填入当日总账发生额栏。登记发生额后，单方反映余额的科目，本日余额直接在总账上结计。其结计方法为：本日余额等于上日借（贷）方余额加上本日借（贷）方发生额减去本日贷（借）方发生额。结出本日余额后，将余额填入总账本日余额栏。本日余额应与分户账或余额表各户余额合计数核对相符。对当日未发生业务的科目，也要将上日余额填入本日余额栏内。对借贷双方反映余额的科目，其余额应根据分户账或余额表的借、贷方合计分别填入，不能轧差反映余额，填记后，应就总账本身有关数字进行轧差核对。其轧差公式为：

如上日余额轧算为借差，则：

上日借差+本日借方发生额-本日贷方发生额=本日借、贷方余额轧差数 （公式 10.1）

如上日余额轧算为贷差，则：

上日贷差+本日贷方发生额-本日借方发生额=本日贷、借方余额轧差数 （公式 10.2）

总账还要在每月底结计当月借、贷发生额及全年截至本月底的累计发生额，填入有关栏目，并按结息期逐月累计余额填入"本期累计未计息积数"栏，以便与余额表核对计息积数。

3. 日计表

日计表（表 10-10）是综合反映各科目当日发生额和余额的报表，也是轧平当日全部账务的主要工具，是银行按日编制的一种会计报表。日计表的结构由科目代码，科目名称，借、贷方发生额和借、贷方余额组成。

登记日计表时，根据各科目总账当日发生额和余额填入日计表中各栏目的本日发生额和余额栏，日计表中各科目的借方发生额合计数应和各科目的贷方发生额合计数相等，各科目的借方余额合计数应和各科目的贷方余额合计数相等。

表 10-10 日 计 表

科目代号	科目名称	发生额		余额	
		借方（位数）	贷方（位数）	借方（位数）	贷方（位数）
合计					

（三）核算程序与账务核对

1. 核算程序

核算程序是从经济业务发生、编制凭证开始，经过凭证的审查、签章，进而根据凭证记载账务，直至进行账务核对，达到平衡账目，编制日计表为止的业务处理全过程。

（1）明细账核算程序是：根据经济业务发生的凭证登记分户账或登记簿；现金业务则根据现金业务传票记载现金收、付日记簿，营业终了，根据分户账登记余额表。

（2）综合核算程序是：根据经济业务发生的凭证编制科目日结单，根据各科目日结单登记总账，根据各科目总账编制日计表。

明细核算和综合核算都是根据经济业务发生的同一凭证分别进行的核算，其核算结果必然相同。因此，必须相互核对，保证账务处理的正确性。

2. 账务核对

账务核对是账务处理的重要环节，是防止核算差错，保证核算质量的主要措施。有关会计人员必须严格执行账务核对的有关规定，保证账务核算正确可靠。银行的账务核对有每日核对和定期核对两种，通过账务核对达到账款、账账、账据、账表和内外账务相符。

（1）每日核对。每日核对的主要内容如下（见图 10-1）。

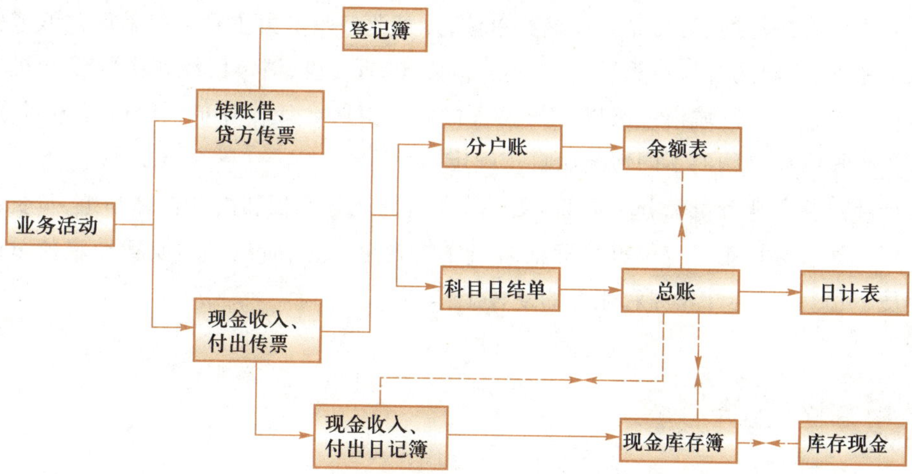

图 10-1 每日银行账务处理与账务核对

各科目总账的余额应与相同科目所属分户账或余额表的余额合计数核对相符。

现金科目总账的借、贷方发生额应与现金收入、付出日记簿的合计数核对相符；现金科目总账的余额应与现金库存簿的库存数及实际现金核对相符。

（2）定期核对。对未能纳入每日核对的账务，要进行定期核对。定期核对的主要内容是：

① 使用丁种账页记载的账户，应按旬加计未销账的各笔金额与同科目总账累计金额核对相符。

② 余额表的计息积数要按旬、按月、按结息期与该科目总账的同期余额累计数核对相符。

③ 各种贷款借据要按月与各科目的分户账逐笔核对相符。

④ 各种卡片账要每月与该科目总账或有关登记簿核对相符。

⑤ 各种有价单证、空白重要凭证要每月账实核对相符；房屋、器具应定期及在年终决算前账实核对相符；金银分户账每月要与出纳部门的金银保管登记簿核对相符。

⑥ 内外账务要核对相符。存折户坚持在办理业务的当时进行账折核对，结算账户应按期填发“余额对账单”与有关单位对账。

⑦ 联行间的账务核对应按联行有关制度规定进行。

三、银行会计机构的特点

银行会计机构是银行内部组织领导和直接从事会计工作的职能单位，也是办理业务核算实现银行职能的重要部门。各银行的会计工作是在行长的领导下，由会计部门统一管理和实施的。

银行会计核算单位分为独立会计核算单位和附属会计核算单位两种。凡单独编制会计报表和办理年度决算的，为独立会计核算单位；凡其业务收支由主管部门采用并账或并表方式汇总反映的，为附属会计核算单位。一般来说，包括县级、城市区级在内的银行机构为独立会计核算单位；县级、城市区级以下的银行机构为附属会计核算单位。但具体划分时，由各家银行根据行属机构的不同情况而自行确定。

会计部门根据业务量和分工情况，设置若干对外业务专柜和内部核算小组，负责办理会计业务等工作。会计柜组应设置负责全面工作的柜组长，同时还必须设置一定数量的专职复核人员，负责一切会计业务和账务的复核工作。

第二节 银行会计核算

银行是以经营存款、贷款业务为主的金融企业，如工商银行、建设银行、民生银行等大银行，还有社区村镇银行等小银行。这些金融企业的会计核算由于经济活动的特殊性而有许多特殊的核算方法和技术。

一、吸收各项存款业务的核算

吸收社会上的闲散资金用于金融经营是银行的一种主要业务。有关个人、单位存入现金和支取所存现金，银行应根据实际情况办理业务和进行账务处理。

（一）吸收个人、单位存款的账务处理

银行业务必须双人临柜。银行柜台收款员收到所存款项及客户填写的一式三联的缴款单，审核无误后办理存款事宜。收款员先审查凭证日期、账号、户名等要素填写是否齐全，大小写金额是否一致，有无涂改迹象。接着当面点收款项。先点大数，再清点全部细数。收妥款项后在三联缴款单上加盖名章，明确责任。按双人临柜的要求，收款员交复核员复核、复

点。复核内容还多一项检查收款员是否加盖了名章。逐张复点无误后在缴款单上加盖“现金收讫”章及复核员的名章。最后将第一联退还缴款客户；第三联留存，凭以登记现金收入日记账；第二联送交有关会计专柜代替现金收入的贷记传票。

会计根据已经收讫的缴款单第二联记入客户的分户账（如是首存，多一项根据此存款凭条编排账号的工作，如是存折户首存还有开立存折的工作）。其会计分录为：

借：库存现金

　　贷：吸收存款——活期存款——××户

金融企业的“吸收存款”科目是负债类科目。还有同业存放等也是负债类科目。

（二）支付现金的账务处理

付款员应在每天营业时间开始前，向库房管理员领取一定数额的备付现金，准备用于营业时间的现金支付。领取现金时，双方都应将领取金额在各自的“款项交接登记表”中登记，并互相签章证明。同时，复核员应对领取的金额进行复核，实现共同验收。

有单位来银行支取现金时，经办人员审查收到的支票，对日期、账号、户名、背书是否齐全，款项用途是否符合有关规定，账户内是否有足够的余额逐一审查。审查无误后将现金支票右下角的“出纳对号单”撕下交给取款人，请其凭此到出纳部门取款。

会计根据留下的现金支票，将其代替现金支付传票，据以记账。其会计分录为：

借：吸收存款——活期存款——××户

　　贷：库存现金

付款员收到转来的凭证后，认真审核合法性和有效性，审核无误后加盖“现金付讫”章、付款员的名章，登记现金支付日记账，将现金和凭证一起交复核员复核。复核员审查各要素，并检查付款员名章、付讫章是否齐全，再将现金合计数与凭证金额核对，无误后付款给取款人。

（三）现金收付的结账处理

每日营业终了，收款员应将当天所收现金金额与“现金收入日记账”的合计数、现金总账的借方发生额核对相符，然后填写入库票，登记“款项交接登记簿”，将现金交库管员审核入库。

每日营业终了，付款员应将当天领取的备付金额总数，减去剩余现金，倒轧出实际支付现金总数，与“现金支付日记账”的合计数、现金总账的贷方发生额核对相符，然后填写入库票，登记“款项交接登记簿”，将剩余现金交库管员审核入库。

库管员收到付款员交还的现金和收款员收到的现金，经与“现金收付日记账”及入库传票核对相符后，点收现金入库。同时登记“现金库存簿”，将上一营业日库存现金加减本日收付的现金总数，结出当日库存，并同实际库存现金、会计部门的现金科目的借方余额核对相符。以此结束当日的现金收付工作。

（四）利息计算及账务处理

定期存款采用整存整取的，用“本金×时期×利率＝利息”这一计算公式计算。全年计

360天，每月不论大月、小月、平月、闰月都按30天计算。利率由中国人民银行统一规定。到期支取的，不论利率如何变动，计算利息均按存单开户日所确定的利率计付利息，即利率变动不分段计息。提前支取的，均按支取日挂牌公布的活期利率计息。过期支取的，其过期部分利息一律按支取日挂牌公布的活期利率计付利息。

定期存款采用零存整取的，可采用月积数计息法。即根据分户账的存款余额，按月计算出月积数。支取时再求出累计月积数，乘以月利率即得利息。例如，某客户每月存入1 000元，连存3个月，月利率为2.5‰，3个月到期可根据月积数1 000、2 000、3 000，其利息计算为6 000×2.5‰=15(元)。如遇利率调整或提前支取、过期支取，参照整存整取处理。

活期存款按规定每季结息一次，每季末月的20日为结息日，按结息日挂牌活期存款利率计息。

如储户要求结清时，完成各项手续后，会计分录为：

借：吸收存款——活期存款——××户

　　利息支出——活期储蓄利息支出

　　贷：库存现金

如每年6月30日结息，根据利息清单的合计数填制活期存款科目汇总传票进行转账，其分录为：

借：利息支出——活期储蓄利息支出

　　贷：吸收存款——活期存款——各户

二、存放中央银行款项等的账务处理

存放款项是指商业银行在中央银行、其他银行或非银行金融机构存入的，用于支付清算、提取及缴存现金的款项，以及按吸收存款的一定比例缴存于中央银行的准备金存款等，包括存放中央银行款项、存放同业款项。

存款准备金制度是中央银行通过控制存款准备率，来限制或扩张派生存款，以便调节银行的信用规模和货币供应量。商业银行由此可以增强支付能力和资金后备力量，保证往来资金清算的需要，防止金融风险。

金融企业于每旬旬末以一般存款余额的一定比例缴存，自下而上地级编制旬末存款余额表，由金融企业法人单位统一汇总后报送存款准备金账户的开户中央银行。商业银行从系统内调入资金、清算票据交换应收差额、异地结算转汇应收款项、向同业拆入资金或收回同业归还拆借资金等，将资金存入中央银行的准备金账户，从而引起存款准备金增加。

如商业银行从系统内调入资金存入中央银行，其会计分录为：

借：存放中央银行款项

　　贷：库存现金

如商业银行因为经营等原因将资金存入其他商业银行，其会计分录为：

借：存放同业

贷:库存现金

"存放中央银行款项"科目、"存放同业"科目都是资产类科目。

三、贷款业务的核算

为客户提供贷款是金融企业另一种主要业务。贷款是指金融企业对借款人提供的按约定的利息率和期限还本付息的货币资金。金融企业发放的贷款中,偿还期限在一年及一年以内的称为短期贷款;偿还期限在两年以上五年及以内的称为中期贷款;偿还期限在五年及五年以上的称为长期贷款。

(一)短期贷款的账务处理

短期贷款是银行的主要经营品种。它的利息率低,收益少。但是它流动性强,风险小,便于监督管理,保持合理的比例有利于维持金融企业的资金周转。

1. 发放短期贷款的账务处理

借款的单位等借款申请人申请贷款时,应向银行提交贷款申请书和贷款凭证一式四联。第一联是借据,第二联是转账借方凭证,第三联是转账贷方凭证,第四联是回单。贷款单位先在第一联借据上加盖预留印鉴,经过信贷部门审查批准后,送会计部门凭以办理贷款的发放手续。

会计部门收到贷款凭证后首先进行审查。审查凭证有无信贷部门审批意见,各项内容的填写是否正确、完整,大小写金额是否一致,印鉴是否相符等。

会计审查无误后,以贷款凭证第二联代替转账借方传票,第三联代替转账贷方传票办理转账。其会计分录为:

借:贷款——短期贷款——××户

　　贷:吸收存款——活期存款——××户

会计办妥转账手续后,将第一联借据按贷款到期日顺序排列,专夹保管,以监督按期收回贷款。第四联加盖业务章后退给借款单位收执。

金融企业的各种"××贷款"与现金、存放中央银行存款、存放同业存款等是同类,都是资产类科目。

2. 收回短期贷款的账务处理

(1)到期还款。贷款到期,贷款单位主动归还,应由贷款企业提交转账支票等作为还款凭证送银行办理还款手续。银行会计部门抽出原留存的借款借据进行金额、印鉴核对。定期收息的应在转账支票上的金额栏填写归还贷款金额。核对无误后进行账务处理。会计分录为:

借:吸收存款——活期存款——××户

　　贷:贷款——短期贷款——××户

利随本清的还要计算利息,在偿还凭证上填记利息和本息合计金额,查看该单位存款户是否有足够余额,然后以支票代借方传票,另填写利息收入和收回贷款本金的转账凭证即转账贷方传票，办理转账。则其会计分录应为：

借：吸收存款——活期存款——××户

贷：贷款——短期贷款——××户

借：应收利息

贷：利息收入

借：吸收存款——活期存款——××户

贷：应收利息

（2）贷款展期。贷款到期，由于种种原因借款人无法及时归还，要求贷款展期时，应在贷款到期日十天前，向银行提出贷款展期的申请。银行的信贷部门根据借款人的具体情况和展期原因决定是否展期。若同意展期，则在展期申请书上签署意见，然后交会计部门处理。会计部门对贷款展期不办理转账手续，只在借据上批注展期日期，并将原借据和展期申请书一并保管，并按展期后的到期日排列。

（3）利息的核算。贷款利息的计算分为利随本清和定期收息两种方式。我们已经知道我国银行计单利，其原理的具体使用就是利随本清方式。利随本清的计息方法是：从贷出的当天起息，偿还贷款日不计息，按对年、对月、对日的方法计算。贷款期限满年的按年计算，满月的按月计算，有整年、整月又有零头天数的，可全部化成天数计算。满年的按 360 天计算，满月的不论大月小月均按 30 天计算，零头天数按实际天数计算。其计息公式可分别概括为：

整年整月的利息＝本金×时期（年或月）×年或月利率　（公式 10.3）

全部化成天数的利息＝本金×天数×日利率　（公式 10.4）

银行常用定期收息方式。定期收息是指按规定的结息期结计利息。一般的结息期为每月末或季末的 20 日。先采用“计息余额表”（见表 10-7）累计计息积数，或用分户账累计计息积数。再根据计息积数乘以日利率计算出贷款利息。计息积数的起止时点是，从贷出当天起计息，偿还贷款日不计息，在计算天数时，平时“算头不算尾”，计息日“算头又算尾”。定期收息的计算公式为：

利息＝累计计息积数×日利率　（公式 10.5）

在以上计算利息金额的基础上，根据计算的各借款人的利息，编制传票全部转入“应收利息”科目。其会计分录为：

借：应收利息——××户

贷：利息收入

然后根据计算的利息按借款人编制贷款利息通知单一式三联，一联作为支款通知，另两联分别代替转账借方和贷方传票办理转账，从借款单位存款账户支付。

借：吸收存款——活期存款——××户

贷：应收利息——××户

（二）中长期贷款的账务处理

中长期贷款资金投向集中、稳定性强、收益高，但同时流动性差、风险也大，因而更应加强控制。中长期贷款发放业务方面，要充分进行可行性研究和更严格的审核。中长期贷款账务上也应有针对性的处理。

1. 中长期贷款处理与短期贷款的原则性区别

（1）本息分别核算。即发放中长期贷款按实际贷出金额入账，期末按照贷款本金和适用的利率计算应收取的利息，并分别贷款本金和利息进行核算。由于贷款的期限较长，将本金和利息分别核算，可以更清晰地反映金融企业的收益情况。

（2）商业性贷款和政策性贷款分别核算。由于政策性贷款和商业性贷款在借贷目的上有根本区别，因而对两者的核算要求不尽相同。政策性贷款应根据国家有关部门的委托而定。

（3）自营贷款与委托贷款分别核算。自营贷款是金融企业以合法方式筹集的资金自主发放的贷款，其风险由金融企业自己承担，并由金融企业收取本金和利息。委托贷款是委托人提供资金，由金融企业这个受托人确定贷款对象、用途、期限、利率等而代理发放，并监督使用、协助收回的贷款。其风险由委托人承担。金融企业不得代垫资金，只收取手续费，其手续费按收入确认条件予以确认。由于金融企业在这两种贷款上承担不同的风险，将两者分开核算可以更清晰地反映金融企业的经营风险。

（4）应计贷款和非应计贷款分别核算。非应计贷款是指贷款本金或利息逾期 90 天没有收回的贷款。应计贷款是指非应计贷款以外的贷款。当贷款的本金或利息逾期 90 天时，应转入“非应计贷款”账户单独进行核算。当应计贷款转入非应计贷款时，应将已经入账的利息收入和相应的应收利息予以冲销。从应计贷款转入非应计贷款后，又收回该笔贷款的还款时，首先应冲减本金，再收到的还款则确认为当期利息收入。将非应计贷款从中长期贷款中独立出来核算，有利于报表使用者充分了解企业的资产质量。

2. 中长期贷款的账务处理

中长期贷款的账务处理与短期贷款相同，但由于经营业务不同，增加了一些特定内容。

发放中长期贷款时，会计分录为：

借：贷款——中长期贷款——××户

　贷：吸收存款——活期存款——××户

计算应收的贷款利息时，会计分录为：

借：应收利息——××户

　贷：利息收入

贷款到期，收回贷款本金，会计分录为：

借：吸收存款——活期存款——××户

　贷：贷款——中长期贷款——××户

贷款到期不能收回的，转为逾期贷款，会计分录为：

借：贷款——逾期贷款——××户

　贷：贷款——中长期贷款——××户

贷款逾期 90 天仍未收回的，将本金和应收利息转入“非应计贷款”。应计贷款和非应计贷款在资产负债表中应分别列示。贷款逾期 90 天后转为非应计贷款的会计分录为：

借：非应计贷款——××户

　贷：贷款——逾期贷款——××户

　　应收利息——××户

金融企业对外发放的贷款应当在期末按规定计提“贷款损失准备”，它与一般工商企业有关资产计提减值准备类似，此不赘述。

四、结算业务的核算

金融企业经营存款、贷款业务的同时，还为客户提供结算服务。结算是指各个经济实体之间，由于进行商品交易、劳务供应和资金调拨等经济活动，而发生的货币收付。结算按货币收付的方式不同，可以分为现金结算、转账结算。转账结算是通过银行从付款单位账户将款项划转到收款单位账户的货币收付。

（一）结算原则

银行和客户在办理结算过程中都应该遵循结算原则。结算原则包括：

1. 恪守信用，履约付款

收款人和付款人必须按照经济合同或承诺履行义务，银行根据收付双方所提供的票据等结算凭证，按照双方约定的付款形式及时划转资金。

2. 谁的钱进谁的账，由谁支配

客户在银行的存款，其所有权属于存款人。银行与存款人的关系是一种信用关系，必须谁的钱进谁的账，对存款的支配权也理所当然地属于存款人。银行作为资金清算的中介，必须根据收款凭证准确、及时地为收款人入账；根据付款人的委托办理款项的支付。同时，银行还必须为客户的存款保密，除国家法律规定和国务院授权中国人民银行总行的监督项目外，银行一律不代任何单位和个人查询、扣款，也不得停止客户的正常支付。

3. 银行不垫款

银行办理转账业务，只负责将结算款项从付款人账户划转到收款人账户，银行不承担垫款的责任。其实质是银行不能被随意占用资金，防止盲目扩大信贷规模和货币投放。为此，银行在结算过程中必须先借记付款人账户，后贷记收款人账户。付款人只能在其存款余额内支用款项；收款人也只能在款项收妥进账后才能抵用。银行的会计部门必须严格遵守这一规定。

（二）结算纪律

客户和银行都必须严格遵守结算纪律。结算纪律包括：

1. 重合同、守信用

客户不准套取银行信用，签发空头支票和远期支票；不准无理拒付，任意占用他人资金；不准利用多头开户转移资金，逃避债务；不准出租、出借在银行开立的账户；不准拖欠贷款。

2. 树立法治观念

银行不准以任何理由压票、任意退票截留挪用客户或他行资金；不准受理无理拒付，不扣少扣滞纳金；不准在结算制度之外规定附加条件，影响汇路畅通；不准违反规定开立账户；不准拒绝受理、代理他行正常结算业务；不准放弃对客户违反结算纪律的制裁；不准违章承兑、贴现商业汇票和逃避承兑责任，拒绝支付已经承兑的商业汇票票款；不准超额占用联行汇差资金，转嫁资金矛盾；不准逃避向中国人民银行转汇大额汇划款项和清算大额银行汇票资金；未收妥款项，不准签发银行汇票、银行本票；不准向外签发未办汇款的汇款回单。对受理需要向外寄发的结算凭证必须于当天及时发出，最迟不得超过次日。

3. 严格责任的制度

在传递银行结算凭证和信息中，因工作差错造成积压、丢失、错误等，影响客户和银行资金使用或造成资金损失的，由责任人和责任部门承担责任。

（三）使用支票结算

支票是出票人签发的，委托办理支票存款业务的银行或者其他金融机构在见票时，无条件支付确定的金额给收款人或持票人的票据。支票结算手续简便、灵活，适用于客户之间在同城或票据交换区域内的商品交换和劳务供应等款项的结算。

支票分为现金支票、转账支票。现金支票只能用于支取现金；转账支票只能用于转账。

支票一律记名。中国人民银行批准的地区，支票可以背书转让。支票的金额起点为 100 元。支票付款期限为 10 天。签发支票应使用碳素墨水或墨汁填写。支票的大小写金额和收款人不得更改，其他内容如有更改，须由签发人加盖预留银行印鉴证明。银行对签发的空头支票或印章与预留银行印鉴不符的支票，银行除退票外，并按票面金额处以 5%但不低于 1 000 元的罚款，对屡次签发的客户，银行应根据情节给予警告、通报直至停止其向收款人签发支票。收款人凭现金支票支取现金时，须在支票背面背书。已经签发的现金支票遗失，可以向开户银行挂失，挂失前已经支付，银行不予受理；转账支票遗失，银行不予挂失，签发人可请求收款人协助防范。

1. 收款人与签发人在同一银行开户的处理

银行收到转账支票和进账单，首先审查支票和进账单是否齐全，支票和进账单金额是否相符，大小写金额是否一致；再审查支票是否在付款期内；进一步审查支票上的印章与预留银行印鉴是否相符；最后审查签发人账户是否有足够支付的款项等。审查无误后，在第一联进账单上加盖转讫章，作收账通知退收款人；以支票和第二联进账单代转账借方、贷方传票办理转账。其会计分录如下：

借：吸收存款——活期存款——签发人户

　　贷：吸收存款——活期存款——收款人户

2. 收款人与签发人不在同一银行开户的处理

收款人与签发人不在同一银行开户，支票必须通过票据交换在两个行处之间传递。这个过程先由签发人开户银行办理款项支付手续，收款人开户银行才能为收款人入账。如发生退票，签发人开户银行应在规定的时间内通知收款人开户银行；超过约定时间没有通知，收款人开户银行即可为收款人入账。

收款人开户银行受理支票的处理和付款人开户银行受理支票的处理，在业务程序上有不同，核算上并无本质差异。

下面从收款人开户银行受理支票的处理看。收款人开户银行收到收款人交来的进账单和支票审查无误后，在两联进账单上加盖"收妥后入账"戳记并加盖转讫章后，将第一联进账单退给收款人，第二联进账单暂存，在支票上加盖"托收票据"戳记后按照票据交换的规定及时提出交换。

付款人开户银行收到收款人开户银行提交的支票，审查无误后，即以支票代借方传票，另编制转账贷方传票办理转账。其会计分录为：

借：吸收存款——活期存款——签发人户

　　贷：存放中央银行款项

若经过审查，支票不符合规定，不能支付，应在退票时间内通知收款人开户银行，说明退票原因，并按退票规定将支票退交收款人开户银行，并对付款人处以罚款。

收款人开户银行在退票时间内未接到付款人开户银行的退票通知，退票时间过后即以第二联进账单代转账贷方传票，另编制转账借方传票办理转账。其会计分录为：

借：存放中央银行款项

　　贷：吸收存款——活期存款——收款人户

在退票时间内，若接到付款人开户银行退票时，收款人开户银行应将支票退回收款人。

五、内部资金清算往来的核算

（一）内部资金清算往来概述

内部资金清算往来是指同一银行辖内所属各行处之间的资金账务往来。客户之间办理结算业务必然涉及各行处之间的这种清算资金往来。银行内部行处之间划拨资金、相互存欠的清算也用"清算资金往来"账户进行。

内部资金清算往来实行"统一领导，分级管理，集中监督，分别核算"。分别按全国、省、县三级核算。

三级资金清算往来基本上都是采取直接发报，逐级轧计汇差；往来双向报告，集中对账；逐月查清未达，年度上划结平。其基本做法是：

1. 划分往账与来账两个系统

经办行既办理往账，又受理来账。经办行办往账时称为发报行，办来账时称为收报行。往账和来账是两个不同性质的事项，核算时必须分清。

2. 利用报单贯穿清算账务

资金清算往来的基本凭证是清算报单。当清算业务发生时，由发报行填制报单寄收报行，并根据报单编制往账报告表寄管辖行；收报行根据发报行寄来的报单办理来账业务，同时据以编制来账报告表寄管辖行。这样，每一笔清算账务都通过同一内容的报单，把发报行、收报行和管辖行等联系起来，成为一个有机的整体。

3. 往来双向报告,集中对账

发报行发生清算账务,必须先编制清算报单,向管辖行编发往账报告表。收报行必须根据发报行的清算报单,办理清算账务,并向管辖行编发来账报告表。管辖行根据往、来账报告表所附每笔报单进行逐笔核对查清。

4. 轧计汇差,逐级清算

经办行每日营业终了前,根据当日清算资金往来各有关科目借方、贷方发生额,分别加计总数轧计出清算应收汇差或应付汇差,并逐级办理资金清算。

5. 清算未达,年度上划结平

资金清算往来账务,以年度为界限,逐年结清账务,上划结平。新年度开始时,对清算账务划分上年户和本年户,分别处理。待上年清算账务查清后,由各经办行将上年账户余额逐级上划,最后总行汇总结平。

(二)内部资金清算往来使用的凭证

内部资金清算往来的基本凭证是清算报单。它是行处间办理资金划拨和账务处理的重要依据。清算报单分为:邮划借方报单、邮划贷方报单;电划借方报单、电划贷方报单;电划借方补充报单、电划贷方补充报单。

使用借方或贷方报单,应根据决定会计分录方向的业务本质而定。至于使用邮划报单还是电划报单,则根据客户提交的结算凭证,或银行内部会计凭证是邮划还是电划来决定。

各种报单,除电划补充报单由收报行根据发报行的电报译制外,其余都由发报行一次套写。清算报单各联用途如下:

1. 邮划借方报单、邮划贷方报单

邮划借方报单(见表 10-11)和邮划贷方报单都是一式四联。

表 10-11 ××银行邮划借方报单(第一联,来账卡片)

发报行	行号		编制 年 月 日	收报行	行号		号码
	行名				行名		
付款单位账号或名称		收款单位账号或名称		金额	合计金额		
					事由		
					附件		
备注:		发报行	(发报行清算专用章)	收报行	核对印鉴 复核 记账		
					转账日期		

第一联,来账卡片。由发报行寄收报行,收报行转账后,代"清算资金往来"账户卡片账。

第二联,来账报告卡。由发报行寄收报行,收报行转账后,随清算来账报告表寄管辖行。

第三联,往账报告卡。发报行随清算往账报告表寄管辖行。

第四联,往账卡片。发报行留存,代"清算资金往来"账户卡片账。

2. 电划借方报单、电划贷方报单

电划借方报单、电划贷方报单一式四联,但因不需要而缺少第一联"来账卡片"、第二联"来账报告卡"。

第三联,往账报告卡。发报行随清算往账报告表寄管辖行。

第四联,往账卡片。发报行凭以向收报行拍发电报后留存,代"清算资金往来"账户卡片账。

3. 电划借方补充报单、电划贷方补充报单

第一联,来账卡片。收报行转账后,代"清算资金往来"账户卡片账。

第二联,来账报告卡。收报行转账后,随清算来账报告表寄管辖行。

第三联,转账借方传票,或转账贷方传票。收报行代转账借方传票或转账贷方传票。

第四联,收账通知,或付款通知。代收报行给客户的收账或付款通知。

清算报单是银行内部重要的空白凭证,应该设置使用登记簿加强控制。填坏的报单除电划补充报单外,要注销作废。

(三)发报行的处理

发报行是清算资金往来账务的发生行。清算账务发生时,发报行的任务是及时地填发清算报单,按期向管辖行编报清算往账报告表。

1. 报单的编制

发报行编制报单时,对于发报行、收报行的行号、行名,收、付款单位、账号或户名,大小写金额等都要填写清楚,字迹端正,易于识别,并在第一联报单上加盖清算专用章。需要密押的报单,还应加编密押。经过复核后寄发。

发报行根据"清算资金往来"账户会计分录方向,编制借方或贷方报单。

"清算资金往来"账户是一个具有双重性质的结算账户。该账户专门用于核算银行之间及银行内部核算单位之间的资金清算款项往来情况。

[例 10-1] 工商银行重庆市九龙坡区杨家坪分理处收到某收款单位的进账单和银行汇票各一份,金额 25 000 元,划付工商银行成都市春熙路分理处某付款单位款项。应编制邮划借方报单,其会计分录为:

借:清算资金往来——成都市春熙路分理处　　25 000

　　贷:吸收存款——活期存款——××收款单位户　　25 000

［例 10-2］ 工商银行重庆市分行沙坪坝营业部代某付款单位邮划委托收款的货款 55 000 元，给工商银行大连市金州分理处某收款单位。应编制邮划贷方报单，其会计分录为：

借：吸收存款——活期存款——××付款单位户 55 000

　贷：清算资金往来——大连市金州分理处 55 000

2. 报单的处理

发报行应将第一联和第二联报单连同附件，以清算专用挂号信寄收报行。信封封面的收报行名、地址、借方或贷方报单的笔数等逐项填写清楚。至于电划报单，要填写电稿；经过复核无误后，到邮局拍发电报。

当天寄发的邮划、电划报单，必须根据发信记录以及发电电稿的笔数，与清算往账报告表上填列的笔数进行核对，防止发生漏发、错发事故。

第三联报单于营业终了，先按电借、电贷、邮贷分类，再按收报行行号的顺序进行整理，作为编制往账报告表的依据，并附报告表上报管辖行。

第四联报单的整理方法与第三联相同，作为清算资金往来账户卡片账，随往账报告表留底联一并装订保管。

3. 编制清算往账报告表

清算往账报告表（见表 10-12）是发报行向管辖行报告本行清算业务状况的工具，也是上级行监督发报行正确办理清算往账核算和办理对账的依据。

每天营业终了后，发报行根据第三联往账报告卡编制清算报告表，其具体编制要求为：

（1）报告表的编制日期、本行行号、报告表顺序号、上期余额填写清楚正确。

（2）报告表所列笔数，本日借、贷方发生额，必须与第三联往账报告卡的份数、合计金额相符。

（3）报告表借、贷本日发生额及余额，必须与“清算资金往来”账户总账的当天发生额及余额核对相符。

［例 10-3］ 某工商银行分行营业部 2022 年 3 月 14 日发出电划借方报单 5 笔共 140 万元，邮划借方报单 10 笔共 80 万元，电划贷方报单 78 笔共 465 900 元，邮划贷方报单 114 笔共 5 019 809.60 元。3 月 13 日，该营业部清算往账报告表贷方余额 2.75 亿元。编制 3 月 14 日的清算往账报告表如表 10-12 所示。

表 10-12 清算往账报告表

2022 年 3 月 14 日

行号　　　　行名　　　　　　　　编号(　　　)

摘要	借方			贷方		
	笔数		金额	笔数		金额
	电划	邮划		电划	邮划	
上期余额						275 000 000.00
本日发生	5	10	2 200 000.00	78	114	5 485 709.60
本日余额						278 285 709.60
备注						

分行	输入		银行专用章	经办行	会计主管	复核	制表
	复核						

注:借方报单列入借方,贷方报单列入贷方。

(四)收报行的处理

收报行是清算资金往来的接收行,负责清算来账的处理。收报行认真审查发报行寄来的报单,准确地、及时地办理转账和向管辖行编报清算来账报告表,也是保证全国清算往来正常进行的关键一环。

收报行收到发报行寄来的清算报单或电报时,应认真审查:清算专用信封封面上所填写报单笔数与信封内报单是否相符;收报行行号、行名是否确系本行;附件有无短缺,报单与附件的收(付)款单位的账号或名称、金额是否一致;清算专用章与密押是否正确。如果是收到电报,经审查电报挂号无误后,再行译制电划补充报单。

收报行收到内容真实正确、手续完备的完整报单后,应在报单上加盖转账日期戳记,然后根据报单附件(如银行汇票、银行承兑汇票)及时办理转账。

[例 10-4] 承例 10-1,工商银行成都春熙路分理处接到工商银行重庆市杨家坪分理处的邮划借方报单和银行汇票,将款项从付款单位账户付出。其会计分录为:

借:吸收存款——活期存款——××付款单位　　25 000

　贷:清算资金往来——重庆市杨家坪分理处　　25 000

[例 10-5] 承例 10-2,工商银行大连市金州分理处接到工商银行重庆市沙坪坝分理处的邮划贷方报单和委托收款凭证,将款项转入收款单位账户。其会计分录为:

借:清算资金往来——重庆市沙坪坝分理处　　55 000

　贷:吸收存款——活期存款——收款单位户　　55 000

每日营业终了，将已经转账的第一联报单，先按电借、邮借、电贷、邮贷分类，再按发报行行号顺序整理，结出借方发生额、贷方发生额，编制清算资金往来借、贷方汇总传票及科目日结单，登记“清算资金往来”账户，结出余额，并与来账报告表的上日余额、本日借/贷发生额、本日余额逐一核对，报单附在来账报告表留底联后面，作为清算资金往来账卡片账，一并装订保管。将第二联报单按第一联方法整理后，据以编制清算来账报告表，并随报告表上报管辖行。清算来账报告表的格式和编制方法与往账报告表相同。

（五）清算资金往来对账

清算对账工作是清算资金往来核算的一个基本环节。首先由管辖行对账中心根据发报行寄来的清算往账报告表及所附的第三联往账报告卡，监督发报行的清算资金往来账；然后按往账报告卡的内容，以收报行为对象，及时地编制对账表，寄收报行对账，监督收报行的清算资金往来账。再次，收报行收到对账表经审查无误后，根据表内所列报单的行号、报单号码和金额，与第二联来账报告卡进行逐笔核对。这种对账方法主要运用于手工操作清算账务的行处。

六、同业往来的核算

同业往来是指商业银行之间的资金账务往来。由于客户在不同的银行开户，其经济活动引起的彼此之间的货币结算，必然要在两个不同的银行的有关行处进行，从而使商业银行间发生资金与账务往来关系。此外，商业银行之间开展横向资金融通，办理资金拆借，形成同业之间的借贷关系，也会产生商业银行之间发生资金与账务往来关系。同业往来的实质是清偿商业银行之间的应收应付。

做好同业往来核算的要求是：正确、及时地划转跨行款项，做到不积压、不拖延。定期清理同业往来账户，对拆入款项按期归还，准确及时地清偿应付利息；拆出款项到期收回；准确及时地计算清偿应收利息。

（一）跨行资金的汇划

1. 汇出地为双设机构地区的处理

汇出地为双设机构地区是指在汇出地区不仅有工商银行，还有其他商业银行的农业银行或建设银行等。首先，由汇出行将跨行的汇款凭证按照不同系统逐笔填制转汇清单，并根据转汇清单汇总编制划款凭证，通过“存放同业”或“同业存放”等科目划转同城跨系统行办理转汇。再由转汇行通过本系统清算将款项汇划异地收款单位账户。其会计分录为：

甲地汇出行：

借：吸收存款——活期存款——甲单位户

　　贷：存放同业——转汇行户（或存放中央银行款项——某款项）

甲地转汇行：

借：存放同业——汇出行户（或存放中央银行款项——某款项）

　　贷：清算资金往来——××行处

乙地汇入行：

借：清算资金往来——×行处

　　贷：吸收存款——活期存款——乙单位户

2. 汇出地为单设机构，汇入地为双设机构地区的处理

这是指在汇出地没有汇入行系统的金融机构，而汇入地设有汇入行系统内的金融机构的情况下，由汇出行将跨系统的汇划凭证先通过本系统清算将款项划转异地本系统的转汇行，转汇行收到本系统汇出行划来的清算报单及凭证，审核无误后，可通过同城票据交换，向跨系统汇入行办理转汇，将款项存入收款单位的账户。其会计分录为：

甲地汇出行：

借：吸收存款——活期存款——甲单位户

　　贷：清算资金往来——××行户

乙地转汇行：

借：清算资金往来——×行户

　　贷：存放同业——汇入行户（或存放中央银行款项——×款项）

乙地汇入行：

借：存放同业——转汇行户（或存放中央银行款项——×款项）

　　贷：吸收存款——活期存款——乙单位户

（二）同业拆借

同业拆借是指商业银行之间临时融通资金。它主要用于同业之间因汇划款项相互转汇或票据交换而产生的临时性资金不足。同业拆借资金时间短，必须按期归还，拆借的资金都要通过各自在中国人民银行开立的存款户进行核算。

1. 资金拆借的处理

（1）拆出行根据借款行填交的一式五联借款凭证，审核无误后办理转账。其会计分录如下：

借：存放同业——××银行户

　　贷：存放中央银行款项——备付金存款户

（2）中央银行接到借款行交来的进账单及所附拆出行签发后交给的转账支票，审核无误后办理转账。其会计分录为：

借：××银行存款——拆出行户

　　贷：××银行存款——借款行户

（3）借款行根据中央银行办理资金划转的凭证，办理转账。其会计分录为：

借：存放中央银行款项——备付金存款户

　　贷：同业存放——××银行户

2. 归还借款的处理

（1）借款行拆借的资金到期，应计算利息连同贷款金额一并开具中央银行转账支票，送

原拆借行，由原拆借行填制一式两联进账单连同支票送中央银行转账清算。其会计分录如下：

借：同业存放——××银行户

　　利息支出

　　贷：存放中央银行款项——备付金存款户

“利息支出”科目是金融企业的营业成本类科目。

(2) 中央银行接到进账单和转账支票，审查无误后办理转账。其会计分录如下：

借：××银行存款——借款行户

　　贷：××银行存款——拆出行户

(3) 拆出行根据中央银行的入账通知办理转账。其会计分录如下：

借：存放中央银行款项——备付金存款户

　　贷：存放同业——××银行户

　　　　利息收入

“利息收入”科目是金融企业的营业收入类科目。金融企业提供金融商品服务所取得的收入主要包括利息收入、手续费及佣金收入等，应根据业务情况有针对性地设置账户进行核算。

思维导图

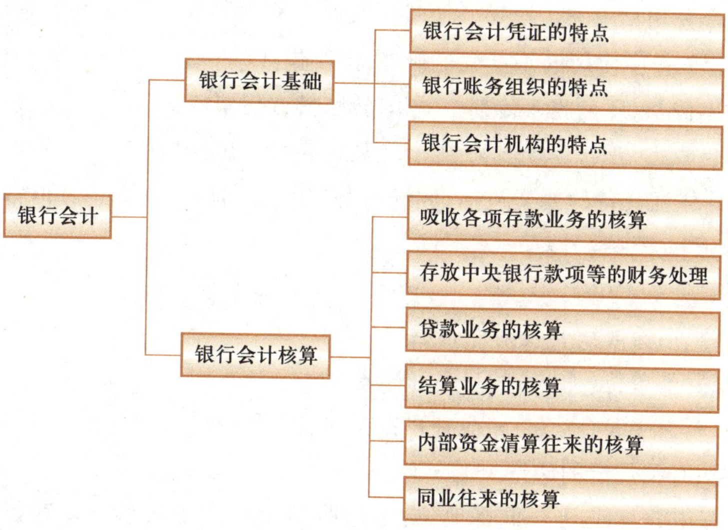

同步测试

一、单选题

1. (　　)具有传递方便，便于分工记账，便于综合整理，便于装订保管等优点，银行在进行会计核算时，特别适用。

A. 复式凭证 B. 单式凭证 C. 收款凭证
D. 付款凭证 E. 通用凭证

2. 银行的乙种账设有借方发生额、贷方发生额、余额、积数等四栏，适用于在（ ）的明细账户。

A. 账页上计算发生额 B. 账页上不计息 C. 账页上计息
D. 横线登记式 E. 多栏式

3. 银行的丙种账设有借方发生额、贷方发生额、借方余额、贷方余额四栏，适用于（ ）反映余额的账户。

A. 账页上不计息的 B. 账页上计算发生额的 C. 账页上计息的
D. 借方、贷方双方 E. 多栏式

4. 银行的丁种账设有借方发生额、贷方发生额、余额、销账四栏，适用于（ ）的一次性核算的需要。

A. 账页上不计息 B. 账页上计算发生额 C. 账页上计息
D. 借方、贷方双方 E. 逐笔记账、逐笔销账

二、多选题

1. 金融企业包括各类银行、（ ）、基金管理公司、租赁公司等。

A. 财务公司 B. 保险公司 C. 证券公司
D. 信托投资公司 E. 期货公司

2. 银行会计工作中使用的基本凭证较多，主要包括（ ）。

A. 现金付出传票、现金收入传票 B. 转账借方传票 C. 转账贷方传票
D. 表外科目收入传票 E. 表外科目付出传票

3. 银行会计凭证具备的要素包括：凭证名称；年、月、日；（ ）；银行及有关人员的印章；会计分录和凭证编号。

A. 会计科目
B. 款项来源、用途或摘要及附件张数
C. 有关收、付款单位（个人）的户名和账号
D. 有关收、付款单位（个人）相应开户银行的名称和行号
E. 单位按照有关规定的印章

4. 银行核算中分户账具有重要地位，也是明细核算的主要形式。银行的分户账包括（ ）。

A. 甲种账 B. 乙种账 C. 丙种账
D. 丁种账 E. 横线登记式

5. 银行的综合核算是按会计科目对银行业务进行的总括核算。综合核算中需要使用（ ）。

A. 科目日结单 B. 总账 C. 科目汇总表

D. 日计表　　　　　　　　　　E. 试算平衡表

三、判断题

1. 银行的金融活动是金融业最典型的经营活动。（　　）

2. 在银行业务中,其业务凭证不仅要在银行内部的各个部门之间传递,要在异地传递,还要在地区间的各行传递。（　　）

3. 银行不能以特定的原始凭证代替记账凭证。（　　）

4. 甲种账是设有借方发生额、贷方发生额、余额三栏,适用于不计息的账户,以及用于银行内部的账户,或使用余额表计息的账户。（　　）

5. 科目日结单是每一个会计科目当日的借、贷发生额和传票张数的汇总记录,也是据以监督明细账户发生额、轧平当日账务、登记总账的依据。（　　）

6. 银行的总账与工商企业进行总分类核算使用的总账是完全一样的。（　　）

7. 银行使用的总账是每个科目每月设置一张,设有借方发生额、贷方发生额、借方余额、贷方余额四栏;总账的正面上端列有前期历史资料,背面列有发生额合计、余额合计等内容。（　　）

8. 银行的日计表是综合反映各科目当日发生额和余额的报表,也是轧平当日全部账务的主要工具,是银行按日编制的一种会计报表。（　　）

四、会计分录题

1. 会计接到由收款员经手并盖名章的缴款单后,交复核员复核、复点并在缴款单上加盖“现金收讫”章和名章的客户张某进行活期储蓄的 2 000 元缴款单第二联。

2. 会计接到经办人员审查无误的取款单,取款单上载明客户李某从自己的活期储蓄存款户上取款1 000 元。

3. 客户王某的定期存款采用零存整取方式。每年存入 10 000 元,连存 3 年,年利率为 3.5%,三年到期全部提取并结清利息。

4. 大河机械公司向银行提交贷款申请书和贷款凭证一式多联。该单位的贷款申请经过信贷部门审查批准后,送达会计部门。会计部门对 100 000 元贷款凭证审查无误后,进行会计分录处理。

5. 假设本银行采用定期收息方式。本月末根据分户账累计计息积数计算大河机械公司的短期贷款借款利息为 3 500 元。根据计算的利息按借款人编制贷款利息通知单的记账联,从借款单位存款账户支付。

6. 本银行与大河机械公司的贷款合同规定采用定期收息方式。短期贷款到期时大河机械公司主动归还贷款,开出的 100 000 元转账支票经业务部门审核无误。

7. 假设民生银行对贷款利息采用利随本清。长江实业公司在中期贷款到期时主动归还贷款 100 000 元。假设利息经计算后为 5 000 元,经核对企业提交的转账支票 105 000 元及印鉴等无误。

8. 茂源公司交给本银行转账支票和进账单,将同在本行开户的钰鑫公司签发的

100 000 元支票送存银行。审查支票和进账单金额、付款期限、印章及签发人账户的款项等无误后,加盖转讫章的支票和第二联进账单办理转账,将款项转入茂源公司在本银行开设的活期存款账上。

9. 茂源公司交给工商银行转账支票和进账单,将在民生银行开户的钰鑫公司签发的200 000 元支票送存银行。审查支票和进账单金额、付款期限、印章及签发人账户的款项等无误后,加盖转讫章的支票和第二联进账单办理转账,将款项转入茂源公司在本银行开设的活期存款账上。请分别进行民生银行、工商银行的账务处理。

10. 工商银行重庆市杨家坪分理处收到建设摩托车制造公司的进账单和银行汇票各一份,金额 185 000 元,划付工商银行成都市春熙路分理处开户的春熙路商场购进摩托车的款项。编制邮划借方报单后,进行账务处理。

11. 工商银行成都市春熙路分理处接到工商银行重庆市杨家坪分理处的邮划借方报单和银行汇票,将款项从春熙路商场账户付出 185 000 元。

12. 工商银行重庆市分行沙坪坝营业部代沙坪坝百货公司邮划委托收款的货款 75 000 元,给工商银行大连市金州办事处某收款单位。编制邮划贷方报单后进行账务处理。

13. 工商银行大连市金州办事处接到工商银行重庆市分行沙坪坝营业部的邮划贷方报单和委托收款凭证,将款项转入收款单位大连金州机械厂账户。

要求:根据以上资料,编制相关会计分录。

参考文献

[1] 邹宜民．比较管理学[M]．南京:南京大学出版社,1993.

[2] 刘永泽,梁爽．行业会计比较[M]．大连:东北财经大学出版社,1996.

[3] 庄瑞澄.行业会计比较[M].沈阳:辽宁人民出版社,1997.

[4] 翟立宏等.银行会计学[M].3 版.西安:西安交通大学出版社,2014.

[5] 江怀明.零售店铺如何做账[M].北京:民主与建设出版社,2011.

[6] 唐宴春.金融企业会计[M].北京:中国金融出版社,2008.

[7] 黄伟华.西方行业会计制度[M].上海:上海财经大学出版社,1996.

[8] 中华人民共和国财政部.企业会计准则[M].北京:经济科学出版社,2006.

[9] 中华人民共和国财政部.企业会计准则——应用指南[M].上海:立信会计出版社,2006.

[10] 全景"营改增"编写组.全景"营改增"[M].北京:中国财政经济出版社,2017.

[11] 许太谊.企业会计准则及相关法规应用指南 2016[M].北京:中国市场出版社,2018.

主编简介

黄启国，副教授，曾任重庆科技学院工商管理学院副院长。任教以来发表科研、教学改革方面论文30余篇，编著教材和学术专著3部，主持科研项目和教改项目6项。其中主持的“财务会计专业专项会计模拟实验探索与实践项目”荣获四川省教育成果二等奖，主持的“经济效益审计实施研究项目”荣获重庆市审计局优秀课题二等奖。

郑重声明

高等教育出版社依法对本书享有专有出版权。任何未经许可的复制、销售行为均违反《中华人民共和国著作权法》，其行为人将承担相应的民事责任和行政责任；构成犯罪的，将被依法追究刑事责任。为了维护市场秩序，保护读者的合法权益，避免读者误用盗版书造成不良后果，我社将配合行政执法部门和司法机关对违法犯罪的单位和个人进行严厉打击。社会各界人士如发现上述侵权行为，希望及时举报，我社将奖励举报有功人员。

反盗版举报电话 (010)58581999 58582371

反盗版举报邮箱 dd@hep.com.cn

通信地址 北京市西城区德外大街4号 高等教育出版社法律事务部

邮政编码 100120

读者意见反馈

为收集对教材的意见建议，进一步完善教材编写并做好服务工作，读者可将对本教材的意见建议通过如下渠道反馈至我社。

咨询电话 400-810-0598

反馈邮箱 gjdzfwb@pub.hep.cn

通信地址 北京市朝阳区惠新东街4号富盛大厦1座
高等教育出版社总编辑办公室

邮政编码 100029

防伪查询说明

用户购书后刮开封底防伪涂层，使用手机微信等软件扫描二维码，会跳转至防伪查询网页，获得所购图书详细信息。

防伪客服电话 (010)58582300

网络增值服务使用说明

授课教师如需获取本书配套教辅资源，请登录“高等教育出版社产品信息检索系统”(http://xuanshu.hep.com.cn/)，搜索本书并下载资源。首次使用本系统的用户，请先注册并进行教师资格认证。

高教社高职会计教师交流及资源服务QQ群(在其中之一即可，请勿重复加入)：

QQ3群：675544928 QQ2群：708994051(已满) QQ1群：229393181(已满)